正说清朝十二帝

（特别纪念版）

阎崇年 著

中华书局

图书在版编目(CIP)数据

正说清朝十二帝:特别纪念版/阎崇年著. —北京:中华书局,2014.9(2016.4 重印)
ISBN 978-7-101-10289-5

Ⅰ.正… Ⅱ.阎… Ⅲ.皇帝-生平事迹-中国-清代
Ⅳ.K827=49

中国版本图书馆 CIP 数据核字(2014)第 145605 号

书　　名　正说清朝十二帝(特别纪念版)
著　　者　阎崇年
责任编辑　宋志军　李洪超　陈　虎
出版发行　中华书局
　　　　　(北京市丰台区太平桥西里 38 号　100073)
　　　　　http://www.zhbc.com.cn
　　　　　E-mail:zhbc@zhbc.com.cn
印　　刷　北京瑞古冠中印刷厂
版　　次　2014 年 9 月北京第 1 版
　　　　　2016 年 4 月北京第 3 次印刷
规　　格　开本/787×960 毫米　1/16
　　　　　印张 27¼　字数 220 千字
印　　数　9001-13000 册
国际书号　ISBN 978-7-101-10289-5
定　　价　98.00 元

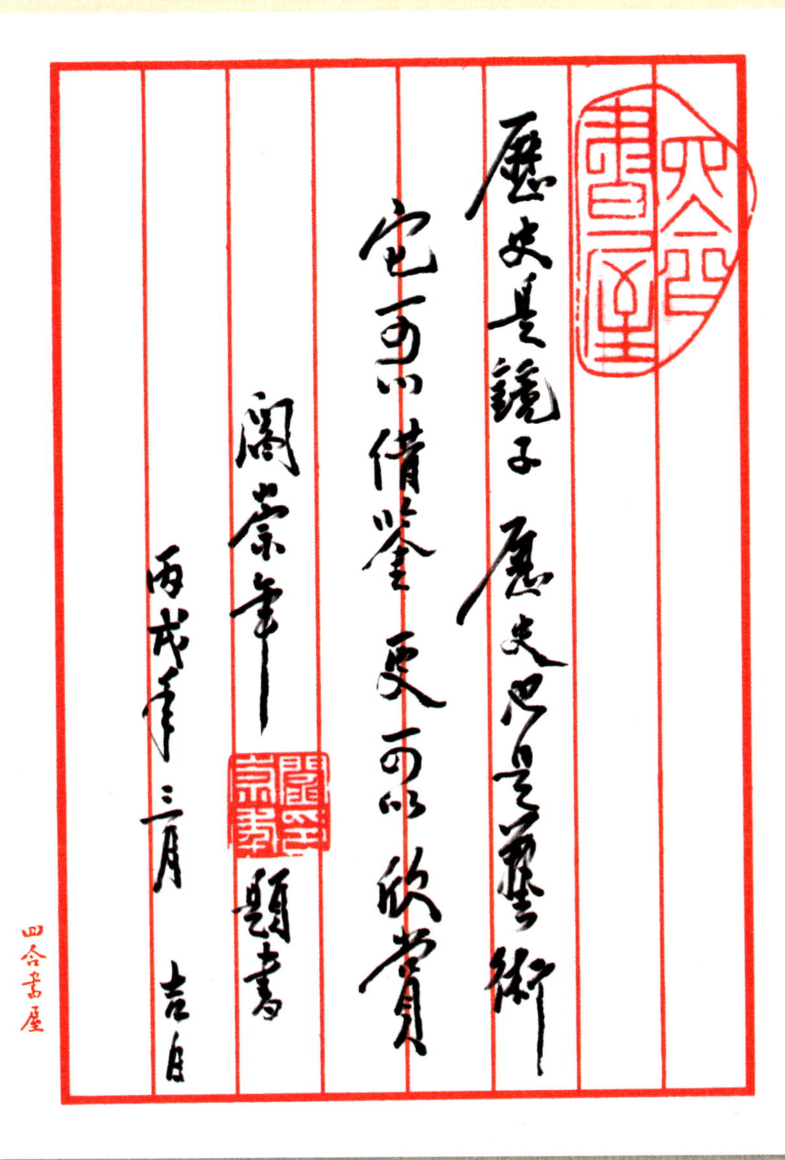
四合書屋
歷史是鏡子 歷史也是藝術
它可以借鑒 更可以欣賞
閻崇年
閻崇年
題書
丙戌年三月 吉日
四合書屋

序

读朱熹《四书集注》，有一点感悟。学术之研究，有三种境界：能俗而不能雅，能雅而不能俗，既能雅又能俗。所谓“能雅能俗”，就是化俗为雅，茹雅为俗，亦俗亦雅，大雅大俗。

由是，联想到历史学。历史学的功能，各家说法不一。史学之功能，愚以为有五：一是传承，二是文化，三是社会，四是资治，五是学术。这五者之间，既有区别，又有联系，可谓“五元一体”。我在中央电视台《百家讲坛》栏目讲“清十二帝疑案”，在中华书局出版《正说清朝十二帝》，冀以史学的五项功能，贯穿清史“正”、“细”、“慎”、“通”、“新”五说，试图有助于受众走出清史、清帝、清宫的“戏说”误区。

一是“正说”。人类历史演变，主要靠文字、文物、口述和音像去传承，其中文字是文明史传承的主要手段。历史如果没有文字记载，今人怎么会知道秦皇、汉武、唐宗、宋祖？文字传承历史，贵在一个“正”字。《汉书·艺文志》载：“左史记言，右史记事。”记言记事，中正求真。许慎《说文解字》曰：“史，记事者也。从又，持中。中，正也。”又曰：“又，手也，象形。”“史”，就是用刀笔，记言载事，持中公正。因此，“中正真实”是历史学的基本特征。

“正说”就是按照历史原貌，向广大受众中正、真实地讲述历史。“正说”是针对“戏说”而言。上世纪80年代以来，长达20年间，中国的影视和文学作品，对中国古代史，特别是对清朝历史、清朝皇帝和清朝宫廷，情有独钟，戏说成风。既引发了民众对清史的关注，又使得人们对之疑惑不解。人们普遍期待正说清史，如同“久旱望甘雨”。“正说”讲的是历史，“戏说”编的是故事。小说家、影视家对清史、清帝、清宫进行戏说，塑造人物，编创故事，那是艺术家们的事。对受众来说，看“戏说”时应知道这是“戏”，瞧的是热闹，不可以当真。史学家对清史、清帝、清宫进行正说，传承历史知识，提高文化素养，这是史学家们的事。对受众来说，看“正说”时应知道这是“史”，了解的是“真实”，不必图热闹。人们对“正说”与“戏说”都需要，既不能要求史学家去“戏说”，也不必苛求影视家去“正说”。然而，史学工作者有责任、有义务向广大观众和读者，正面讲述真实的历史人物、真实的历史事件、真实的历史故事。

二是“细说”。历史是有血有肉、丰富多彩的。教科书和史学著作通常是概括地梳理历史发展脉络，阐述重大历史事件，评述重要历史人物。“细说”，把学术视野聚焦在历史长河中的一些人物与事件上，进行深入细致的叙述。这些人物与事件，多为观众、读者所关注的重点、热点、疑点。人们往往需要了解历史人物与历史事件的细节，并期望专家学者给予特别的关心、详述、解惑和诠释。这就给历史学者一个机会，尽可能细致地讲述历史。我在“清十二帝疑案”和《正说清朝十二帝》中突出“正说”的同时，也注重“细说”。比如，人们需要了解光绪帝的死因，我就把有关光绪帝死因的五种说法，详列档案、文献、口碑、论著的观点与资料，分析综合，深入浅出，雅俗共赏，加以解说。既有鲜明观点、丰富史料，又有细致讲说、深入分析，并寓见解于叙述中。《圆明园惨遭焚劫》播出后，有的观众来信说“受到生动的爱国主义教育”。这既得益于“细说”，也得益于“慎说”。

三是“慎说”。电视台的讲座，出版社的出书，都面对社会广大受众，必须乾乾翼翼、谨谨慎慎，正像《诗经·小雅·小旻》所言的“如临深渊”、“如履薄冰”。每一个人物，每一件史事，每一条分析，每一个论断，都要力求做到：文有征，言有据，不虚美，不隐恶，求真求是，科学缜密。讲稿、书稿可能有错误，正确的态度是：闻过则喜。我的《正说清朝十二帝》问世一年多，已经重印16次，每次都对个别疏误进行修正。既不能掩盖错误，也不能文过饰非。这里我讲一个“半字师”的故事。《巢林笔谈》云：“东海一闺秀作蓝菊诗云：‘为爱南山青翠色，东篱别染一枝花。’佳句也。予以别字尚硬，为去其侧刀，人称为半字师。”我则碰到“一字师”的读者。《正说清朝十二帝》中转引光绪帝《围炉》诗：“西北明积雪，万户凛寒飞。惟有深宫里，金炉兽炭红。”中国传媒大学张蔚同学来信说：“飞”字从韵律上应作“风”字，建议我查对一下。我托故宫博物院一位资深研究员，查对光绪帝《御制诗集》。回答是“风”字。没有亲自核对，心里忐忑不安。我亲自去故宫博物院图书馆再查对《清德宗（光绪）御制诗集》原文，发现“寒”字应作“严”字。就是说做学问应当亲自查阅第一手史料。严肃的历史学，文直事赅，言必有据。史学工作者应有责任感，让社会上广大的观众与读者，对讲座或书稿，既觉得可亲，更觉得可信。

四是“通说”。司马光《资治通鉴·进书表》云：“监前世之兴衰，考当今之得失，嘉善矜恶，取是舍非，足以懋稽古之盛德，跻无前之至治，俾四海群生，咸蒙其福。”我在《百家讲坛》栏目中，横向讲了清朝12个皇帝，纵向讲了清朝12个专题，既有横向阐析，也有纵向探索。贯通清朝全史、清朝列帝所演绎的内在联系，其兴衰、成败、治乱、福祸之镜鉴，需要集中、系统地进行解说。比如，清朝的历史地位，296年间的十二帝，各有其历史贡献，也各有其治策弊端。那么，清朝的兴、盛、衰、亡，有些什么经验与教训呢？我说过：清太祖努尔哈赤既播下了“康乾盛世”的种子，也埋下了“光宣衰世”的基因。显然，八旗制度是其“种子”与“基因”的一个表征。八旗制度是清朝根本性的社会制度。八旗盛则清兴，八旗衰则清亡。又如，清朝图强维新的八次历史机遇，单独看一次维新机会的丧失，可能看不清事物的本质。如果将顺、康、雍、乾、嘉、道、咸、同、光九朝的历史机遇丧失，贯通来看，纵横联系，论考行事，察敝通变，从中找到一条鲜明线索，进而得到一点新的启迪。

五是“新说”。学术研究，贵在创新。历史学的学术功能，要促进学科自身发展。我在《正说清朝十二帝》一书中，运用了一些新视角、新资料、新分析、新论述。比如，关于顺治帝，从其同母后、叔王、爱妃、洋人、僧人五个关系切入。又如，关于康熙帝，则从其对自己讲学习、对朝政讲勤慎、对臣民讲仁爱、对西学讲吸纳、对子孙讲教育五个方面切入。再如，关于道光帝，道光朝鸦片战争失败的历史责任，既应看到其失败之必然性，又要剖析其失败之偶然性——指出道光帝应对鸦片战争失败负主要历史责任。另如，关于辛酉政变，以往多从“承德集团”与“北京集团”对立的两极进行“二元分析”。我则从帝后、朝臣、帝胤三股政治势力的对抗与整合做出“三元分析”。对咸丰帝则分析其“错、错、错”——错坐了皇帝宝座、错离了皇都北京、错定了顾命大臣。复如，关于宣统帝，对现行教科书、专著所论的“张勋复辟”，提出新见，切磋商榷。“复辟”一词，“复”者意为恢复，“辟”者意为君位；张勋作为一个长江巡阅使、安徽督军，其有何“辟”之可“复”？因之，我以“张勋兵变，宣统复辟”为题而展开对这段历史的阐述。

总之，“正说”、“细说”、“慎说”、“通说”、“新说”，旨趣在于体现史学传承、文化、社会、资治、学术的功能。这种尝试，尚在求索。对待历史，要在敬畏，应当敬畏历史。为什么要“敬”？因为吸取前人经验，会得到宝贵的智慧；为什么要“畏”？因为重蹈前人错误，会受到历史的惩罚。对于历史，既不能浮躁，也不能片面。有两种极端的倾向：一种是忘却历史的耻辱，另一种是抹去历史的辉煌。正确的态度是，既不要抹去历史的辉煌，更不要忘却历史的耻辱。同样，对待清朝的历史，既不要忘却清史的耻辱，更不要抹去清史的辉煌。应正视以往的辉煌，要记住历史的耻辱。总结历史经验，牢记历史教训，劝奖箴诫，自强不息，如《尚书大传·卿云歌》曰：“日月光华，旦复旦兮！”

上文为笔者于2005年3月31日在中央电视台“清十二帝疑案”学术研讨会上的发言稿（做了修改），代为序。

阎崇年

丙戌年春节于四合书屋

目录

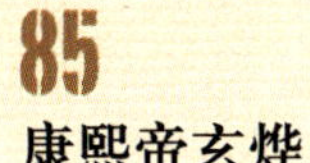

85 康熙帝玄烨

123 雍正帝胤禛

155 乾隆帝弘历

191

嘉庆帝颙琰

219

道光帝旻宁

241

咸丰帝奕詝

努尔哈赤个人小档案

年号：天命

姓名：爱新觉罗 · 努尔哈赤

出生：明嘉靖三十八年（1559年）

出生地：赫图阿拉城（今辽宁省新宾满族自治县永陵镇赫图阿拉村）

属相：羊

父亲：塔克世

母亲：喜塔拉氏，后尊为宣皇后

排行：显祖（塔克世）第一子

初婚：19岁结婚，配偶佟佳氏，为元妃

配偶：16人，皇后（大福晋）叶赫那拉氏

子女：16子，8女

即位时间：天命元年正月初一日（1616年2月17日）

即位年龄：58岁

在位年数：11年

卒年：天命十一年八月十一日(1626年9月30日）

享年：68岁

死亡地：沈阳

庙号：太祖

谥号：初谥武皇帝，改谥高皇帝

陵寝：福陵（沈阳东陵）

继位人：皇太极（太宗）

最得意：萨尔浒之战夺得胜利

最失意：兵败宁远

最不幸：父、祖被杀害

最痛心：杀死长子褚英

最擅长：谋略

清太祖努尔哈赤是清朝的开创者、奠基人。努尔哈赤成功的一个前提是苦难生活的磨砺。继母的寡恩，使他养成自立的性格；马市的交易，使他大开眼界，广交朋友；父、祖蒙难，刺激他毅然摆脱常人的平庸生活，踏上王者之路。而更关键的因素在于他实现了“四合”——天合、地合、人合、己合。清太祖努尔哈赤既播下了“康乾盛世”的种子，也埋下了“光宣衰世”的基因。

天命汗努尔哈赤

近些年中外出版有关努尔哈赤的传记、论著、小说以及影视作品达60多部，说明努尔哈赤是史学界研究的一个热点，是文艺界创作的一个热点，也是老百姓关注的一个热点。

二三十年前，并不是这样。笔者在“文革”期间写了一部《努尔哈赤传》书稿，“文革”结束后，某出版社想出版。在讨论选题时，一位负责人说，“三家村”邓拓、吴晗、廖沫沙的传记还没有出版，怎么能出版写外国人的传记呢！这本书稿就被搁下，直到1983年才由北京出版社出版。可见当时人们对努尔哈赤陌生到何种程度。

现在，努尔哈赤不仅在国内成为热点，在国外也备受关注。一位西方学者说，西方人最关注的中国古代英杰人物是成吉思汗和努尔哈赤。在中国灿如星汉的历史人物中，不乏像秦皇、汉武、唐宗、宋祖这样的杰出帝王，而他们为什么更钟情于成吉思汗和努尔哈赤？主要原因可能是成吉思汗与努尔哈赤都是少数民族，由少数民族入主中原，统治以汉族为主、人口众多的多民族国家，不能不说是个奇迹。同成吉思汗相比，努尔哈赤的传奇色彩似乎更浓。在中国自秦始皇以下2000多年的皇朝历史中，建立过200年以上大一统皇朝的只有西汉、唐、明、清。大清帝国占据中国历史舞台长达268年，为自秦以降整个中国皇朝历史的八分之一。而汉高祖刘邦、唐高祖李渊、明太祖朱元璋，都是汉族，只有清太祖努尔哈赤是少数民族。努尔哈赤在中华文明史上开创了一个时代，由他奠基的大清帝国，到康乾盛世时，成为当时世界上人口最众多、幅员最辽阔、经济富庶、文化繁荣、国力强盛的大帝国。努尔哈赤作为大清帝国的奠基人，作为一个新时代的开创者，对清代历史产生了原生性的影响。清太祖努尔哈赤既播下了“康乾盛世”的种子，也埋下了“光宣哀世”的基因。这就是努尔哈赤死后379年的今天，人们研究、关心努尔哈赤的关键所在。

近一个世纪以来，史学家研究努尔哈赤，有很多成果，也有很多谜团。努尔哈赤至少留下12桩历史疑案——先世之谜、姓氏之谜、身世之谜、幽弟之谜、杀子之谜、族名之谜、八旗之谜、建元之谜、大妃之谜、叶赫老女之谜、炮伤之谜和遗诏之谜，等等。这些历史之谜，还是由满学家和清史学家们去研究、去解疑吧！

我们要探讨的是努尔哈赤人生的两个最大的历史谜底：一个是他事业成功的谜底——努尔哈赤由僻处边塞的一个拾松子、采蘑菇的少年，成长为伟大的政治家、军事家，他在历史舞台上演出的人生喜剧的谜底是什么？其成功的奥妙何在？另一个是努尔哈赤晚年、特别是他68岁那年，他在军事舞台上遭遇了“宁远之败”，战无不胜的神话随之破灭，一代天骄郁郁而终。可以说，努尔哈赤人生的结局是一场悲剧。造成其人生悲剧的根源又是什么？要回答上述问题，首先要了解努尔哈赤的身世经历，以及他所处的民族及时代背景。

少年坎坷　含恨起兵

满族之名虽然到皇太极的时候才正式定下来，但作为一个民族，她却有着悠久的历史。关于满族的由来，还有一个美丽动人的神话故事。

传说天上的三位仙女曾经下凡在长白山布尔瑚里湖沐浴。忽然一只神鹊衔着一枚朱果掉在三仙女佛库伦的衣服上。佛库伦喜爱这枚朱果，含在口中，吞到肚里，感而有孕。她的两位姐姐升天去了，佛库伦则留在人间，后来生下一个男孩，取名布库里雍顺。佛库伦把布库里雍顺装在柳条筐里，让筐子随牡丹江水顺流而下，自己升天去了。这位布库里雍顺就是后来满族的祖先。这个神话类似于《史记·殷本纪》的记载：商始祖契（Xiè）的母亲简狄，“三人行浴，见玄鸟堕其卵，简狄取吞之，因孕生契”。这两个神话说明，汉族和满族都曾经过“只知其母不知其父”的母系氏族时期。

长白山天池

满洲创始女神佛库伦像

到明朝统治时期，满族的先人为女真。女真的建州部几经迁徙，蒙受磨难，到了今辽宁省抚顺市新宾满族自治县苏子河（苏克素浒河）流域定居。

努尔哈赤就出生在苏子河畔赫图阿拉一个女真人家庭。赫图阿拉今称新宾满族自治县永陵镇老城村。他小时候没有上过学，少年时就开始在家里劳动。努尔哈赤10岁丧母，继母对他刻薄寡恩，家里并不和睦。努尔哈赤19岁就分家单过。父亲塔克世听了继母挑唆，给他的产业极少，不够维持生活。努尔哈赤常到山里挖人参、捡松子、拾蘑菇、采木耳，然后将这些东西运到抚顺马市（集市）去卖，赚点钱贴补家庭生活。有的书说他曾经到明朝辽东总兵李成梁麾下当过侍从，还有的书说他喜读《三国演义》和《水浒传》。我们从有关努尔哈赤的文献、档案记载看，他可能略懂汉语，至于说他能阅读《三国》和《水浒》，则没有见到过任何可信的记载，恐怕不大可能。

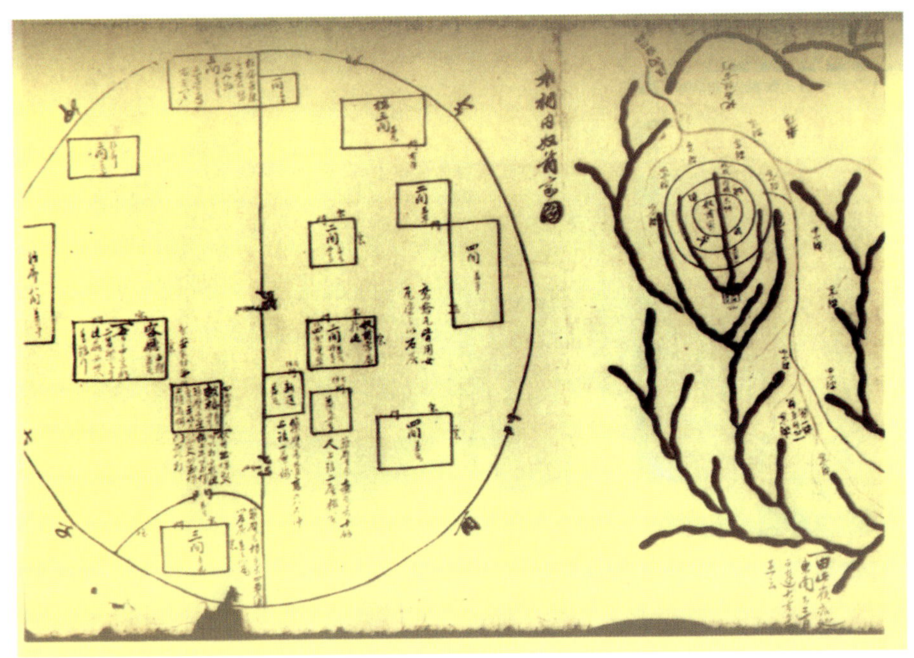

17世纪朝鲜人申忠一《建州纪程图记》之“努尔哈赤家院图”

努尔哈赤25岁那年，其祖父和父亲同时死于明军攻城的兵火。这一事件，对努尔哈赤以后的人生道路产生了决定性的影响。关于这件事的前因后果，还要从王杲之死谈起。在当时的建州女真诸部中，以王杲势力为最强。王杲曾带兵进犯明辽东首府辽阳，杀死指挥王国栋。后王杲被俘，解送到北京问斩。王杲死后，他的儿子阿台为报父仇，袭杀明军。万历十一年（1583年）二月，明辽东总兵李成梁率军直捣阿台的驻地古勒寨。阿台妻子的祖父是努尔哈赤的祖父觉昌安。觉昌安为使孙女免于战难，也为着城内部民减少伤亡，便同努尔哈赤的父亲塔克世一同进城，打算劝说阿台投降。

古勒寨地势险峻，防守严密。明军久攻不下，死伤极为惨重。建州女真图伦城的城主尼堪外兰，里通明朝，导引攻城，向城上守军喊话说：“李太师有令，谁杀死阿台，谁就做古勒城的城主！”果然，城里出现内奸，里应外合，城被攻破。

埋葬努尔哈赤远祖、曾祖、祖父和父亲的兴京（今辽宁新宾）永陵

明军占领古勒城后，进行大屠杀。努尔哈赤的祖父觉昌安和父亲塔克世，也不幸被明军杀死。努尔哈赤得到父、祖蒙难的噩耗，捶胸顿足，悲痛欲绝。他质问道：“我祖、父为何被害？你们与我有不共戴天之仇！”明朝派官员谢过说：“非有意也，是误杀耳！”明军送还觉昌安和塔克世的遗体，朝廷赏给努尔哈赤“敕书三十道，马三十匹”，还封他为指挥使。努尔哈赤虽怒气未消，却不敢直接同明朝冲撞，便迁怒于尼堪外兰。

万历十一年（1583年）五月，努尔哈赤以报父、祖之仇为名，以父、祖的“十三副遗甲”，率领五六十人的队伍，向尼堪外兰的驻地——图伦城进攻，拉开了女真统一战争的历史帷幕。

当时，女真各部之间，彼此纷争，战伐不已，强凌弱，众暴寡。努尔哈赤运用“顺者以德服，逆者以兵临”的两手策略，逐步统一了女真各部。努尔哈赤在统一女真各部和同明军作战过程中，所向披靡，功绩显赫。

十大贡献　成功之谜

有一本美国历任总统的合传，提到各届总统值得历史学家肯定的历史功绩，有的一两件，多者也不过三四件，有的一件没有。

努尔哈赤活了68岁（1559~1626年），他自万历十一年（1583年）25岁起兵，到天命十一年即明天启六年（1626年）生命结束，政治、军事生涯44年。他身临战场，不下百次。其中最重要的有三次：第一次是古勒山大捷。万历二十一年（1593年）九月，叶赫等九部组成联军，进攻努尔哈赤。努尔哈赤以少胜多，取得胜利，从此“威名大震”。这一战确定了努尔哈赤在女真诸部中的雄主地位，成为努尔哈赤军政人生的第一个转折点。第二次是萨尔浒大捷。天命四年即明万历四十七年（1619年）三月，明军经略杨镐，统率号称47万大军，兵分四路，分进合击，进攻后金都城赫图阿拉。努尔哈赤沉着应战，采取“恁（nèn）尔几路来，我只一路去”，就是“集中兵力，各个击破”的兵略，以少胜多，取得大胜。萨尔浒大捷是军事史上以少胜多的精彩之笔、经典战例。这成为努尔哈赤军政人生的第二个转折点。第三次是沈辽大捷。天命六年即明天启元年（1621年），努尔哈赤率兵进攻沈、辽，只用九天，连克明朝辽东重镇沈阳和辽东政治中心辽阳，结束了明朝在辽东的统治。这成为努尔哈赤军政人生的第三个转折点。

历史学家盘点努尔哈赤的历史贡献，举其大端，共有十件：

统一女真各部。金亡之后，女真各部，纷争不已，元、明300多年来，未能实现统一。努尔哈赤兴起，经过30多年的征抚，实现了女真各部的大统一。今天世

《皇清职贡图》之奇愣人——野人女真之一

界上有那么多的民族在争斗厮杀，其原因之一，是没有一位杰出的民族领袖，能将本民族各种利益集团协调统一起来。可见，努尔哈赤促成女真—满洲的民族大统一，确是一件非常了不起的事情。

统一东北地区。明中期以后皇权衰落，已不能对东北广大地区实行有效管辖。努尔哈赤及其子皇太极经过艰苦努力，统一了东北："自东北海滨，迄西北海滨，其间使犬、使鹿之邦，及产黑狐、黑貂之地，不事耕种、渔猎为生之俗，厄鲁特部落，以至斡(wò)难河源，远迩(ěr)诸国，在在臣服。"就是说，东起鄂霍次克海，西北到贝加尔湖，西至青海，南濒日本海，北跨外兴安岭的地域，实际辖境大约有500万平方公里，和明朝实际控制面积大致相等。东北地区的重新统一，结束了长期蹂躏掳掠、相互杀伐，"介胄生虮虱"、"黎民遭涂炭"的悲惨局面。

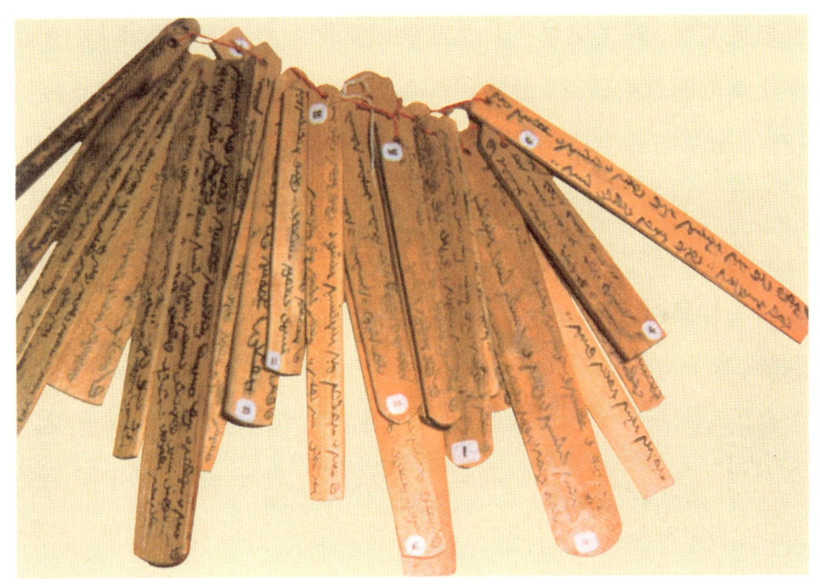

老满文木简

这就为康熙二十八年（1689年）中俄《尼布楚条约》的签订奠定了基础。如果没有努尔哈赤对东北的统一，后来沙俄东侵，日本西进，列强争逐，东北疆域被谁人占有，实在难卜。

制定满洲文字。金灭亡后，通晓女真文的人越来越少，到明朝中期已逐渐失传。满语属阿尔泰语系满—通古斯语族，满洲没有文字。努尔哈赤兴起后，建州与朝鲜、明朝的来往公文，由一个名叫龚正陆的汉人用汉文书写；在向女真人发布军令、政令时，则用蒙古文，一般女真人既看不懂，又听不懂。明万历二十七年(1599年)，努尔哈赤命巴克什额尔德尼和扎尔固齐噶盖，用蒙古字母拼写满语，创制满文，这就是无圈点满文(老满文)，皇太极时改进成为有圈点满文（新满文）。满文是拼音文字，有6个元音字母、22个辅音字母和10个特定字母。满语文成为清朝官方语言和文字。当时，东北亚满—通古斯语族的各民族，除满洲外都没有文字。满文记录下东北亚地区文化人类学的珍贵资料，并成为满汉、中西文化交流的重要桥梁。后来耶稣会士通过满文将“四书”、“五经”翻译到西方。所以，努尔哈赤主持创制满文，是满族发展史上的一块里程碑，是中华文化史和东北亚文明史上的一件大事。

创建八旗制度。努尔哈赤利用女真原有的狩猎组织形式，创建八旗制度。女真人狩猎时各出一支箭，每十人中立一个总领，总领称牛录额真（牛录，大箭的意思；额真，首领的意思），后来这个相当于狩猎小组组长的牛录额真成为一级官名，牛录成为最基层的组织。屯垦田地，征丁披甲，纳赋服役，都以牛录为计算单位，努尔哈赤便在此基础上加以改组、发展、扩大和定型，创立八旗制度。规定：每300人设一牛录额真，五个牛录设一甲喇（lɑ̀）额真，五个甲喇设一固山额真。固山是满洲户口和军事编制的最大单位，每个固山有特定颜色的旗帜，所以汉语译固山为“旗”。原有黄、白、红、蓝四旗，后又增添四旗，在原来旗帜的周围镶边，黄、白、蓝三色旗镶红边，红色旗镶白边。这样，共有八种不同颜色的旗帜，称为“八旗”，即满洲八旗。后来又逐渐增设蒙古八旗和汉军八旗，统称八旗，而实际是二十四旗。八旗制度“以旗统军，以旗统民”，平时耕田打猎，战时披甲上阵。八旗制度以八旗为纽带，将全社会的军事、政治、经济、行政、司法和宗族联结成为一个组织严密、生气蓬勃的社会机体。八旗制度是努尔哈赤的一个创造，是清朝的一个基本社会制度，也是清朝定鼎燕京、入主中原、统一华夏、稳定政权的一个关键。

促进满族形成。建州女真的统一，女真各部的统一，东北地区的统一，诸族的融合，各部的联姻，八旗的创建，满文的创制，使得新的满族共同体出现在中华民族大家庭之中。满族是以建州女真为核心，以海西女真为主体，吸收部分汉人、蒙古人、达斡尔人、锡伯人、朝鲜人等组成的一个新的民族共同体。为反映这个满族共同体形成的事实，皇太极于天聪九年十月十三日（1635年11月22日），诏谕曰：“我国建号满洲，统绪绵远，相传奕世。自今以后，一切人等，止称我国满

正黄、镶黄旗军旗

正白、镶白旗军旗

正红、镶红旗军旗

正蓝、镶蓝旗军旗

洲原名，不得仍前妄称。”从此，满洲族的名称正式出现。满洲族初为东北边隅小部，继而形成民族共同体，以至发展到当今千万人的大民族。满洲族肇兴的领袖，就是清太祖努尔哈赤。

建立后金政权。创大业者，必立根本。如果一个边疆少数民族首领不能创建一个政权，他就不能企望在中国建立一个王朝。万历四十四年（1616年），努尔哈赤作为一个僻处边境一隅的满洲族首领，以赫图阿拉为中心，参照蒙古政权、特别是中原汉族政权的范式，登上汗位，建立后金。从此有了巩固的根据地，以支持其统一事业的进一步发展。尔后，他克沈阳、占辽阳，夺广宁、据义州。都城先迁辽阳，继迁沈阳。其子皇太极，于天聪十年（1636年）四月，改元崇德，国号大清。自天命元年（1616年）至宣统三年（1911年），共历296年。努尔哈赤“经始大业，造创帝基”，是大清帝国的开创者和奠基人。

赫图阿拉汗王殿遗址

近年复建的赫图阿拉汗王殿

丰富军事经验。努尔哈赤戎马生涯长达44年，史称他“用兵如神”，是一位优秀的军事统帅。他缔造和指挥的八旗军，在17世纪前半叶，不仅是中国一支最富有战斗力的军队，而且是世界上一支最强大的骑兵。努尔哈赤统率这支军队，先后取得古勒山之役、乌碣岩之役、哈达之役、辉发之役、乌拉之役、抚清之役、萨尔浒之役、叶赫之役、开铁之役、沈辽之役、广宁之役和觉华岛之役12次大捷。其中古勒山之战、萨尔浒之战、沈辽之战、广宁之战和觉华岛之战，为其精彩之笔。他在军事谋略上，在指挥艺术上，集中兵力、各个击破、围城攻坚、里应外合、铁骑驰突、速战速决，体现了高超的智慧。他在萨尔浒之战中，采取“恁尔几路来，我只一路去”，就是“集中兵力，各个击破”的兵略，成为中国军事史上集中兵力、以少胜多的经典战例。他在军队组织、军队训练、军事指挥、军事艺术等方面的作为，都可圈可点。特别是他在作战指挥艺术上，对许多军事原则，

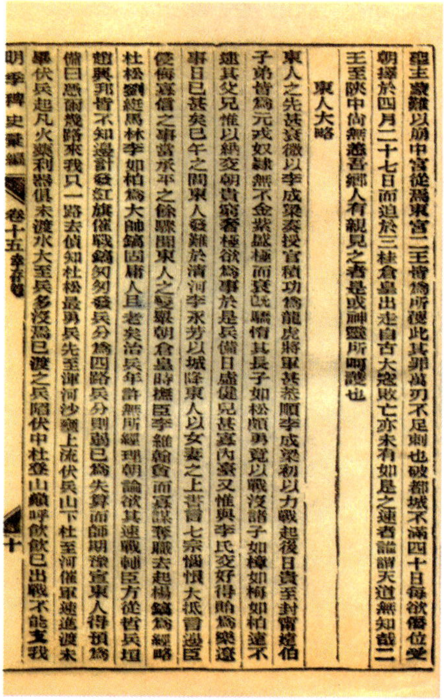

逆主雖雖以崩中宮從爲東宮二王皆爲所獲此其罪萬刃不足剸也破都城不滿四十日每欲僭位受
朝擇於四月二十七日而追於三桂倉皇出走自古大寇敗亡亦未有如是之速者誰謂天道無知哉二
王至陝中尚無恙吾鄉人有親見之者是或神靈所呵護也

東人大略

東人之先甚微以李成梁奏授官積功爲龍虎將軍甚恭順李成梁初以力戰起後日貴至封甯遠伯
子弟皆爲元戎奴隸無不金紫盛極而衰既驕惰其長子如松頗勇竟以戰沒諸子如樟如梅如柏遂不
逮其父兄惟以納交朝貴竊督權欲爲事於是兵備日虛健兒甚寡內帑又惟與李氏交好得賂爲樂遼
事日已甚矣巳午之間東人發難於清河李永芳以城降東人以女妻之上書言七宗惱恨大抵言邊臣
侵侮寡信之事當承平之餘驟聞東人之變舉朝倉皇時撫臣李維翰貪而寡謀奪職去起楊鎬爲經略
杜松劉綖馬林李如柏爲大帥鎬固庸人且老矣治兵年許無所經理朝論欲其速戰輒臣方從哲兵垣
趙興邦皆不知邊計發紅旗催戰鎬匆匆發兵分爲四路兵分則弱已爲失算而師期豫宣東人得預爲
備曰憑爾幾路來我只一路去偵知杜松最勇兵先至渾河沙囊上流伏兵山下杜至河催軍速進渡未
畢伏兵起凡火藥利器俱未渡水大至兵多沒爲巳渡之兵陷伏中杜登山巔呼飲飲巳出戰不能支我

明季稗史彙編 卷十五 幸存錄 十

明人《幸存录》中记载的努尔哈赤战术

如重视侦察、临机善断、诱敌深入、据险设伏、巧用疑兵、驱骑驰突、集中兵力、各个击破、一鼓作气、速战速决、用计行间、里应外合等，都能熟练运用并予以发挥，丰富了中华古代军事思想的宝库。

制定抚蒙政策。自秦、汉以来，北方游牧民族一直是中央王朝的北部边患。为此，秦始皇削平诸侯后连接六国长城而为万里长城。至明代，京师两次遭北骑困扰，明英宗甚至成了瓦剌兵的俘虏。徐达与戚继光为固边防，也大修长城。努尔哈赤兴起后，对蒙古采取了既不同于中原汉族皇帝、也不同于金代女真皇帝的做法。他用编旗、联姻、会盟、封赏、围猎、赈济、朝觐（jìn）、重教等政策，加强对蒙古上层人物及部民的联系与辖治。后漠南蒙古编入八旗，成为其军政的重要支柱；喀尔喀蒙古实行旗盟制；厄鲁特蒙古实行外扎萨克制。其联姻不同于汉、唐的公主下嫁，而是互相婚娶，真正成为儿女亲家。这是历朝中央政权（元朝除外）对蒙古治策的重大创革。中国数千年古代社会史上的北方游牧民族难题，至清朝才算得以解决。后康熙帝说："昔秦兴土石之工，修筑长城。我朝施恩于喀尔喀，使之防备朔方，较长城更为坚固。"清朝对蒙古的抚民固边政策，其经始者就是努尔哈赤。

推进社会改革。努尔哈赤在44年的政治生涯中，不断地推进社会改革。在政权机制方面，他逐步建立起以汗为首，以五大臣、八大贝勒为核心的领导群体，并通过固山、甲喇、牛录三级组织，将后金社会的军民统制起来。尔后，创立八和硕贝勒共议国政制——并肩同坐，共议大政，断理诉讼，举废国汗，即实行贵族共和制。但此制度在努尔哈赤死后未能坚持实施。在经济机制方面，他先后下令实行牛录屯田、计丁授田和按丁编庄制度，将牛录屯田转化为八旗旗地，奴隶制田庄转化为封建制田庄。随着八旗军民迁居辽河流域，女真由牧猎经济转化为农耕经济。在社会文化方面，初步实现了由牧猎文化向农耕文化的转变。

决策迁都沈阳。此前，辽设五京，没有沈阳；金设五京，也没有沈阳；元朝东北行政中心在辽阳；明朝辽东军政中心，先在广宁，后在辽阳。天命十年即天启五年（1625年），努尔哈赤决定迁都沈阳，但遭到诸贝勒大臣反对。理由是：近来正在修建东京辽阳，宫室已经建好了，老百姓的住所还没有最后完工。本来年景就不好，迁都要大兴土木、劳民伤财。天命汗力主迁都沈阳，说：

> 沈阳形胜之地，西征明，由都尔鼻渡辽河，路直且近；北征蒙古，二三日可至；南征朝鲜，可由清河路以进；且于浑河、苏克苏浒河之上流，伐木顺流下，以之治宫室、为薪，不可胜用也；时而出猎，山近兽多；河中水族，亦可捕而取之。朕筹此熟矣，汝等宁不计及耶！

努尔哈赤综合考量了历史与地理、社会与自然、政治与军事、民族与物产、形胜与交通等因素，而做出迁都沈阳的重大决策。从此，沈阳第一次成为都城。

努尔哈赤迁都沈阳，促进了辽河地域的经济开发。他注重采猎经济，发明

清人绘《盛京宫阙图》（满文）

人参煮晒法，使部民获得厚利，“满洲民殷国富”。他关注采炼业，万历二十七年(1599年)，建州“始炒铁，开金、银矿”，开始较大规模地采矿、冶炼。他尤为重视手工业生产，包括军器、造船、纺织、制瓷、煮盐、冶铸、火药等。明朝也称其“制造什物，极其精工”。他对进入女真地区的工匠“欣然接待，厚给杂物，牛马亦

盛京城定更钟

给”。他曾说：有人以为东珠、金银为宝，那是什么宝呢！天寒时能穿吗？饥饿时能吃吗？……收养能制造出国人所制造不出物品的工匠，才是真正之宝。

迁都沈阳后，经努尔哈赤、皇太极父子两代的开发，沈阳及辽河地区的经济与社会得到全面开发与迅速发展，并带动了东北地域经济与文化的发展。清朝迁都北京后，沈阳成为陪都。似可以说，近代辽河流域、沈海地带的区域经济开发，清太祖努尔哈赤是其经始者。

努尔哈赤一生打过12次大胜仗，留下十大历史功绩，他的人生轨迹可以说是光彩夺目。人们在谈论努尔哈赤时，多流连于他巅峰时刻的辉煌，却常常忽略他攀援过程的艰辛。

经过12次大的战役，这位苦难青年先是统一了女真各部，继而统一了东北全境，并成为后金大汗。

努尔哈赤成功的秘密在哪里？400多年来，人们有多种解释。一位教练经过研究认为，一个运动员取得世界大赛的金牌，大约需要156个因素（其中有主有次）。那么一个伟大的政治家、军事家的成功，更是需要多种因素的和谐统一。我认为，努尔哈赤的成功，一个前提是苦难生活的磨砺。继母的寡恩，使他养成了自立的性格；马市的交易，使他大开眼界，广交朋友；父、祖蒙难，刺激他毅然摆脱常人的平庸生活，踏上王者的征服之路。而更关键的因素在于他实现了“四合”——天合、地合、人合、己合。

一说天合。司马迁说：“究天人之际，通古今之变。”“天”，可以理解为“上天”、“天命”、“天道”、“天意”、“天时”等，这里说的主要是“天时”。“天时”有大天时，有小天时。魏源说：“小天时决利钝，大天时决兴亡。”孟子说：“五百年必有王者兴。”500年是个概数，300年也会有王者兴。明末清初，中国历史的“天时”到了一个大动荡、大变革的时期。当时的世界上，俄国尚未东越乌拉尔山，葡萄牙到了澳门尚未对明朝形成威胁，日本丰臣秀吉侵略朝鲜兵败。女真的东面朝鲜，外祸内乱，衰落不堪；西面蒙古，四分五裂，林丹汗孤立；北面扈伦，彼此纷争，贝勒落马；南面大明，南倭北虏，内忧外患，极端腐败。总之，努尔哈赤处于300年一遇的大天时。据统计：《清太祖高皇帝实录》共83875字，其中“天”字312个。努尔哈赤得了大天时，取得了大成功。

萨尔浒大战之胜，原因之一在于得天时。天命四年即万历四十七年（1619年）三月初一日，赫图阿拉地区大雪封山，江河冰冻。明军四路出师，长途跋涉，山路崎岖，丛林密布，冰雪封路，没能按照原定计划如期合围赫图阿拉；后金熟悉地形，便于设伏，分路出击。努尔哈赤巧妙利用天时，在明军形成合围之前，集中兵力，逐路进击，各个击破，夺得胜利。

二说地合。地利主要指地形、地势、地域。赫图阿拉是一个山环水绕、气候温湿、土壤肥沃的宝地，那里西距抚顺200里，既为关山阻隔利于暗自发展，又有大路通达辽沈利于驱兵进取。努尔哈赤在这里建立并扩大基地，这个基地后来发展成东到日本海、东北到库页岛、北跨外兴安岭、西到青海、西北到贝加尔湖、

萨尔浒之战书事碑

南到长城的广大领域。这里有粮食、马、牛、皮毛、人参、林木、矿藏等,可以形成一个独立的自给自足的经济体系。

上面说的努尔哈赤取得的三次大捷——古勒山大捷、萨尔浒大捷和沈辽大捷,都是充分利用"地合"即地利的优势。以沈辽之战为例。明军本来依靠沈阳、辽阳两城,占有地利;努尔哈赤在平原攻城,不占地利。但努尔哈赤设计将城里的明军诱出城外,进行野战争锋,发挥骑兵优长,变不利为有利,大败明军,取得胜利。

三说人合。人合主要指人际关系。团结一切可以团结的力量,化消极因素为积极因素。当时的政治舞台上,以后金努尔哈赤为一方,明朝万历帝、泰昌帝、天启帝为另一方。明朝皇帝对北方少数民族政策的基本点,就是一个"分"字,分而弱之,间而治之。分则弱,合则强。努尔哈赤则针锋相对,采取一个"合"字。

熊廷弼（bì）说："昔建州诸夷，若王兀堂、王杲、阿台辈尝分矣，而合之则自奴酋始。""奴酋"就是努尔哈赤。

关于"人合"，我举一个例子。努尔哈赤率军攻打翁科洛城，被对方的鄂尔果尼一箭射中，伤有指深，鲜血一直流到脚面。努尔哈赤拔下箭，并用所拔下的箭反射敌人，继续坚持战斗。这时候又有一个人叫罗科，突发一箭，射到努尔哈赤脖子上。那支箭镞卷曲如钩，他往下拔箭，血肉并落，血涌如注。他一手捂着创伤，一手拄着弓，从房顶一步一步下来，就昏迷了。后来攻下翁科洛城，鄂尔果尼和罗科都抓到了。部下要对他们施以乱箭穿胸之刑，这是当时最残酷的刑罚。他说："两敌交锋，志在取胜。彼为其主，乃射我；今为我用，不又为我射敌耶！如此勇敢之人，若临阵死于锋镝，犹将惜之，奈何以射我故而杀之乎！"大意是说，两军对垒，他们是为自己的主人来射我，这样的勇士太难得了。这样的人死在战场上都可惜，怎么能因为射我而杀死他们呢！努尔哈赤不仅给两人松绑，还分别授予他们牛录额真。别人一看，原来射他的人都可以宽免，都可以授官，那他的自己人，只要做出成绩就更可以做官了，更可以升官了！大家都"颂上大度"，愿同心协力地效忠努尔哈赤，在战场上勇敢杀敌。

叶赫山城南门遗址

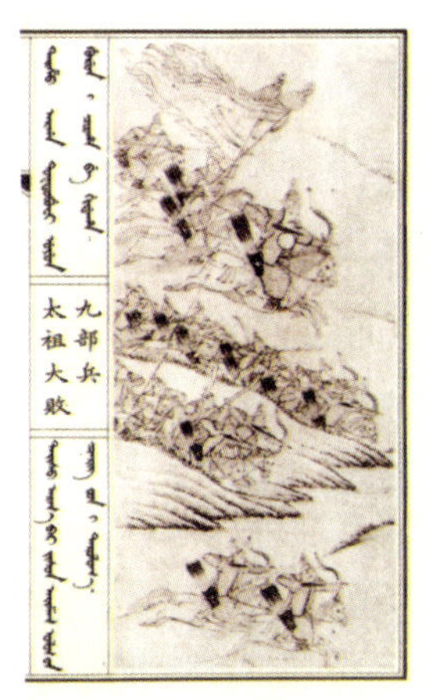

《满洲实录》之“古勒山大败九部兵”图

四说己合。虽有天合、地合、人合，若没有己合，事业也不会成功。己合主要是心理平衡、生理平衡，就是要胸怀开阔、心境豁达，能够把握自己。这是一个人取得事业成功的基本素质。万历二十一年(1593年)，叶赫纠合哈达、乌拉、辉发等九部联军3万，分三路向建州古勒山而来。过了浑河之后，晚上军队支灶做饭，灶火像天上的星星一样。探骑回报时脸色都变了，当时努尔哈赤兵不满1万，建州官兵，人心惶惶。努尔哈赤得到报告时已经是晚上，他听后照常打着呼噜就睡着了。妻子富察氏赶紧把他推醒，说：“敌兵压境了，你怎么还睡觉啊？你是方寸乱了，还是害怕了？”努尔哈赤说：“要是我方寸乱了，害怕了，我能睡着吗？起先我不知道这九部联军什么时候来，老是惦记这事。现在知道他们已经来了，我心里就踏实了。”说完以后又呼呼睡着了。第二天早晨，他带领众贝勒等祭堂子，而后统军出发，一举夺得了古勒山之战的胜利。

再举一个叶赫老女的例子。叶赫老女是叶赫贝勒布扬古的妹妹，可能长得比较漂亮吧，为了联络建州，13岁就许给努尔哈赤了。但是许婚之后并没有把她嫁过来，而是随后又许给哈达的贝勒、辉发的贝勒、乌拉的布占泰，结果这三个部落都被努尔哈赤灭掉了。蒙古扎鲁特部的介赛也要娶她，叶赫老女誓死不从。介赛就要报复。布扬古又把他妹妹许给喀尔喀部达尔汉贝勒的儿子，叫莽古尔岱。建州得到这个消息之后，贝勒们非常气愤，认为这个女人许给上（努尔哈赤）已经20年了，现在布扬古又把她许给莽古尔岱，真是奇耻大辱啊！要发兵把她夺回来。努尔哈赤说，为了我们共同的利益可以打他，可为了一个女人打他不好。这个女人许配给我，我都没有那么生气，你们干吗那么生气！结果33岁的叶赫老女就嫁给了蒙古的莽古尔岱。这件事情反映了努尔哈赤能够以大局为重，以和为贵，善于平衡心态，妥善处理关系。

己合很重要。一个人的健康与长寿，同己合至关密切。与努尔哈赤对立的明朝三个皇帝——万历帝好发脾气、荒淫无度，只活了58岁；继位的泰昌帝登极一个月吞下红色药丸死去，只活了39岁；天启帝才活了23岁。至于努尔哈赤的子孙们——皇太极脾气大，忒任性，高血压，患心脑血管病，突然去世，享年才52岁。皇太极如能做到“己合”，多活10年，那么，迁都北京，定鼎中原，坐在金銮殿上的一定是皇太极而不是顺治。清初有“三祖一宗”，即清太祖努尔哈赤、清世祖顺治、清圣祖康熙和清太宗皇太极。努尔哈赤是大清帝国的奠基人，所以庙号太祖；顺治入关、定鼎燕京、统一中原，所以庙号世祖；康熙“经文纬武，寰宇一统，虽曰守成，实同开创焉”，所以康熙的庙号也是“祖”。皇太极却只能得到一个“宗”字。

清太祖努尔哈赤一生善于“天合、地合、人合、己合”，实现了最大的人生价值；而正当他处于事业巅峰的时候，命运却让他意外地遭遇了明朝的书生袁崇焕，他的喜剧人生不得不在悲剧的氛围中谢幕。

宁远兵败　悲剧之因

努尔哈赤一生经历过许多重大战役，攻无不克，所向告捷。天命七年即明天

明辽东经略孙承宗像

启二年（1622年），努尔哈赤大败明辽东经略熊廷弼和辽东巡抚王化贞，夺取明朝辽西重镇广宁（今辽宁省北镇市）。熊廷弼因兵败失地而被斩，传首九边；王化贞也因兵败弃城而丢官，下狱论死。明廷派天启帝的老师、大学士孙承宗为辽东经略。孙承宗出关赴任，巡察边务，整顿部伍，储备粮草，积极防御。他还任用袁崇焕修筑宁远城，加强战备。整整四年，没有大的战事。然而，孙承宗是东林党的领袖，与以大太监魏忠贤为首的阉党势不两立，虽然身为帝师、大学士，但在党争中也受到排挤，最后被迫辞官回京。接替孙承宗任辽东经略的，是阉党分子高第。高第上任后，采取消极防御方略，命令山海关外的兵力全部撤到关内。明军官兵，弃城丢械，涌向关内，兵民塞路，哭声震野！身为宁前道的袁崇焕拒不从命。宁远（今辽宁省兴城市）是明军在辽西失陷广宁后最重要的军事堡垒，后金军进攻明朝首当其冲的就是宁远城。袁崇焕率领万余兵民，独守孤城宁远。他布置火炮——将新从海外引进的西洋大炮（又称红夷大炮、红衣大炮）安放在城上；坚壁清野——将城外的商民、粮草撤到城内，焚毁城外房舍；军民联防——安排百姓巡逻放哨、运送火药；激励士气——刺血宣誓，激以忠义，并亲自向官兵下拜，官兵都决心与袁崇焕同死生、共赴难。袁崇焕一切布置妥当，静待敌人来攻。

天命十一年即明天启六年（1626年）正月，68岁的努尔哈赤亲率6万八旗军，号称20万大军，渡过辽河，如入无人之境，向孤城宁远猛扑而来。守城者袁崇焕，42岁，进士出身，没有指挥过作战。

二十三日，努尔哈赤命离宁远城五里安营，横截山海之间的大路。努尔哈赤采取“先礼后兵”的策略，先放回被俘汉人捎劝降书给袁崇焕说：献城投降，高官厚赏；拒绝投降，城破身亡！袁崇焕回答说：“义当死守，岂有降理！”二十四日，努尔哈赤派兵猛力攻城。城堞上，箭如倾盆雨；悬牌上，矢镞如刺猬皮。后金兵攻城不下，努尔哈赤命军士冒死凿城挖洞。后金兵将城墙凿开三四处高约两丈的洞口，明守军抛火球、扔火把，燃烧挖城之敌。当城墙快被挖穿时，袁崇焕亲自带兵用铁索裹着棉絮蘸油点燃，垂下来燃烧挖城的兵士。他的战袍被射破，肩臂受伤，仍旧坚定指挥，不下火线。二十五日，袁崇焕命用西洋大炮，从城上

宁远城钟鼓楼

往下轰击，重创八旗军。努尔哈赤对这种新引进的西洋大炮，其来源，其特点，其性能，其威力，一无所知，毫无准备。炮过之处，死伤一片。官兵害怕，畏缩不前。努尔哈赤亲自督阵，后金将领持刀驱兵向前，快到城下，畏炮又退。有史料记载：城上西洋大炮击中黄龙幕，伤一大头目，用红布包裹，官兵抬去，放声大哭。对上述史料，清史界有不同见解。有学者认为：这个“大头目”就是天命汗努尔哈赤。

努尔哈赤一生戎马驰骋44年，几乎没有打过败仗，可谓历史上的常胜统帅。但他占领广宁后，年事已高，体力衰弱，深居简出，怠于理政。他对宁远守将袁崇焕没有仔细研究，对宁远守城炮械也没有侦知实情。他只看到明朝经略易人等因素，而未全面分析彼己，便贸然进兵，图刻期攻取。但是，宁远不同于广宁，袁崇焕也不同于王化贞。努尔哈赤以矛制炮，以短击长，以劳攻逸，以动图静，吞下了骄帅必败的苦果。后金有一位叫刘学成的人，上书分析宁远之败的原因。他说：“因汗轻视宁远，故天使汗劳苦。”刘学成直言陈明：天命汗努尔哈赤骄傲轻敌，致使兵败宁远。

胜利会腐蚀聪明，权力会冲昏头脑。天命汗努尔哈赤晚年，被胜利和权力腐蚀了聪明，冲昏了头脑，犯下错误，吞下苦果。天命十一年（1626年）正月的宁远之败，是努尔哈赤起兵以来所遭遇到的最重大挫折。此后，天命汗努尔哈赤郁郁寡欢，陷入苦闷。八月十一日，在沈阳东40里的叆（ài）鸡堡忧愤而死。《左传》曰：“君以此始，必以此终。”努尔哈赤以兵马起家称汗，又以兵败宁远身死，这是历史的偶然，还是历史的必然？

瑕不掩瑜。清太祖努尔哈赤虽然在晚年有过一些失误，犯过一些错误，但他仍不失为一位杰出的历史人物。他把女真社会生产力发展所造成的各部统一与社会改革的需要加以指明，把女真人对明朝专制统治者实行民族压迫的不满情绪加以集中，并担负起满足这些社会需要发起者的责任。他在将上述的社会需要、群体愿望，由可能转变为现实，由意向转化为实际的过程中，能够刚毅沉着、

福陵方城

豁达机智、知人善任、赏罚分明，组成坚强稳定的领导群体。其时，南有明朝，西有蒙古，东有朝鲜，北有海西。努尔哈赤没有四面树敌，更没有四面出击，而是佯顺明朝，结好朝鲜，笼络蒙古，用兵海西；对海西女真各部又采取远交近攻，联大灭小，先弱后强，各个吞并的策略；进而形势坐大，黄衣称朕，挥师西进，迁鼎沈阳。他通过建立八旗和创制满文，以物质与精神这两条纽带，去组织、协调、凝聚、激发女真的社会活力，实现历史赋予女真各部统一与社会改革的任务，并为大清帝国建立和清军入关统一中原奠下基石。至于大清王朝奠基礼的完成，还有待于他的儿子皇太极。

相关阅读书目推荐

(1) 孟森：《满洲开国史讲义》，中华书局，2006年

(2) 阎崇年：《努尔哈赤传》，北京出版社，1983年、2006年

(3) 阎崇年：《清朝开国史》，中华书局，2014年

(4) 周远廉：《清太祖传》，人民出版社，2004年

(5) 陈捷先：《努尔哈齐写真》，远流出版公司，2003年

皇太极个人小档案

年号：天聪、崇德

姓名：爱新觉罗·皇太极

出生：明万历二十年十月二十五日（1592年11月28日）

出生地：赫图阿拉城（今辽宁省新宾满族自治县永陵镇赫图阿拉村）

属相：龙

父亲：努尔哈赤

母亲：叶赫那拉氏，后尊为孝慈高皇后

排行：太祖第八子

初婚：22岁结婚，配偶博尔济吉特氏，崇德元年册为皇后

配偶：15人，皇后博尔济吉特氏

子女：11子，14女

即位时间：天命十一年九月初一日（1626年10月20日）

即位年龄：35岁

在位年数：17年

卒年：崇德八年八月初九日（1643年9月21日）

享年：52岁

死亡地：沈阳清宁宫

庙号：太宗

谥号：文皇帝

陵寝：昭陵（沈阳北陵）

继位人：福临（世祖）

最得意：松锦之战夺得胜利

最失意：兵败宁锦

最不幸：生母早亡

最痛心：爱妃早死

最擅长：韬略

皇太极生活的时代，中国上空有四颗耀眼的明星：一颗是清太宗皇太极，一颗是明崇祯帝朱由检，一颗是农民军领袖李自成，再一颗是蒙古察哈尔部林丹汗。这四个人，各代表自己民族或集团的利益，参与了那场空前惨烈而又可歌可泣的政治角逐。最后结局是：其他三人败死，皇太极成为最大的赢家。皇太极无论文治武功还是心智谋略，显然都比对手要技高一筹。

崇德帝皇太极

爱新觉罗·皇太极是努尔哈赤第八子，在八大贝勒中排名第四，又被称为四贝勒。皇太极12岁丧母，20岁带兵打仗，35岁登极，在位17年，52岁去世，是清朝继努尔哈赤之后又一位杰出的政治家、军事家。

皇太极生活在这样一个时代——当时，中国天庭有四颗耀眼的明星：一颗是清太宗皇太极（1592~1643年），一颗是明崇祯帝朱由检（1611~1644年），一颗是农民军领袖李自成（1606~1645年），再一颗是蒙古察哈尔部林丹汗（1592~1634年）。这四个人，各代表着自己民族或群体的利益，在中国大地上演出了一场空前惨烈、威武雄壮，又风云激荡、可歌可泣的历史活剧。最后结局是：林丹汗败死青海打草滩，才43岁；崇祯帝逼迫皇后自杀、砍伤亲生女儿、走上煤山自缢，才34岁，身边只有一个太监王承恩陪伴缢死；李自成在紫禁城做了一天皇帝，最后败死在九宫山，才39岁。林丹汗、崇祯帝、李自成的基业，最后都归了皇太极和他的儿子顺治及其大清帝国。

皇太极成为最大的赢家绝非偶然，不论是文治还是武功，他显然都比对手——林丹汗、崇祯帝、李自成要技高一筹。皇太极的出色才能，从他的少年励志、谋登大位中就已经表现出来。

励志：登上大位

皇太极于明万历二十年（1592年）出生，其时父亲努尔哈赤34岁，生母叶赫那拉氏18岁。他的生母是叶赫部贝勒扬佳努的爱女，名孟古，称孟古格格。皇太极生长在一个特殊的大家庭里，生母和庶母加起来有16位、兄弟16个、姐妹8个，还有许多堂兄弟和堂姐妹。皇太极在他的兄弟中，少年励志，文武兼长。

按照女真人习俗，皇太极从五六岁开始学习骑马射箭，七八岁就驰骋山林、挽弓射猎。皇太极像许多女真少年一样，锻炼技艺，娴熟弓马。史书记载他回忆儿时生活说："昔太祖时，我等闻明日出猎，即豫为调鹰蹴球。若不令往，泣请随行。"每个人"牧马披鞍，析薪自爨（cuàn）"。这番话反映了他青少年时受过艰苦的骑射训练。史书又记载："朕自幼随太祖出猎，未尝夺人一兽；军中所有俘获，未尝私隐一物。朕以存心正直，获承天眷。"这说明皇太极在青少年时，极力培养自己"存心正直"的道德品格。

皇太极很幸运，在他7岁时，满文创立，开始推广。努尔哈赤给儿子们请了师傅，教授满文。皇太极是最早学会满文的一批满洲少年之一。那时，努尔哈赤身边有一位浙江籍汉人，做汉文的文书机要事务。皇太极既学会了满文，也粗通汉文。朝鲜记载："闻胡将中惟红歹是仅识字云。""红歹是"就是皇太极。所以，皇太极在他的兄弟和诸将中算是文化素养最高的。

有人觉得：皇太极出身帝王之家、子承父业、嗣位皇帝，这应是顺理成章的事情，其实不然。

皇太极虽是努尔哈赤的第八子，但他要继承大位并非易事。他的家庭，是一

皇太极的马鞍

皇太极的腰刀

个大家族。他有4位叔父，仅二叔穆尔哈齐一门就有11位堂兄弟，三叔舒尔哈齐一门有9位堂兄弟，其中阿敏贝勒一门有6位侄子、济尔哈朗贝勒一门有11位侄子。而他又有15位同父异母兄弟，亲、堂兄弟的子侄多达一百四五十人。他的7位同父异母的兄长由5位福晋所出，这5位福晋都是建州本部人，唯独其生母属于叶赫部，而叶赫又同建州结下过血海深仇。由上可见，皇太极想要继承大位实际上是困难重重。

皇太极12岁那年，他的生母、29岁的孟古格格撒手归天。她的死，在很大程度上是心情抑郁所致。孟古从结婚到患病、逝世，建州部同叶赫部一直敌对。古勒山一战，孟古的堂兄布斋贝勒，因战马在厮杀中被木桩绊倒而死于非命。努尔哈赤命将布斋的遗体劈作两半，将其一半归还。从此建州与叶赫结下了不共戴天之仇。孟古病危，觉得自己在世的日子不多了，要求见生母一面。努尔哈赤派人去叶赫迎接，但叶赫贝勒不许。孟古终未得见生母，抱憾九泉。

泰化否，否生泰。少年丧母，自是人生中的一大不幸。然而，挫折于懦弱者会磨损意志，于坚强者会愈挫愈奋。以清初的四位君主来说，太祖努尔哈赤10岁丧母，太宗皇太极12岁丧母，世祖福临6岁丧父，圣祖玄烨8岁丧父、10岁丧母。努尔哈赤虽少年丧母，却锻炼了独立品格。同样，皇太极失去母亲的关爱，却促使他学习、仰慕父汗，也更锤炼了他独立、慎思、顽强、拼搏的品格。似可以说：皇太极在对内挟制和对外征服的过程中能够挫败群雄，是同他挫折长智慧、困厄磨意志的特殊家庭环境和人生经历分不开的。

皇太极继承大位面临着六大不利因素：一是幼年丧母，二是父亲太忙，三是外公仇家，四是排行居中，五是没有同胞，六是母未封后（大福晋）。但从后面的事实看，这些不利因素逐渐转化为了有利因素。具体说来：第一，皇太极外公为女真叶赫著名领袖，生母那拉氏是一位聪明灵秀的格格。受遗传的影响，他聪敏过人。而其他兄弟的外公（除多尔衮外公）都名不见史传，这个背景增强了他政治上的自强自信。第二，少年丧母使他在生活中遇到过多的艰难与困苦，磨炼了他的独立性格与顽强意志。第三，没有母亲呵护，没有同母兄弟姐妹，格外势孤力单，养成他慎言少语的性格，锻炼了沟通与协调的能力。第四，皇太极因舅父同建州有世仇，长期冤冤相报，使他在家族中处于不利地位，促成他工于心计。

总之，皇太极在青少年时就养成了自立、协调、心计、奋争的品格。

皇太极一生第一件大事，就是在父汗努尔哈赤死后登上大汗宝座。

努尔哈赤身后的大位，由谁来继承？努尔哈赤在生前没有立太子，临终也没有留下传位遗诏，只是宣布《汗谕》：实行八和硕贝勒共议制——共同会议推举新汗和废黜大汗。他死之后，尸骨未寒，汗位之争，非常惨烈。当时诸贝勒中以四大贝勒——大贝勒代善、二贝勒阿敏、三贝勒莽古尔泰、四贝勒皇太极的权势最大、地位最高；还有多尔衮和多铎。皇太极在四大贝勒中，座次和年齿均列第四，为何能登上大位？因为皇太极在大位争夺上，长期而巧妙地运用了谋略。

当时的形势是：二大贝勒阿敏是皇太极的堂兄，其父舒尔哈齐获罪被圈禁至死。阿敏自己也受到牵连，并犯下大过，又同富察氏事件相关联，自然没有资格、也没有条件同代善、皇太极等争夺大位继承权。三贝勒莽古尔泰是皇太极的五兄，有勇无谋，生性鲁莽，军力较弱。他的生母富察氏后来改嫁努尔哈赤，曾因过失获罪，莽古尔泰杀死生身母亲。这种人，名声很差，可做统兵大将，但不能做一国之君，因此也没有条件争夺汗位。大贝勒代善有资格、有条件、也有可能继承汗位。代善性格宽柔、深得众心，且军功多、权势很大。努尔哈赤曾预示日后由其袭受汗位，说："百年之后，我的幼子和大福晋交给大阿哥收养。"大阿哥就是代善。皇太极虽怀大志、藏玄机、有帝王之才，但同乃兄代善争夺汗位继承，各方面均处于不利的地位，于是不得不暗设机关、施展谋略。

这里有一个历史故事：努尔哈赤小福晋德因泽，讦告大福晋两次备佳肴送给大贝勒，大贝勒受而食之；又送给四贝勒，四贝勒受而未食；大福晋经常派人去大贝勒家，还在深夜外出宫院。努尔哈赤派人调查属实。他不愿家丑外扬，便借故修理大福晋。这件事在满洲贵族中曝光后，大贝勒代善的威望大降，已无力争夺汗位。有人说小福晋德因泽告发是受到皇太极的指使。皇太极藉大福晋同大贝勒代善难以说清道明的"隐私"，施一箭双雕之计：既使大贝勒声名狼藉，又使大福晋遭到修理。大福晋是多尔衮的生母大妃阿巴亥（一说为富察氏）。大福

代善像

晋在这次事件中受了点“伤”，但没有“死”，不久又受到努尔哈赤宠爱。皇太极要争夺汗位，还要设计置大妃于死地。

因为要削弱多尔衮、多铎力量，最好的办法就是处死大妃阿巴亥。大妃阿巴亥12岁嫁努尔哈赤，同努尔哈赤生活26年。她当时37岁，正值盛年，丰姿丽艳，有三个儿子：阿济格22岁、多尔衮15岁、多铎13岁。努尔哈赤死后，皇太极和几个贝勒称先汗有遗命，让大妃殉葬。在皇太极等四大贝勒威逼下，阿巴亥自缢而死（一说被用弓弦勒死）。阿巴亥死后，多尔衮、多铎年幼，失去依靠，没有力量同皇太极争夺大位。

代善失势、多尔衮失母，皇太极在大位争夺中处于有利地位。新汗的推举议商，在庙堂之外进行。大贝勒代善的儿子贝勒岳讬、萨哈廉到其父代善的住所，说：“四大贝勒（皇太极）才德冠世，深得先帝之心，众皆悦服，当速继大位。”代善说：“是吾心也！”于是父子三人议定。第二天，诸王、贝勒聚于朝。代善将他

皇太极时期所制的碧玉“皇帝奉天之宝”

们的意见告诉二贝勒阿敏、三贝勒莽古尔泰及诸贝勒。没有争议，取得共识。于是皇太极登上大位。

皇太极从舒尔哈齐死到继位，中间长达15年，他用尽心智谋略，终于登上大位。他继承汗位后，励精图治，进行改革。

文治：革弊鼎新

皇太极在文治的棋盘上，调整关系，革弊鼎新，有四步高棋：

革除弊政，调剂满汉。努尔哈赤晚年，特别是进入辽河平原以后，实行了一些错误政策——大量迁民，按丁编庄，清查粮食，强占田地，满汉合居，杀戮诸生，遭到辽东汉民的反抗，民族矛盾十分尖锐。汉人有的向井水、食盐中投毒，有的把猪毒死出售，有的拦路击杀单独出行的旗人，有组织的武装暴动也此起彼伏。努尔哈赤却没有停止对汉人的奴役和屠杀，继续执行高压政策。结果矛盾进一步激化，人口逃亡，丁壮锐减，田园荒芜，“民将饿死”，寇盗横行。

皇太极继位之后，对其父汗的失误之策，适时做出调整：

对汉民：他提出“治国之要，莫先安民”，强调满洲、蒙古、汉人之间的关系“譬诸五味，调剂贵得其宜”。他决定：汉人壮丁，分屯别居；汉族降人，编为民户；善待逃人，放宽惩治——“民皆大悦，逃者皆止”。

对汉官：汉官原从属满洲大臣，自己的马不能骑，自己的牲畜不能用，自己的田不能耕；官员病故，妻子要给贝勒家为奴。皇太极优礼汉官，以此作为笼络辽东汉族上层人物的一项重要政策。对归降的汉官给予田地，分配马匹，进行赏赐，委任官职。皇太极重用汉官，范文程是一个例子。“太宗即位，召直左右”，参与军政大计。每逢议事，总问：“范章京知道吗？”遇有奏事不当之处，总是说：“为什么不和范章京商量呢？”诸臣回答说：“范章京也这么说。”皇太极就认可。有一次范文程在皇宫里进食，看着满桌佳肴美味，想起老父亲，停箸不食。太宗明白他的心思，立即派人把这桌酒席快马送到范文程家里。后来，范文程做到内秘书院大学士，这是清朝汉人任相之始。

范文程墓残石

对汉儒：“士为秀民，士心得，则民心得矣”，谁占有更多的优秀人才，并发挥其才能智慧，谁就能战胜对手。大明有人才却不能用；大顺则没有鸿儒俊彦，牛金星不过是个举人。而决定大清能否在这场龙虎斗中取胜的关键，也在于能否大量地占有人才。努尔哈赤对明朝生员屠杀过多，对所谓通明者“尽行处死”，其中“隐匿得免者”约有300人，都沦为八旗的包衣奴仆。皇太极下令对这些为奴的生员进行考试，各家主人，不得阻挠。这是后金科举考试的开端，结果得中者共200人。他们从原来为奴的身份，尽被“拔出”，获得自由，得到奖赏。后又举行汉人生员考试，取中228人，从中录取举人16人，各赏衣服，礼部赐宴，优免丁役，加以重用。这项举措，反响强烈，“仁声远播”。

族名满洲，建号大清。皇太极做了两件大事，影响深远，史册永存。一件是改族名女真为满洲。天聪九年十月十三日（1635年11月22日），天聪汗皇太极发布改族名为满洲的命令，从此，满洲族（简称满族）的名称正式出现在中华和世界的史册上。另一件是改国号大金为大清。天聪十年四月十一日（1636年5月15日），皇太极在沈阳皇宫大政殿举行即皇帝位的典礼，改国号“大金”为“大清”，改年号“天聪”为“崇德”。因为皇太极有两个年号：一个是天聪，另一个是崇德，所以清朝出现十二帝十三朝的现象。皇太极为什么改国号为“大清”呢？有一个传说：努尔哈赤早年逃难时骑着一匹大青马，慌急赶路，马被累死。努尔哈赤难过地说：“大青啊，大青，将来我得了天下，国号就叫大清（青）！”当然这是一个传说故事，不必深究。皇太极改国号、称皇帝意在表明：自己不仅是满洲的大汗，而且是蒙古人、汉人以及所有人的大汗，是大清国臣民的皇帝。

“南面独坐”，完善体制。随着后金的发展，皇太极改革并完善政权机构。一是，除掉二贝勒阿敏、三贝勒莽古尔泰，又挟制大贝勒代善，废除大汗同三大贝勒并坐制，改为皇太极“南面独坐”，强化君主集权。就是改变过去皇太极、代善、阿敏、莽古尔泰上朝时“四尊佛”并坐的局面。二是，巩固和完善八旗制度，逐步设立八旗汉军，以管理汉军及其眷属的军、政、民等事宜；并扩编八旗蒙古，加强对蒙古的统辖。三是，创设蒙古衙门（崇德三年改称理藩院），以专门处理民族事务。四是，仿效明制，设立内三院（内国史院、内秘书院、内弘文院）、

上答禮。復近前跪。以戚屬禮見。土謝圖濟農額駙亦如公主行禮。又與諸貝勒序齒交拜行抱見禮畢。公主額駙具筵獻
上。復獻雕鞍駝馬貂裘貂皮等物。酌納之。即於行在設大宴宴之。○戊申。
上召土謝圖濟農額駙偕公主進宮。大宴之。公主額駙獻
皇后西妃貂皮等物。酌納之。○辛亥。改文館為內三院。一名內國史院。一名內秘書院。一名內弘文院。分任職掌。內國史院職掌記注
皇上起居詔令。收藏
御製文字。凡
皇上用兵行政事宜。編纂史書。撰擬郊
天告
廟祝文及陞殿宣讀慶賀表文。纂修歷代
祖宗實錄。撰擬壙誌文。編纂一切機密文移及各官章奏。掌記官員陞降文冊。撰擬功臣母妻誥命印文。追贈諸貝勒冊文。凡六部所辦事宜可入史冊者。選擇記載。一應鄰國遠方往來書札。俱編為史冊。內秘書院職掌撰與外國往來書札。掌錄各衙門奏疏及辯冤詞狀。
皇上敕諭文武各官敕書。並告祭文廟諭祭文武各官文。內弘文院職掌注釋歷代行事善惡。進講
御前。侍講皇子。並教諸親王。頒行制度。○癸丑。遣往喜峯口潘家口齎書前鋒將領碩翁科

《清太宗实录》中关于“改文馆为内三院”的上谕

崇德时期的刑部办理案件文档（满文）

六部（吏、户、礼、兵、刑、工）、都察院，形成内三院、六部、都察院和理藩院所谓“三院六部二衙门”的政府架构，基本完善了政府组织的体制和架构。

造红衣炮，创建重（zhòng）军。天聪汗皇太极在经过宁远之战、宁锦之战和北京之战三次重大失败之后，终于明白了一个道理：战败的重要原因是自己没有最新式武器——红衣大炮。此炮为西洋人制造，称作“红夷大炮”；满洲忌讳

"夷"字而谐音为"衣",称作红衣大炮。天聪五年(1631年)正月,后金仿制的第一批红衣大炮在沈阳造成,定名为"天佑助威大将军"。从此,满洲终于有了自己制造的红衣大炮。这是八旗兵器史上划时代的大事件,也是八旗军事史上的一座里程碑。皇太极在八旗军设置新营"重军",就是以火炮等火器装备的重型新兵种——炮兵。从此,清军有的强大骑兵明军没有,明军有的红夷(衣)大炮清军也开始拥有。

这样,皇太极纠正了他的父亲晚年所犯下的错误,使得后金军政事业有了新的发展。皇太极死后被谥为"文皇帝",这个"文"字恰恰说明他一生文治功业的特征。

武功:四向开疆

皇太极在武功的棋盘上,四面出击,开拓疆域,也有四步高棋:

向东用兵,两征朝鲜。天聪元年(1627年)正月,皇太极命二大贝勒阿敏等率军东征朝鲜。阿敏统率大军,过鸭绿江,占领平壤。三月,双方在江华岛杀白马、黑牛,焚香、盟誓,定下"兄弟之盟"。崇德元年(1636年)皇太极称帝大典时,朝

清"神威大将军"炮

大清皇帝功德碑

鲜使臣拒不跪拜，双方撕扯，朝鲜使臣仍不屈服。皇太极认为：这是朝鲜国王效忠明朝、对清不从的表现。十二月，皇太极以此为借口，第二次对朝鲜用兵。皇太极亲自统率清军渡鸭绿江，前锋直指朝鲜王京汉城（今首尔）。朝鲜国王李倧（zōng）逃到南汉山城。皇太极也率军到南汉山城外驻营。第二年正月，李倧请降，奉清国正朔，向清帝朝贡。于是，皇太极在汉江东岸三田渡设坛，举行受降仪式，确立了清同朝鲜的"君臣之盟"。皇太极两次用兵朝鲜，达到一石三鸟的目的——一是改变了朝鲜依违于明朝和清朝之间的立场，二是得到了来自朝鲜的物资供应，三是解除了南攻明朝的东顾之忧。

向北用兵，征抚索伦。皇太极向北用兵，兵锋直指黑龙江上游、中游和下游的广大地域。皇太极的策略是："慑之以兵，怀之以德。"达斡尔头人巴尔达齐居住在精奇里江（今结雅河）多科屯。皇太极将宗室女儿嫁给巴尔达齐，他成了皇太极的额驸。不久，索伦部的许多首领相继到沈阳朝贡，表示归顺。崇德年间，皇太极两次发兵索伦，征讨达斡尔另一头人博穆博果尔。双方在黑龙江上游雅

蒙古文信牌

克萨（今俄罗斯阿尔巴津）、呼玛尔（今呼玛）等地遭遇，经过激战，清军获胜，但损失很大。博穆博果尔率领余部，向北逃窜。皇太极采用“声南击北”的计谋，预先埋伏蒙古骑兵截其逃路，将率众逃往齐洛台（今俄罗斯赤塔）的博穆博果尔擒获。皇太极征抚并用，以抚为主，终于使贝加尔湖以东、外兴安岭以南、乌苏里江以东至鄂霍次克海的广阔地域归属于清朝。

向西用兵，三征蒙古。明清之际，蒙古分为三大部：漠南蒙古即内蒙古、漠北蒙古（喀尔喀蒙古）即外蒙古、漠西蒙古即厄鲁特蒙古。漠南蒙古位于明朝和后金之间，并同明朝订有共同抵御后金的盟约。漠南蒙古察哈尔部林丹汗，是元太祖成吉思汗的后裔。他势力强大，自称是全蒙古的大汗。明廷每年给林丹汗大量“岁赏”，使其同后金对抗。努尔哈赤时漠南蒙古东边诸部多归服后金，但察哈尔部成为漠南蒙古诸部对抗努尔哈赤父子的坚强堡垒。皇太极即位后，西向三次用兵，其主要目标是察哈尔部的林丹汗。天聪二年（1628年），皇太极利用漠南蒙古诸部的矛盾，同反对林丹汗的喀喇沁等部结盟，首次亲统大军进攻林丹汗。到敖木伦，获得胜利，俘获11000余人，后乘胜追到兴安岭。四年后，皇太极再次率军远征林丹汗，长途奔袭至归化城（今呼和浩特市）。林丹汗闻讯，惊慌失措，星夜逃遁。皇太极回军，途中获得明塞外民众数万、牲畜10余万。此后，察哈尔部众叛亲离，分崩瓦解。林丹汗逃至青海打草滩，出痘病死。天聪九年(1635年)，皇太极命多尔衮等统军三征察哈尔部。林丹汗的继承人、其子额哲率部民千户归降，并献上传国玉玺。据说这颗印玺，从汉朝传到元朝，元顺帝北逃时还带在身边，他死之后，玉玺失落。200年后，一个牧羊人见一只羊三天不吃草，而用蹄子不停地刨地，牧羊人好奇，挖地竟得到宝玺。后来宝玺到了林丹汗手中。皇太极得到"一统万年之瑞"，如同自己的统治地位得到上天的认可，自然大喜过望。他亲自拜天，并告祭太祖福陵。为敌20余年的察哈尔举部投降，广阔的漠南蒙古归于清朝。

向南用兵，六入中原。皇太极向明朝用兵，先后取得大凌河之战和松锦之战的胜利，并六次向关内用兵。第一次是天聪三年（1629年），皇太极亲自带领大军，绕道蒙古地区，攻破大安口，围攻北京城。第二次是天聪八年（1634年），皇太极亲统大军，蹂躏宣府、大同一带。第三次是天聪九年(1635年)，多尔衮率军入长城，略山西太原府所属忻州(今忻州市)、定襄、五台等州县。第四次是崇德元年（1636年），皇太极命多罗郡王阿济格等率军入关，到延庆，入居庸，取昌平，逼京师。接着，阿济格统军下房山，破顺义，陷平谷，占密云，围绕明都，蹂躏京畿。此役，清军阿济格奏报：凡56战皆捷，共克16城，俘获人畜17万。他们凯旋时，"艳服乘骑，奏乐凯归"，还砍木书写"各官免送"四个大字，以戏藐大明皇朝。第五次是崇德三年（1638年），皇太极派多尔衮率军入关，兵锋直到济南。在长达半年的时间里，多尔衮转战2000余里，攻克济南府城暨3州、55县，获人、畜46万。第六次是崇德七年（1642年），皇太极派阿巴泰率军入关，横扫山东一带，俘获人口36万、牲畜32万余头。六次大规模入塞，攻打北京，掳掠中原，陷落济南，皇太极之胆识、之气魄、之谋略确是雄奇的。但他多次派兵入塞，屠城、杀戮、焚毁、抢掠，却是兵略中之最下者。

谋略：精心运筹

皇太极为什么能取得上述的文治武功？原因很多，但关键在于谋略。谋略是关乎政治家、军事家心智高下、事业成败、民族盛衰、国家兴亡的大事。下面讲四个例子。

精心谋划，继承汗位。满族先人女真像许多游牧或渔猎民族一样，汗位继承没有实行嫡长制。努尔哈赤身后的大位由谁来继承？当时没有一个制度。努尔哈赤生前为着巩固权位，先幽死胞弟舒尔哈齐，又杀死长子褚英，再疏远次子代善。努尔哈赤晚年在汗位继承问题上非常烦恼，他没有指定继承人，而是宣布《汗谕》：实行八和硕贝勒共议国政制。所以，努尔哈赤死后，尸骨未寒，贝勒之间，汗位之争，非常激烈。皇太极运用谋略登上大位，是他长期学习、历练的结

盛京皇宫大政殿与十王亭

果。首先，跟随父汗，学习才智。皇太极自幼“聪颖过人”，史书说他“一听不忘，一见即识”。他在少年时，便被父亲“委以一切家政，不烦指示，既能赞理，巨细悉当”。20岁走上疆场，亲临战阵，历练兵略。其次，潜心典籍，熟谙韬略。皇太极注重学习汉文化，有人统计，《清太宗实录》等书记载皇太极学史、讲史有50余处。他命达海等人翻译兵法《六韬》、史书《金史》、小说《三国演义》和《水浒传》等。官员在奏疏中称他“喜阅《三国志传》”、“深明《三国志传》”等，说明他胸怀大志，腹藏玄机。再次，兄弟争位，明拉暗打。他对待长兄代善，使用“离间之计”，挑拨汗父同兄长的关系。复次，费尽心机，夺取汗位。皇太极在大位争夺中，长期而巧妙地运用了谋略。前面提到努尔哈赤死后，皇太极伙同几个贝勒说先汗有遗言，让大福晋阿巴亥殉葬。阿巴亥死后，多尔衮、多铎年幼，失去依靠，再没有力量同皇太极争夺大位。据《清史稿·索尼传》记载，多铎曾说：“当立我，我名在太祖遗诏。”由此看来，努尔哈赤生前或有遗诏，可是至今没有见到。多尔衮死后议罪，一大罪名就是曾说：“太宗文皇帝之继位，原系夺立。”所以，皇太极到底是继位还是夺位？至今学界仍有不同的意见。总之，皇太极经过长达15年的精心谋划，终于登上大位。最后，秋后算账，南面独坐。皇太极初登大汗宝座时，四大贝勒并肩而坐，处理军政大事，四人轮流分值。皇太极借故先将二大贝勒阿敏除掉，再将三大贝勒莽古尔泰除掉，胁服大贝勒代善顺从——“南面独坐”，强化集权。

一后四妃，笼络蒙古。皇太极在盛京设立五宫——“一后四妃”，都是蒙古族，都姓博尔济吉特氏，分属于蒙古科尔沁部和察哈尔部。皇太极娶异族的“一后四妃”，主要是出于笼络蒙古的政治考虑。

皇后博尔济吉特氏，是蒙古科尔沁贝勒莽古思的女儿。成婚那年，皇太极23岁，博尔济吉特氏15岁。皇太极继位后，博尔济吉特氏成为后金第一夫人，称中宫——清宁宫大福晋。崇德元年（1636年），皇太极登上皇帝宝座后，妻以夫贵，博尔济吉特氏就成为中宫皇后。

皇太极宠爱的还有四位皇妃：

第一位是关雎宫（东宫）宸妃，博尔济吉特氏，是中宫皇后的侄女，也是永福宫庄妃博尔济吉特氏的姐姐，天聪八年（1634年）同皇太极结婚。这时她已26岁，皇太极也已43岁。

第二位是麟趾宫（西宫）贵妃那木钟，为蒙古阿霸垓郡王额齐格诺颜之女。她原是蒙古林丹汗囊囊福晋，林丹汗死后，投顺后金。同年，皇太极娶囊囊福晋为妻。那木钟贵妃后生下一子名博穆博果尔和一女。她的儿子博穆博果尔及其王妃，日后演绎出一段生动离奇的故事，留待谈到顺治皇帝时再讲。

第三位是衍庆宫（次东宫）淑妃巴特马·璪，原是蒙古察哈尔林丹汗的窦土门福晋。林丹汗死后，她携部众降金，不久被皇太极纳娶。她抚养蒙古一女，皇太极"命睿亲王多尔衮娶焉"。

第四位是永福宫（次西宫）庄妃，俗称大庄妃，名布木布泰，是科尔沁贝勒

庄妃居住的永福宫

庄妃像

寨桑之女，又是中宫皇后博尔济吉特氏的侄女，关雎宫宸妃的妹妹。庄妃13岁嫁给皇太极，这年皇太极34岁。皇太极即皇帝位后，封她为永福宫庄妃。庄妃作为一个女人，人生中最大的事，就是生下一个儿子——福临，即后来的顺治皇帝。这年她26岁。庄妃的故事后面再讲。

皇太极为了联络蒙古，以次女下嫁林丹汗之子额哲，命济尔哈朗娶林丹汗遗孀苏泰太后为福晋，长子豪格及二兄代善、七兄阿巴泰分别同察哈尔部联姻，从而构成错综复杂的满蒙姻盟。

松锦用兵，精于谋略。崇德四年(1639年)，皇太极开始在辽西同明军进行决战。清军围困锦州，明守将祖大寿告急。崇祯帝派洪承畴为总督，率8位总兵、

洪承畴像

13万步骑、4万马匹，解锦州之围。洪总督采取“步步为营，且战且守，待敌自困，一战解围”的兵略，于崇德六年即崇祯十四年(1641年)七月，进军至松山。两军初战，“清人兵马，死伤甚多”，清军失利，几至溃败。败报传到盛京，皇太极带病急援。史载：“上行急，鼻衄(nǜ)不止，承以椀(碗)”，鼻子流血不止，用碗接着，马不停蹄，昼夜兼行500余里，赶到松山。他部署：埋下伏兵，断敌退路；袭劫积粟，断敌粮道；高桥设伏，击敌逃兵；大路列阵，截敌援兵。经激战，获大胜。《清太宗实录》记载：“是役也，计斩杀敌众五万三千七百八十三，获马七千四百四十匹、骆驼六十六、甲胄九千三百四十六副。明兵自杏山，南至塔山，赴海死者甚众，所弃马匹、甲胄以数万计。海中浮尸漂荡，多如雁鹜。”洪承畴退

嘉庆年制《太宗大破明师于松山之战书事》玉册

缩到松山城中。清军破城，洪承畴被俘。明朝得报洪承畴殉国，朝廷祭奠、褒扬，结果洪承畴却投靠了清朝，闹了一个大笑话。

自天命三年即万历四十六年(1618年)抚顺第一次交锋，至顺治元年即崇祯十七年(1644年)清军入关，在近30年间，对明清兴亡产生极其深远影响的主要是三大战役，这就是萨尔浒之战、沈辽之战和松锦之战。萨尔浒之战是明清正式军事冲突的开端，标志着双方军事态势的转化——明辽东军由进攻转为防御，后金军由防御转为进攻；沈辽之战是明清激烈军事冲突的高潮，标志着双方政治形势的转化——明朝在辽东统治的终结，后金在辽东统治的确立；松锦之战标志着明清辽东军事冲突的结束，双方辽西军事僵局的打破——明军顿失关外的军事凭藉，清军转入新的战略进攻，为定鼎燕京、入主中原奠下了基础。

设反间计，除袁崇焕。天聪汗皇太极在事业发展过程中，有一件事很值得大书一番，这就是巧设反间计，除掉袁崇焕。事情要从源头说起。天命十一年（1626年）正月，努尔哈赤在宁远之战中，攻而未克，不久郁郁而死。皇太极亲

袁崇焕像

临战场，目睹了八旗战史上这场最惨痛的失败。父汗死了，皇太极要报仇！于是，发动了宁锦之战。天聪元年（1627年）五月，皇太极在宁远、锦州战败。宁远、宁锦两役失败，皇太极认识到：袁崇焕是他经山海关进入中原通道上的“拦路虎”。所以，皇太极用了一计：绕道山海关，攻打北京城；调动袁崇焕“勤王”，实施“反间计”，除掉袁崇焕。

天聪三年（1629年）十月，皇太极亲率大军，避开山海关，绕道蒙古，进攻北京城。这时的袁崇焕被崇祯帝重新起用为兵部尚书、蓟辽督师。他曾奏报，辽东防守坚固，敌军不会通过；但蓟镇一带防务空虚，应当加以重视。朝廷对他的奏报未予理睬，而尘封起来。当袁崇焕在山海关巡视的时候，得到皇太极进攻京师的军报。他急点九千骑兵，日夜兼驰，前来救援，同敌决战，保卫北京。

袁崇焕驻兵在北京广渠门外，兵无粮，马无草，白天作战，夜间露宿。袁崇焕身先士卒，中箭头的衣甲，像刺猬皮似的。袁崇焕连获广渠门和左安门两捷，京师转危为安。皇太极就使用《三国演义》中周瑜利用蒋干盗书使曹操中反间计的手法，设计陷害袁崇焕。此计，《清史稿·鲍承先传》记载：

> 翌日，上诫诸军勿进攻，召承先及副将高鸿中授以秘计，使近阵获明内监系所并坐，故相耳语云：“今日撤兵，乃上计也。顷见上单骑向敌，有二人自敌中来，见上，语良久乃去。意袁经略有密约，此事可立就矣。”内监杨某佯卧窃听。越日，纵之归，以告明帝，遂杀崇焕。

十二月初一日，崇祯帝中了皇太极的“反间计”，以议军饷为名，命袁崇焕到紫禁城。当时，北京城戒严，九门紧闭。袁崇焕坐在筐里，被人吊到城上。袁崇焕到了紫禁城平台，崇祯帝并未议饷，而是下令将他逮捕，下锦衣卫狱。第二年八月十六日，一代名将袁崇焕在北京西市被凌迟处死。《明季北略》记载：袁崇焕受刑时，人们咬牙切齿，买从袁身上割下的肉就酒喝，喝一口，骂一声。这个记载，未必可靠，但说明当时京城上下都中了皇太极的“反间计”，误认为袁崇焕“通敌”。事情一直到清朝修《明史》，在满文档案中看到当时的记载才真相大白。事过152年后，袁崇焕的冤案由乾隆帝给予平反。

皇太极用反间计使得大明崇祯帝“自毁长城”。《明史·袁崇焕传》说：“自崇焕死，边事益无人，明亡征决矣！”

皇太极心机之深、智术之高、谋略之精、手段之辣，令人叹为观止。这自然与其先天禀赋有关，但所处环境和人生经历则是更重要的原因。

离世：不善已合

皇太极是清代杰出的政治家和军事家，对满族历史和中华历史的发展作出了重要贡献。但是，皇太极正当事业通向顶峰的时候，却在52岁突然死于心脑血管病。就其性格来说，皇太极有勇敢坚强、铮铮铁骨的一面；也有以情夺理、放纵多情的一面。皇太极性格的弱点，主要是不善“已合”，不善于调整自身心理与生理的平衡。

第一，过于生气。人可以生气，但不能过于生气。皇太极气性太大，因气大而伤身。崇德六年（1641年）四月，清军围锦州，郑亲王济尔哈朗、郡王阿济格、多铎等“离城远驻，任意田猎”，导致明军乘机往锦州运粮。初三日，皇太极大怒，命撤回之师，不许入城，不许入衙门，不许入大清门。大学士范文程等奏言：“国中诸王贝勒大臣，半皆获罪，不许入署，又未获入觐天颜，臣等思伊等回家日久，复近更番之期，各部事务，及攻战器械，一切机宜俱误，望皇上少霁天威，仍令入署办事。”初七日，皇太极命召集获罪诸王贝勒大臣等，于笃恭殿前，令诸王贝勒大臣等各入署办事，但不许入大清门。范文程等又奏曰：“获罪诸王贝勒等，俱系皇上子弟……令其入朝会公所未知可否？”皇太极不允。诸王贝勒大臣遂各赴署办事。十七日，多尔衮、豪格、杜度、阿巴泰等，言于范文程等曰：“我等获罪深重，蒙皇上深恩从轻处分。我等愚诚，既不敢亲奏于上，若缄默不言，皇上必不召见我等有罪之人，自当哀恳，上必宥而见焉。然心中惶惑莫定，未审如何乃善，烦为我等议之。”范文程等奏闻。皇太极命范文程等传谕诸王贝勒大臣，令照旧各赴朝会之所，其在户部办事大臣有事，仍照常来奏。范文程等奏曰：“诸王贝勒大臣当必欢忭，奏请谢恩，可否勉从其请，伏候上裁？”皇太极不允。范文程等传谕，诸王贝勒众大臣，遂进大清门，各入朝办事。在事关军国大事上，皇太极怄气，不许有过错的诸王、贝勒、大臣到六部、二衙门办公，显然不够理智，意气用事。

第二，过于重情。人可以重情，但不能过于重情。皇太极过于重情，因情重而伤身。皇太极爱妃关雎宫宸妃海兰珠病重，消息传到松锦前线。“是夜一鼓，盛京使至，奏宸妃疾笃。上即起营。”皇太极闻讯后，立即车驾启行，奔向盛京。皇太极在返回途中，宸妃已死。皇太极闻“妃薨，恸悼，卯刻，驾抵盛京。入关雎宫，至宸妃柩前，悲涕不止”。宸妃出殡，陈设仪仗，由东侧门，出盛京地载门五里暂殡。皇太极等率诸王等亲送。皇太极过于悲痛，不能自已。大臣奏言：“今者皇上过于悲痛，大小臣工，不能自安。”提出：“皇上一身，关系重大，况今天威所临，大功屡捷，松山、锦州，克取在指顾间。此正我国兴隆，明国败坏之时也。皇上宜仰体天意，自保圣躬，勿为情牵，珍重自爱。”皇太极悲哀七日，“上居御幄，饮食顿减，圣躬违和。是日午刻，皇后、宫妃，及诸王大臣，陈设祭物于神前，祈祷。酉刻，上方愈，稍进饮食”。皇太极过于悲悼，不能自持，以致昏厥。

朝鲜《沈馆录》记载：“汗行出北城门至秫门外夫之（福晋）完敛处（诵经设神祀之处），行大完敛……完敛处则设帐幕于野中，环簟作墙，造纸屋、纸塔，以五色纸为彩幡、彩钱搏、彩花等物，极其丰侈，费至万金云。僧道巫觋杂沓如祈祝之状。汗大加悲痛，归路哭泣不止矣！”

从上面两例可以看出：皇太极是一个性情中人，不善“己合”，既不能“制怒”，也不会“抑情”，任性所为，纵情不羁；身体过胖，血压又高，病情加重，盛年病逝。

像皇太极这样一代英杰，本来应该、并且能够创立更大的功业。但是，皇太极在52岁的盛年（1643年）遽然辞世，他离世的当天，还在进行政务活动。天不假年，使他无缘端坐在紫禁城的宝座上，实现其终生为之奋斗的定鼎燕京的目标。所以，他的父亲努尔哈赤被尊为太祖、儿子顺治为世祖、孙子康熙为圣祖，自己却是太宗。皇太极死后被谥为“文”皇帝，而其父汗被初谥为“武”皇帝，这个“文”字恰切说明皇太极一生文治功业的特征。他死后葬在昭陵（今沈阳北陵），陵前的石像中有一对石马，就是“昭陵二骏”，相传是仿照皇太极生前喜爱的坐骑——大白、小白二骏雕制的。

皇太极的死，标志着大清皇朝一个朝代的结束，也标志着大清皇朝奠基工程的完结。清太祖、太宗两代整整60年的奋争，为后来清军入关，定鼎燕京，统一中原，奠下了基础，准备了条件。

皇太极的昭陵

《清史稿·太宗本纪》中对皇太极的评价是："允文允武，内修政事，外勤讨伐，用兵如神，所向有功。"这个评论，大体公平；但"用兵如神"，似嫌过誉。

然而，杰出英雄，也有失算。《清史稿》道出他"储嗣未定"和"大勋未集"两大遗憾，这一点留待下面讲顺治帝时再详述。

相关阅读书目推荐

（1）孙文良等：《清太宗全传》，吉林文史出版社，1983年

（2）阎崇年：《袁崇焕研究论集》，文史哲出版社，1994年

（3）阎崇年：《清朝开国史》，中华书局，2014年

（4）陈捷先：《皇太极写真》，远流出版公司，2004年

福临个人小档案

年号：顺治

姓名：爱新觉罗·福临

出生：崇德三年正月三十日（1638年3月15日）

出生地：沈阳皇宫永福宫

属相：虎

父亲：皇太极

母亲：孝庄文皇后

排行：太宗第九子

初婚：14岁结婚，配偶博尔济吉特氏，为皇后

配偶：19人，皇后博尔济吉特氏

子女：8子，6女

即位时间：崇德八年八月二十六日（1643年10月8日）

即位年龄：6岁

在位年数：18年

卒年：顺治十八年正月初七日（1661年2月5日）

享年：24岁

死亡地：紫禁城养心殿

庙号：世祖

谥号：章皇帝

陵寝：孝陵（清东陵）

继位人：玄烨（康熙）

最得意：惩治死后的睿亲王多尔衮

最失意：想出家未成

最不幸：父亲早故

最痛心：爱妃董鄂氏早死

最擅长：佛学

福临戏剧性地登上了政治舞台，并在这个舞台上活动了18年。这18年，他做了8年傀儡，其间主要是摄政王多尔衮在发号施令；后10年才逐步实现乾纲独断，当上了主角。顺治朝定鼎燕京，中原底定。其六大弊政，则论者非之。历史学家对顺治朝的功过评说，有褒有贬，亦誉亦毁。

顺治帝福临

清世祖章皇帝爱新觉罗·福临，6岁登极，是清代历史上有名的少年天子。年号顺治：顺，意顺利；治，意治理。就是顺利治国、华夏一统的意思。

少年福临的命运，真如同他的名字一样："福"从天上降"临"。为什么这样说呢？

第一，大清皇位，天福降临。如前文所说，清崇德八年（1643年）八月初九日夜亥刻，皇太极带着"储嗣未定"的遗憾猝死。皇太极在白天还处理政务，夜里就离开人世。他死之前，没有留下任何遗言，也没有交代由谁继位。由于事出突然，诸王贝勒也没有一点准备。经过一段时间的忙乱和哀悼，一场激烈的皇位争夺战在皇宫崇政殿打响。那一天是八月十四日，也就是皇太极死后的第六天。

努尔哈赤有遗诏，规定皇位的继承要满洲贵族来讨论。当时主要有七个人的意见举足轻重：四位亲王，就是礼亲王代善，郑亲王济尔哈朗，睿亲王多尔衮，肃亲王豪格；还有三位郡王，就是英郡王阿济格，豫郡王多铎和颖郡王阿达

盛京皇宫的金銮殿——崇政殿

礼。当时，最有希望夺得大位的是肃亲王豪格和睿亲王多尔衮。

豪格（1609~1648年）的有利条件主要是：其一，为皇太极长子，35岁（比多尔衮年长3岁），正值壮年；其二，人才出众，史称他“容貌不凡，有弓马才”，“英毅，多智略”；其三，久经战阵，屡获军功；其四，皇太极生前亲掌的正黄、镶黄和正蓝三旗大臣拥护豪格继位，尤其是两黄旗贝勒大臣更是誓死效忠。

多尔衮（1612~1650年）的有利条件主要是：其一，是努尔哈赤第十四子，皇太极之弟，时年32岁；其二，受到父亲的钟爱。史载，努尔哈赤曾留下遗言：九王子（多尔衮）当立而年幼，由代善摄位。而代善鉴于当时情势，转而拥立皇太极；其三，多尔衮兄弟为正白旗和镶白旗的旗主贝勒，这两个旗支持多尔衮；其四，有二位胞兄弟阿济格和多铎的支持，在上述七王中，多尔衮兄弟占了三个席位；第五，多尔衮多次统军出征，“倡谋出奇，攻城必克，野战必胜”，屡立大功。

多尔衮像

从实力对比看，豪格有正黄、镶黄和正蓝三旗的支持，多尔衮有正白、镶白两旗的支持。那么，其余三旗——代善父子掌管的正红和镶红两旗、济尔哈朗掌管的镶蓝旗——的意见就至关重要。

十四日黎明，两黄旗大臣在大清门盟誓，拥护豪格继承皇位，并部署两黄旗巴牙喇(即护军营,为禁军中护卫皇帝的部队)张弓挟矢，环卫崇政殿。图尔格、遏必隆又传令其牛录下的护军，备好甲胄弓矢，护卫大清门。议商皇位继承人的贵族会议在崇政殿的东庑殿举行，由年纪最长（61岁）、地位最高的礼亲王代善主持。正黄旗索尼和镶黄旗鳌拜首先倡言“立皇子”，多尔衮以其资历不够，令他们退下。索尼和鳌拜虽然退出，但两黄旗巴牙喇包围了宫殿。两黄旗暂时占了上风。但两白旗并不示弱，豫郡王多铎、英郡王阿济格弟兄发言，力劝多尔衮即帝位。多尔衮见形势紧张，正在犹豫。多铎声言："你如果不答应，应当立我。我的名字在太祖遗诏！"多尔衮不同意立多铎，说："肃亲王（豪格）的名字也在遗诏里，不独王（多铎）也！"多铎又说："不立我，论长当立礼亲王（代善）！"礼亲王代善表示自己老了，提出豪格为"帝之长子，当承大统"。豪格觉得有两黄、正蓝和两红旗的支持，大局可定，于是，表示谦辞，说："福少德薄，非所堪当！"他本来是假意谦让，想让众人"坚请不已"，然后顺势登上皇帝宝座，这样不是显得既谦恭又众望所归吗？但是，两白旗并不相让。他内心愤懑，随即暂退。在争执激烈的气氛下，两黄旗大臣佩剑向前说："我们这些人吃先帝的，穿先帝的，先帝对我们的恩情有天大。要是不立先帝的儿子，我们宁可以死追随先帝于地下！"这时，礼亲王代善见形势不对，以年老不预朝政为托词而离席，英郡王阿济格随后以不立多尔衮而退出，豫郡王多铎沉默不发一言。这就出现"定议之策，未及归一"的僵局。

在这剑拔弩张、互不相让的紧要关头，表面憨厚而内心机敏的郑亲王济尔哈朗，提出一个折衷方案：让既是皇子、又不是豪格的福临继位。多尔衮权衡利弊：如果自己强行继位，势必引起两白旗与两黄旗的火并，其后果可能是两败俱伤；让豪格登极，自己既不甘心，还怕遭到豪格报复；而让年幼的福临继位，则可收到一石三鸟之利——打击豪格，自己摄政，避免内讧。所以，多尔衮说："我赞成由皇子继位，皇子当中豪格提出他不继位，那就请福临继位。福临年纪小，郑亲王济尔哈朗和我辅政。"豪格也不好反对。

于是，6岁的福临意外地坐上了大清国皇帝的宝座。这有点像天助神佑，但也并非找不出事理的根据来。正如一位哲人说过的，在权力争夺的平行四边形诸力中，两条边的两个不同方向的分力，斗争的结果，既不是这条边的力，也不是那条边的力，而是对角线的力，就是两个分力所产生的一个合力。福临，幸运地成了这条权力斗争中的"对角线"。

第二，迁鼎燕京，从天而降。清顺治元年即明崇祯十七年（1644年），李自成带领农民军下太原、占大同，陷宣府、破居庸，掠昌平、焚皇陵。三月十九日黎明，李自成军攻陷北京。崇祯帝朱由检在疯狂杀死、杀伤自己的妻女之后，在煤山（今景山）自缢而死，276年的大明皇朝灭亡。

李自成攻占北京城的军报，传到大清的都城盛京。多尔衮急召智囊范文程等决策。范文程分析了明崇祯帝死后的军事与政治形势，建议利用忠于明朝的官吏、缙绅、儒士、百姓对农民军的不满，兴师入关，逐鹿中原。他起草宣谕官吏百姓的布告说：

> 我们的军队是为你们的皇帝报仇的，不是来杀你们的百姓的。现在我们要诛灭的，只有闯贼！官吏归顺我们，还是官复原职；百姓投奔我们，还让你们重操旧业。我们的军队有严格的军纪，肯定不会加害你们！

于是，摄政睿亲王多尔衮于四月初九日，佩大将军印，统率八旗满洲、蒙古、汉军等共约14万大军，奔向山海关。

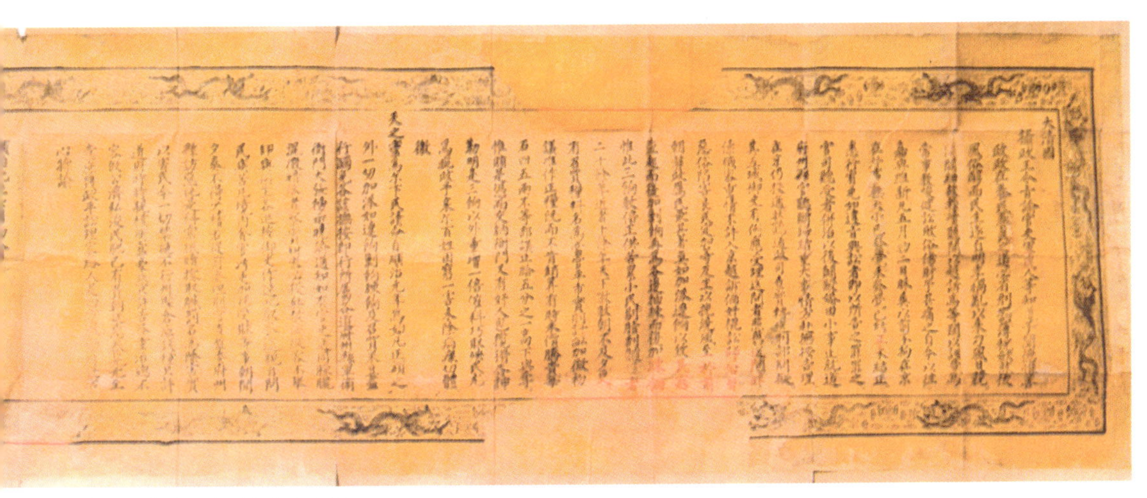

摄政王谕故明官吏军民等人令旨

山海关城上的明代铁炮

这时，山海关聚结三大军事集团：第一个是明山海关总兵吴三桂所统领的明军；第二个是李自成亲自带领讨伐吴三桂的20万大军；第三个便是多尔衮所率领的清军。他们代表三种政治势力——大明、大顺、大清。这三个军事集团，反映了当时中国最强大的军事力量。

从二十一日到二十三日，展开山海关大战。吴三桂降清，与清军联合。经过激战，李自成大败。

多尔衮取得山海关大捷后，以吴三桂军为先导，率领八旗军向北京进发。沿途官兵，献城投降，奉表称臣。李自成则于四月二十六日败归北京，二十九日匆匆称帝，三十日放火烧毁紫禁城一些宫殿，弃京西走。

五月初二日，多尔衮率领清军，从朝阳门进北京城。多尔衮进紫禁城，临武英殿御政。

多尔衮御政中的一件大事，就是定都的问题。睿亲王多尔衮建议迁都北京，但英郡王阿济格表示反对："初得辽东，不行杀戮，故清人多为辽民所杀。今宜

明人绘《北京宫城图》

乘此兵威，大肆屠戮，留置诸王，以镇燕都。而大兵则或还守沈阳，或退保山海，可无后患。”多尔衮以太宗皇太极遗言回答了其胞兄：“先皇帝尝言，若得北京，当即徙都，以图进取。况今人心未定，不可弃而东还。”

年方7岁的顺治帝，自然采纳多尔衮迁都的意见。同年十月初一日，顺治帝因皇极殿(今太和殿)被李自成焚毁，便在皇极门(今太和门)张设御幄，颁诏天下，“定鼎燕京”。

祖、父28年奋争未能实现迁鼎燕京，7岁的福临却实现了。他在多尔衮的辅佐下，“入关定鼎，奄有区夏”。所以，福临身后得到的庙号是“世祖”，而他的父亲皇太极的庙号仅是“太宗”。

这一切都来得太突然，甚至于令人来不及思索；这一切又来得太轻易了，让人不能不怀疑是“天福降临”。

福临戏剧性地登上了政治舞台，并在这个舞台上活动了18年。这18年，他做了8年傀儡，其间主要是摄政王多尔衮在发号施令；后10年才逐步实现乾纲独断，当上了主角。顺治朝的18年：剃发、易服、圈地、占房、投充、捕逃，是其六大弊政。定鼎北京，保护皇宫；攻占南京，统一中原；废除三饷，兴利除弊；亲善蒙古，治理西藏；惩治贪官，整顿吏治；崇文兴教，倾心汉化，则是其六大功绩。历史学家对这段历史的评价可说是毁誉参半。

福临在人生的舞台上活动的时间十分短促，24岁时就匆匆谢幕。福临的人生，短暂却绝不平淡，他的亲情，他的爱情，甚至他的死，都让人褒贬不一，一言难尽。

同母后的关系

顺治的生母，就是有名的庄妃，也就是后来的孝庄太后。她13岁嫁给皇太极，后来住在永福宫，被封为庄妃，所以称她为永福宫庄妃。皇太极登极为天聪

孝庄皇太后朝服像

汗时，她才14岁。夫君死得太早，刚满30周岁就守寡，是她的不幸；但她的大幸却是儿子做了皇帝，自己则做了皇太后。庄妃本身不是皇后，儿子也不是皇长子，却一口吞下两枚幸福之果——儿子做皇帝和自己当太后。

在当时，一个30岁的寡妇带一个6岁的儿皇帝实在是不容易，让人不由得联想起明朝万历皇帝和他母后的故事：万历皇帝10岁继位，上皇后尊号为“仁圣皇太后”，上生母尊号为“慈圣皇太后”。他的生母李太后原是宫女，在宫中没有地位，吃饭时仁圣太后和万历帝坐着，慈圣太后却站着。内廷有仁圣皇太后，外朝有大学士张居正，万历皇帝才10岁，她依靠什么巩固自己的地位？这个女人太有心计了！一天，她说，夜里做了一个梦，梦中神托言，自己是九莲菩萨转生。于是，她捐资在北京阜成门外修建一座慈寿寺，供奉九莲菩萨。寺中还修建一座高塔，名“永安万寿塔”，又叫“慈寿寺塔”。从此，再没有人敢欺负这位现世“九莲菩萨”。

孝庄太后倒没有用诸如此类的策略。她深知，同摄政王多尔衮搞好关系，才是自己最为稳固的靠山。关于孝庄后和多尔衮的关系，历来有种种传闻和猜测，最有名的是“太后下嫁”的公案。

民国初年出版的《清朝野史大观》卷一，有三条专记太后下嫁一事。民国八年署名“古稀老人”编写的《多尔衮轶事》则更记得如同亲闻目睹，说“当时朝廷情势，危于累卵”，“太后时尚年少，美冠后宫，性尤机警……故宁牺牲一身，以

多尔衮摄政王府旧址

成大业”。而多尔衮本来就好色成性，此时更以陈奏机密为由，出入宫禁。至今仍有人认为所谓“太后下嫁”确有其事，并提出种种理由，但是还没有一条铁证。提出的理由大致有以下几条：第一，庄妃下嫁为保全儿子的皇位。这点前面已经讲过，顺治继位是多种政治势力复杂斗争和相互妥协的结果。第二，兄死弟可娶其嫂是满洲习俗。满洲确实有这样的习俗，但有这样的习俗并不能证明多尔衮就一定娶了他的嫂子。第三，称多尔衮为“皇父摄政王”。这是尊称，如同光绪称慈禧为“皇阿玛”一样。如果说，称多尔衮“皇父摄政王”就说明太后下嫁的话，那么叫慈禧“皇阿玛”，恐怕要得出慈禧变性的结论来了。第四，蒋良骐所辑《东华录》里记载多尔衮“亲到皇宫内院”云云。高阳认为，极有可能是指孝庄与多尔衮相恋的事实。相恋的事可能有，也可能无，但相恋不同于下嫁。第五，孝庄死后埋在清东陵的昭西陵（在皇太极盛京昭陵西面）。孝庄和康熙都做了解释：太皇太后不愿意惊动太宗的亡灵，而愿意同儿孙在一起。第六，有人说见过《太后下嫁诏》。历史不能凭某人一说，这根本没有任何证据。第七，唯一比较直接的证据是明末张煌言（苍水）的一首七言绝句《建夷宫词》：“上寿觞（shāng）为合卺（jǐn）尊，慈宁宫里烂盈门。春官昨进新仪注，大礼恭逢太后婚。”我们做一个分析吧。它的标题叫《建夷宫词》，“建”是建州，“夷”就是夷狄，明显地带有民族偏见。这个时候，张苍水在江南，南明势力和清朝是对立的，所以出在敌人之口，记在异国之文，不能成为历史的证据。而且诗词也不能直接作为历史的证据，因为诗可以夸张，可以比附。孟森先生早就指出：“远道之传闻，邻敌之口语，未敢据此孤证为论定也！”第八，特别是当时作为清朝属国朝鲜的《李朝实录》没有“太后下嫁”颁诏告谕的记载，而像这样的大事，如果有，照例是应当诏谕属国的。可以说，至今还没有见到一条关于“太后下嫁”的史证。

我认为：孝庄太后同多尔衮的情愫可能有，“太后下嫁”的事确实无。不管下嫁与否，孝庄太后出于母子命运和大清江山的考虑，尽量笼络多尔衮，倒是不用怀疑的。

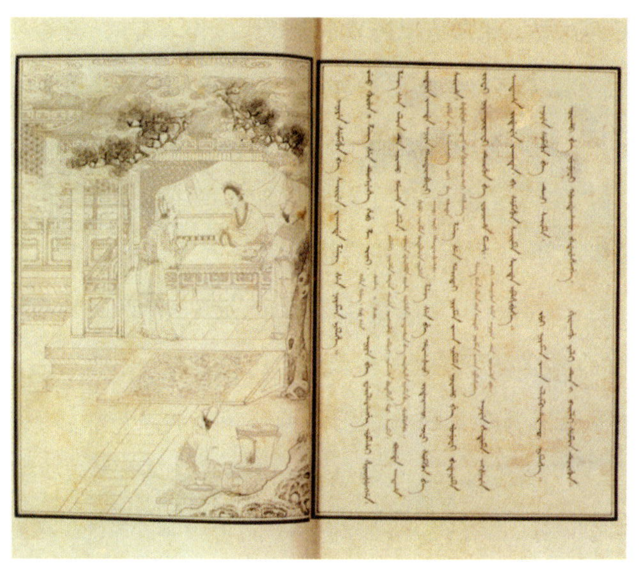

顺治满文译本《二十四孝》

这样一对相依为命的母子，按理说应当母慈子孝、关系融洽。但事实似乎并非如此。关于顺治皇帝和母后的关系，《清史稿·后妃列传》仅有四句话的记载：第一句是“世祖即位，尊为皇太后”，这是例行公事；第二句是“赠太后父寨桑和硕忠亲王，母贤妃”，这也是例行公事；第三句记载：“太后万寿，上制诗三十首以献”，这仍是例行公事；第四句记载：“上承太后训，撰《内则衍义》，并为序以进。”仅仅以上四句话、50个字而已。而同一篇传记，记载康熙同他祖母关系的则有715个字。从中透露出顺治同母后的关系并不太协调，可能有的冲突是：

第一，顺治小时候贪玩，母后管教过严，这是家庭中的常理。第二，顺治的皇后是母后和叔父多尔衮给指定的。小皇后出身蒙古科尔沁贵族，从小娇生惯养，顺治不喜欢。虽然勉强成了亲，但婚后经常发生口角。顺治不顾母后和大臣的反对，强行废掉了皇后。直到顺治病危的时候，被废的小皇后想要见他一面都不行。后来再立一个皇后，顺治还是不喜欢。在皇后问题上母子有矛盾。第三，顺治喜欢董鄂妃，爱得死去活来。太后干涉，母子又发生矛盾。矛盾最激烈的就是第四个，顺治放着皇帝不做，要出宫做和尚，母后当然坚决反对。第五，母后同多尔衮有着说不清道不明的关系，也让小皇帝心里不愉快。总之，母子之间的关系并不是太好。

同皇叔的关系

福临的登极，既是幸运的，又是不幸的。说他幸运，是因为他小小年纪，大福降临，成了皇上；说他不幸，是因为他做个儿童皇帝，无权无势，形同傀儡。他与叔父多尔衮的关系也是双重的：没有多尔衮的支持，他无法登上皇帝宝座；但是只要有多尔衮在，他就要生活在皇叔摄政睿亲王的阴影里，有名而无实。

未成年的小皇帝，起初还有两把保护伞：一是两黄旗大臣的效忠，二是有皇兄豪格作为坚强后盾。摄政睿亲王多尔衮经过几年谋划，运用各种手段对这些小皇帝的保障，同时也是阻碍自己的政治势力，逐个加以翦（jiǎn）除。

多尔衮在宣誓辅政之后，就一步一步地将朝政大权掌握在自己的手中：第一步，取消了军国大事由八旗贝勒共议的制度，而由两位摄政王决断。这样一来，二位摄政王就凌驾于诸亲王、郡王、贝勒之上。第二步，独揽大权。谕告各衙门办理的事务，有需要向睿、郑二王报告的，都先向睿亲王汇报。这样一来，多尔衮实际上成了“首席摄政王”。第三步，分化黄旗。顺治元年（1644年）四月初一日，多尔衮利用都统何洛会等讦告豪格，把豪格定罪幽禁。通过这个案子，将豪格进行降罚。对像索尼这样豪格的两黄旗亲信，或处以死刑，或籍没家产，或贬官远放。而对首先讦告者，给予升官、晋爵。这就严重地分化、削弱了两黄旗。第四步，整死豪格。豪格的存在，对于多尔衮来说，是最大的政治威胁。先是，尽管豪格被废降罚，但在清军入关用人之际，还是让豪格随军从征。豪格作战勇敢，立下大功。顺治在北京登极，分封诸王大臣，复封豪格为和硕肃亲王。不久，派豪格西征。豪格下西安，平陕西。又击败大西军，射死张献忠。顺治五年

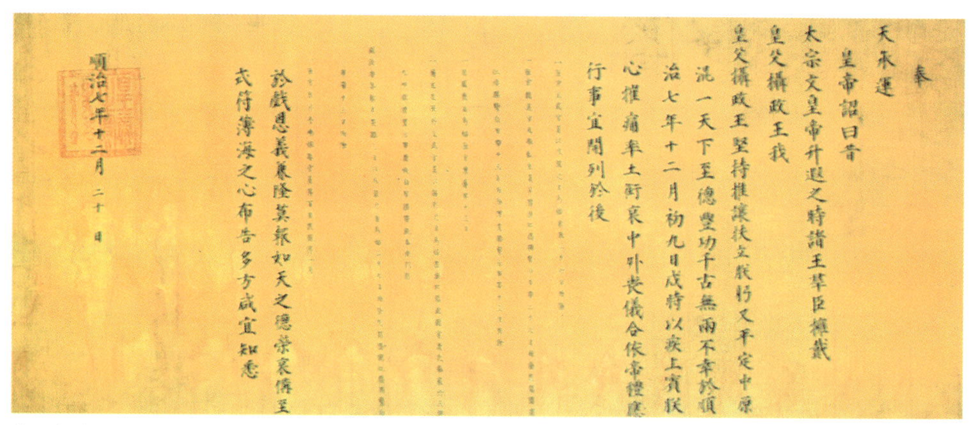
奉
天承運
皇帝詔曰昔
太宗文皇帝升遐之時諸王羣臣擁戴
皇父攝政王我
皇父攝政王堅持推讓扶立朕躬又平定中原
混一天下至德豐功千古無兩不幸於順
治七年十二月初九日戌時以疾上賓朕
心摧痛率土銜哀中外喪儀合依帝禮應
行事宜開列於後
於戲恩義兼隆莫報如天之德榮哀備至
式符薄海之心布告多方咸宜知悉
順治七年十二月二十日

皇父摄政王哀诏

奉
天承運
皇帝詔曰朕得以沖齡即位削平寇亂垂衣端拱統一多方皆
皇父攝政王之功也朕今躬親大政總理萬幾深思
天地
祖宗付託甚重海內臣庶望治方殷自惟涼德夙夜祇懼天下至
大政務至繁非朕躬所能獨理分猷宣力內賴諸王貝勒大
臣內三院六部都察院理藩院卿寺等衙門外賴諸藩王貝
勒等及各大臣併督撫司道府州縣衛所等衙門提督鎮守
將領等官一應滿漢內外文武大小官員皆有政事兵民之
責務各殫忠盡職潔己愛人任怨任勞不得推避天下利弊
必以上聞朝廷恩意期於下究庶政舉民安早臻平治凡我
民人宜仰體朕心務本興行樂業安生共享泰寧之慶合行
恩赦事宜條列於後
於戲[illegible]養民致盛
地生成之[illegible]當親政伊念
民[illegible]宜知悉

顺治亲政诏书

(1648年) 二月，豪格凯旋归京，即被讦告。多尔衮藉此又将豪格定罪，下狱。三月，豪格猝死，年仅39周岁。一说豪格带了大军凯旋的时候，到了卢沟桥，在宴会当中，被用弓弦给勒死的。还有一种传说是在凯旋的时候，多尔衮设伏兵把豪格给杀了。多尔衮杀掉豪格后，还霸占了豪格的妃子作为自己的福晋。

经过一番经营，多尔衮真正做到了大权独揽，小皇帝也真正成了孤立无援的政治傀儡。多尔衮的尊号从“叔父摄政王”到“皇叔父摄政王”，顺治五年再尊为“皇父摄政王”，成了名义上的“太上皇”，实际上的皇帝。而小皇帝的处境则危如累卵，只有仰人鼻息，任人摆布了。

多尔衮摄政王做了七年，在顺治七年（1650年）十二月死于喀喇城。第二年正月，顺治亲政。二月，就宣布多尔衮十大罪状，籍其家产，罢其封爵，撤其庙享，诛其党羽。不仅如此，传教士卫匡国《鞑靼（Dádá）战记》一书记载说：据传多尔衮的坟被挖了，多尔衮的尸体被抛弃荒野，还用棍子打多尔衮的尸体，用鞭子来鞭尸。更有甚者，把他的头割下来，令他身首异地。我们不评论这件事情是不是过分，但是说明一个问题，就是顺治对多尔衮之恨可谓咬牙切齿。

同爱妃的关系

《清史稿·后妃列传》记载顺治帝有2后、15妃。但他的婚姻生活是个悲剧。

顺治先后册立两位皇后。一位是他母亲的侄女博尔济吉特氏，由多尔衮做

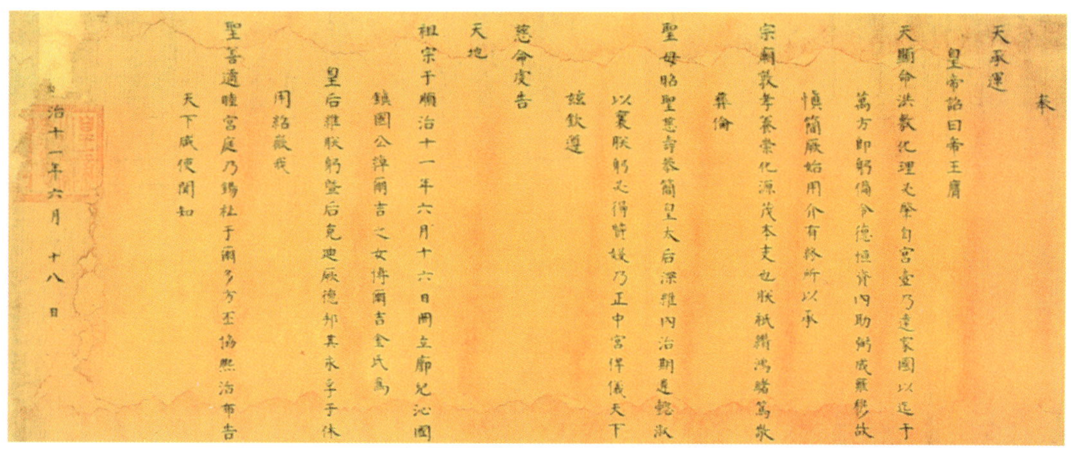

奉
天承運
皇帝詔曰帝王膺
天顯命洪敷化理必繫自宮壺乃達家國以迄于
萬方即躬備令德恒資內助將成雍穆故
慎簡厥始用介有終所以承
宗廟敦孝養崇化源茂本支也朕祗緒鴻緒篤敘
彝倫
聖母昭聖慈壽恭簡皇太后深維內治期選懿淑
以襄朕躬之得賢媛乃正中宮俾儀天下
茲欽遵
慈命爰吉
天地
祖宗于順治十一年六月十六日冊立科爾沁國
鎮國公綽爾吉之女博爾吉金氏為
皇后繼朕躬登后克建厥德祁其永孚于休
用紹嚴戒
聖善遺睦宮庭乃錫祉于爾多方丕協熙治布告
天下咸使聞知
順治十一年六月十八日

顺治册立皇后博尔济吉特氏的诏书

主定婚、聘娶。顺治亲政，册为皇后。二人性格不合，顺治废掉皇后，降为静妃。另一位是孝惠章皇后，博尔济吉特氏，顺治十一年（1654年）五月，年14，聘为妃。六月，册为皇后。她不久又受到顺治帝的责斥。但这位皇后能委屈圆通，又有太后呵护，才没有被废掉。

顺治第二位皇后——孝惠章皇后像

顺治真正视为国色天香、红粉知己的是董鄂妃。顺治帝对董鄂妃可谓是一见钟情，至死不渝。有几件事可以说明，少年天子对董鄂妃的恩爱逾常。

一是晋升之速和典礼之隆。董鄂氏在顺治十三年（1656年）八月二十五日被册为“贤妃”，仅一月有余，即九月二十八日再晋为“皇贵妃”。这样的升迁速度，历史上十分罕见。十二月初六日，顺治帝还为董鄂妃举行了十分隆重的册妃典礼，并颁恩诏大赦天下。在有清一代296年的历史上，因为册立皇贵妃而大赦天下的，这是绝无仅有的一次。

檀香木“贵妃之宝”

二是尽改恶习、专宠一人。据当时的传教士汤若望记述，少年福临

董鄂妃居住的承乾宫

“和一切满洲人一个样，而肉感肉欲的性癖尤其特别发达”，结婚之后，“人们仍听得到他的在道德方面的过失”。可见，福临确实沾染了满洲贵族子弟那种好色淫纵之习。可是奇迹出现了，自从遇到董鄂妃后，少年天子变得专一起来。两人情投意合，心心相印。可谓“长信宫中，三千第一”、“昭阳殿里，八百无双”，真是六宫无色、专宠一身。

枕上春梦刚三年，贵妃撒手绝人寰。董鄂妃本来就体弱多病，生了一个男孩儿又百日而殇，这种打击使得她一病不起，22岁就告别了深爱着她的少年天子。顺治得知噩耗，痛不欲生，“寻死觅活，不顾一切，

顺治帝追悼董鄂妃的《御制行状》、《御制哀册》

人们不得不昼夜看守着他，使他不得自杀”。顺治帝辍朝五日，追谥其为孝献皇后。并在户部资金极为短缺的情况下，在景山建水陆道场，大办丧事。将宫中太监与宫女30人赐死，让他们在阴间侍候自己的爱妃。同时令全国服丧，官员一月，百姓三日。顺治帝让学士撰拟祭文，“再呈稿，再不允”。后由张宸具稿，“皇上阅之，亦为堕泪”。以顺治帝名义亲制的董鄂妃《行状》数千言，极尽才情，极致哀悼，历数董鄂氏的嘉言懿行、洁品慧德。

贵妃辞世，留给少年天子无尽的哀思。四个多月之后，福临就溘然离世，追随爱妃而去。

董鄂妃是何许人？她运用了什么样的魔力，令这位至高无上的君主甘心为之生、为之死？

董鄂妃，又作栋鄂妃。她的身世有三说：

一说是《清史稿·后妃列传》的记载：“孝献皇后栋鄂氏，内大臣鄂硕女，年十八入侍。上眷之特厚，宠冠后宫。”

二说是董鄂妃为秦淮名妓董小宛。董小宛原为江南名士冒辟疆（襄）之妾。江南名妓，知书多艺，倾慕东林，如李香君与侯方域、柳如是与钱谦益、卞玉京与吴伟业、顾眉生与龚鼎孳，都是佳人配才子。持此说者认为，清军南下，董小宛被掳到北京，先留在王府，后被太后要了去。顺治看了喜欢，就从孝庄太后那里要到自己身边，用满洲姓董鄂氏。其实，只要用一些史料排比看一看，就知道这个说法站不住脚。

根据冒辟疆《影梅庵忆语》记载，冒辟疆初识董小宛在崇德四年（1639年），那一年董小宛16岁，顺治帝才2岁。而顺治娶董鄂妃时是19岁，董鄂妃18岁。如果董鄂妃就是董小宛，那么此时她应当是33岁了，显然年岁不合。同时，《影梅庵忆语》对董、冒二人从相识、完婚、蒙难到董小宛病死，都有比较详尽的记录。大致的情形是：

崇德四年（1639年），董小宛16岁。冒辟疆初遇董小宛。

陈圆圆像

崇德六年（1641年），冒辟疆又邂逅陈圆圆，称其“令人欲仙欲死”，于是疏远了董小宛。

崇德七年（1642年），陈圆圆被周奎购至京师，冒辟疆重逢董小宛。

崇德八年（1643年），董小宛20岁，入冒辟疆家，为其妾。董小宛“却管弦，洗尽铅华，精学女红”，一心一意做良家妇女。

顺治二年（1645年），董小宛22岁。清豫亲王多铎率军渡江，破南京。冒辟疆在逃难中患病，“此百五十日，姬仅卷一破席，横陈榻旁。寒则拥抱，热则披拂，痛则抚摸，或枕其身，或卫其足，或欠身起伏，为之左右翼”。董小宛辛苦侍疾，无微不至。

顺治四年（1647年），董小宛24岁。冒辟疆再病，“勺水不入口者二十余日”。“姬当大火烁金时，不挥汗，不驱蚊，昼夜坐药炉旁，密伺余于枕边足畔六十昼夜”。董小宛二度侍疾。

顺治六年（1649年），董小宛26岁。冒辟疆患病，董小宛三度侍疾。

顺治八年（1651年），董小宛28岁，病死。这不仅有冒辟疆的笔记，还有当时不少文人学士的悼念诗词，均可证明当时董小宛确实死在冒府。

董小宛比顺治大14岁，同冒辟疆结婚9年未生育，并于顺治八年已病死，所以董小宛即董鄂氏之说实属望风捕影，不能成立。

三说是董鄂妃原为顺治的弟弟、襄亲王博穆博果尔的妻子。这种说法主要来自于《汤若望传》的记述：“顺治皇帝对于一位满籍军人之夫人，起了一种火热爱恋，当这一位军人因此申斥他的夫人时，他竟被对于他这申斥有所闻知的天子，亲手打了一个极怪异的耳刮。这位军人于是乃因怨愤致死，或许竟是自杀而死。皇帝遂即将这位军人底未亡人收入宫中，封为贵妃。”根据陈垣先生的考索，她似乎就是顺治夺十一弟襄亲王博穆博果尔之爱，但有学者提出不同意见。

董鄂妃，这位神秘的女子，让那么多文人墨客梦绕魂牵，赋诗寄情；又让那么多历史学家费尽心思，苦心考索。但直到今天，她的身世依然是个待解之谜。

同洋人的关系

顺治帝在明清两代28位皇帝中，是一位尊崇耶稣会士、笃信佛教的皇帝。大体说来，顺治亲政后，前六年间汤若望耶稣会士势力影响较大些，后四年间佛教和尚势力影响较大些。

顺治帝尊崇耶稣会士，是受汤若望的影响。汤若望（Johann Adam Schall

汤若望与顺治帝

von Bell)，耶稣会士，德国人，明崇祯年间被征参与天文推算，设馆于现在的北京宣武门内南堂。明亡清兴，北京内城原居住民要迁往外城。汤若望以馆内藏经、像为由，上书请求缓迁。他意外地得到谕准的满文谕告，贴在堂门，得以免迁。顺治元年（1644年），受命修正历法。新历法称《时宪历》，修成颁行。他因此得了太常寺少卿衔，成了清朝的命官，开创了西洋传教士掌管钦天监的先例。

顺治帝亲政后，汤若望不仅给皇太后治好了病，还给顺治的未婚皇后博尔济吉特氏治好了病。孝庄皇太后非常感谢他，请他参加顺治皇帝的大婚典礼。皇太后尊汤若望为义父，顺治尊称他为“玛法”（满语“爷爷”的意思）。皇太后还将汤若望赠给她的十字圣牌挂在胸前。此后，顺治帝一方面向汤若望请教天文、历法、宗教等学问，另一方面向他请教治国之策。在顺治十三、十四年间，顺治曾24次亲访汤若望的馆舍，长时间晤谈。汤若望也没有辜负太后和皇帝的信任，“睹时政之得失，必手疏以秘陈”，先后向顺治呈递了300多件奏帖，陈述自己的建议和见解，其中许多谏言被顺治帝采纳。顺治很喜欢汤若望平易近人的作风，语言慈祥的奏疏。他对朝廷大臣说，汤若望对国君的爱是真诚的，不像有的大臣讨好国君是为了得到功名利禄。

汤若望进献的一对绿漆描金花望远镜

顺治帝同汤若望的交往日益密切，以至超出君臣关系。顺治允许汤若望随时进入内廷，他也常到宣武门内汤若望的住所研讨学问，参观书房，游览花园，共进便餐。顺治19岁的生日，是在汤若望的家里度过的。他们欢洽之情，如同家人父子。顺治因为宠信汤若望，给他封了许多职爵：先加太仆寺卿，不久改太常寺卿。顺治十一年（1654年），赐号“通玄教师”。后又加封通政使，晋光禄大夫，升正一品。

汤若望想使顺治皈依天主教，但因他已信佛教，而没有受洗。顺治帝病危时，议立嗣君。顺治因皇子年龄太小（长子牛钮已殇、次子福全9岁、三子玄烨8岁），想立皇弟；皇太后想立皇三子玄烨，征询汤若望的意见。汤若望以玄烨出过天花（可终生免疫），支持皇太后的意见。顺治帝便一言而定玄烨继承皇位。史书说汤若望“直陈万世之大计”。陈垣先生评价说：“吾尝谓汤若望之于清世祖，犹魏徵之于唐太宗。”

但在顺治帝死后，汤若望被杨光先诬告而下狱。康熙帝亲政后，给汤若望平反。因原封号“通玄教师”的“玄”字为康熙帝名讳，而改封为“通微教师”。关于这件事，将在下文详述。汤若望的墓在今北京市车公庄大街6号院内。

同僧人的关系

顺治成为一位笃信佛教的皇帝，有他生活环境的影响。早在他的祖父努尔哈赤时，藏传佛教已传到赫图阿拉。努尔哈赤常手持念珠，并在赫图阿拉建立佛寺。到皇太极时，盛京（沈阳）兴建实胜寺，藏传佛教在后金已产生很大影响。顺治帝的生母是蒙古族人，自幼受到佛教的熏陶，又年轻寡居，以信佛解脱内心的孤独与苦闷。再加上太监们的怂恿，顺治帝稍长便信奉起佛教来。

顺治十四年（1657年），在太监的精心安排下，20岁的顺治在京师海会寺同憨璞（pú）聪和尚见面，两人相谈甚欢。顺治帝欣赏憨璞聪的佛法智慧、言谈举止，便将他召入宫中。十月，顺治帝又在皇城西苑中海的万善殿，召见憨璞聪和尚，向他请教佛法，并赐以“明觉禅师”封号。他对佛教愈信愈虔，愈修愈诚。顺治还召见玉林琇、木陈忞（mín）、茆（ánɡ）溪森等和尚，让他们在宫里论经说法。顺治请玉林琇为他起法名，“要用丑些字样”，他自己选择了“痴”字，于是取法名“行痴”、法号“痴道人”。玉林琇称赞顺治是“佛心天子”，顺治在这些和尚面前则自称弟子。

中海万善殿（1922年）

顺治总有剃度出家的念头。有一次，他对木陈忞说，朕想前身一定是僧人，所以一到佛寺，见僧家窗明几净，就不愿意再回宫里。要不是怕皇太后罣(guà)念，那我就要出家了！在爱妃董鄂氏死后，他更是万念俱灰，决心遁入空门。有记载统计，他在两个月的时间里，先后38次到高僧馆舍，相访论禅，彻夜交谈，完全沉迷于佛的世界。顺治命茚溪森为他净发，要放弃皇位，身披袈裟，孑身修道。茚溪森开始劝阻，他不听，最后就剃成和尚头了。这一下皇太后可着急了，火速叫人把茚溪森的师傅玉林琇召回京城。玉林琇到北京后非常恼火，当时命人架起柴堆，要烧死弟子茚溪森。顺治无奈，只好让步，茚溪森得免一死。后来茚溪森临终时作偈(jì) 语说："大清国里度天子，金銮殿上说禅道。"就是说的他同顺治的特殊关系。

这件事过去不久，顺治又听从玉林琇的建议，命选僧1500人，在阜成门外八里庄慈寿寺从玉林琇受菩萨戒，并加封他为“大觉普济能仁国师”。有一次，顺治和玉林琇在万善殿见面时，因为一个是光头皇帝（新发尚未长出），另一个是光头和尚，所以相视而笑。

顺治帝是个既任性又脆弱、既多情又哀愁的人。他接连受到情感上的打击——爱子夭折、宠妃死亡、出家不成，他极度忧伤的精神垮了，他骨瘦如柴的身体也垮了！董鄂妃死后刚过百天，“痴情天子”顺治，因患天花，医治无效，崩于养心殿。

有人说，顺治并没有死，而是出家了。这不符合事实。从现有材料来看，顺治还是死了。顺治帝患天花有历史记载，清廷还曾禁止民间炒豆。还有更直接的证据。顺治病危时，翰林院掌院学士王熙起草《遗诏》。《王熙自定年谱》记载了

顺治孝陵石牌坊

这件事情：顺治十八年正月初二日，顺治帝突然病倒，病情严重。第二天，召王熙到养心殿。初六日子夜，又召王熙到养心殿，说：“朕患痘，势将不起。尔可详听朕言，速撰诏书。”王熙退到乾清门下西围屏内，根据顺治的意思撰写《遗诏》，写完一条，立即呈送。一天一夜，三次进览，三蒙钦定。《遗诏》到初七日傍晚撰写与修改完毕。当夜，顺治就去世了。顺治临终前说：“祖制火浴，朕今留心禅理，须得秉炬法语……”顺治帝死后被火化，由茆溪森和尚主持。四月十七日，茆溪森和尚在景山寿皇殿为顺治遗体秉炬火化。茆溪森死后，其门人编辑他的语录《敕赐圆照茆溪森禅师语录》记载了这件事。所以，顺治帝确是死了，而不是出家了。

顺治帝死后，按照皇太后的懿旨，顺治帝的遗嘱，由8岁的玄烨继承皇位。玄烨就是康熙大帝，下面就要讲到他。

相关阅读书目推荐

（1）阎崇年：《清朝十二帝·顺治皇帝》，故宫出版社，2012年

（2）周远廉：《顺治帝》，吉林文史出版社，1993年

（3）陈捷先：《顺治写真》，远流出版公司，2006年

（4）宫宝利：《顺治帝与多尔衮》，山西人民出版社，1999年

玄烨个人小档案

年号：康熙

姓名：爱新觉罗·玄烨

出生：顺治十一年三月十八日（1654年5月4日）

出生地：北京紫禁城景仁宫

属相：马

父亲：福临

母亲：佟佳氏，后尊为孝康章皇后

排行：世祖第三子

初婚：12岁结婚

配偶：40人，皇后赫舍里氏

子女：35子，20女

即位时间：顺治十八年正月初九日（1661年2月7日）

即位年龄：8岁

在位年数：61年

卒年：康熙六十一年十一月十三日（1722年12月20日）

享年：69岁

死亡地：北京畅春园

庙号：圣祖

谥号：仁皇帝

陵寝：景陵（清东陵）

继位人：胤禛（雍正）

最得意：16岁智擒辅臣鳌拜

最失意：三丧皇后

最不幸：幼年丧父、丧母

最痛心：储位两立两废

最擅长：学习

康熙皇帝身上有着三种血统、三种文化和三种品格。他的父亲是满洲人，祖母是蒙古人，母亲是汉族人。其勇武与奋进，受到了满洲文化的影响；高远与大度，得益于蒙古文化的熏陶；仁爱与韬略，则来自汉族儒学的营养。他8岁继位时，清虽立而民未安，鼎虽移而国未盛。康熙帝吸收了中华多民族的、西方多国家的，悠久而又新进、博大而又深厚的文化营养，具有当时最高的文化素质。这为他展现帝王才气，实现宏图大业，奠定了基础。康熙君临天下61年，“经文纬武，寰宇一统，虽曰守成，实同开创焉”。康熙帝是中国皇朝史上一位伟大的君主，也是唯一学贯中西的学习型皇帝。

康熙帝玄烨

清圣祖仁皇帝爱新觉罗·玄烨，生于顺治十一年（1654年）三月十八日，属马。他8岁登极，在位61年，享年69岁，是中国历史上有文字记载以来在位时间最长的君主。年号康熙：康，安宁；熙，兴盛——取万民康宁、天下熙盛的意思。又称康熙帝。

康熙的父亲是顺治，祖母是孝庄太后，祖父是太宗皇太极，曾祖父是太祖努尔哈赤；儿子是雍正，孙子是乾隆。康熙是清朝第四位皇帝、清定都北京后第二位皇帝，在清朝前六代皇帝中承上启下，处于十分重要的地位。当时的大清朝，国虽立而民未安，鼎虽移而国未盛，守成和创业同等重要。上继父祖鸿业，下开后世太平，实现民众康宁、国家熙盛，是康熙帝面临的时代课题。

事实证明，康熙承担了这样艰巨的历史使命。少年康熙，就已经表现出卓越不凡的才智和决断力。这一点，可以从他智擒权臣鳌拜一事中看出来。

同父亲顺治一样，康熙登极时也是儿童皇帝，太皇太后也要给他配备辅政

鳌拜像

大臣。为了避免再次出现类似于顺治初年摄政睿亲王多尔衮擅权独断的局面，决定：不由皇族宗室中的长辈摄政，而在异姓功臣中选拔大臣辅政；增加辅政大臣为4人，以便相互制约。皇族宗亲勋贵对辅政大臣实行监督，再由太皇太后对军国大政总裁。所以，康熙帝登位后，内有祖母太皇太后孝庄懿训，外有索尼(正黄旗)、苏克萨哈(正白旗)、遏必隆(镶黄旗)、鳌拜(镶黄旗)四大臣辅政。在四位辅政大臣中，索尼曾为太祖一等侍卫，四朝元老，功勋卓著，位居四辅臣之首，但他年老多病。苏克萨哈爵位在遏必隆和鳌拜之下。四大臣辅政之初，尚能不结党羽，和衷共济，实践他们在顺治皇帝灵位前的誓言。但是后来逐渐形成鳌拜结党营私、欺凌幼主的局面。

鳌拜首先拿苏克萨哈开刀。

事情的导火线是土地问题。起先，顺治初年实行圈地时，摄政王多尔衮利用权势，将原定圈给镶黄旗的永平府一带的好地让给正白旗，而另拨河间府一带次地给镶黄旗。这件事当时曾引起一场风波，但事过二十多年，旗民各安生业，旧怨也已淡忘。鳌拜却旧事重提，让正白旗与镶黄旗互换土地，目的是讨好自己和遏必隆所在的镶黄旗，而打击苏克萨哈及其所在的正白旗。这件事引起朝野上下的普遍反对，正白旗人诉告到户部。大学士、户部尚书苏纳海认为不可，直隶总督朱昌祚以此举会造成数十万失业者而抗疏称其不便，保定巡抚王登联以圈拨扰民而疏请停止。鳌拜矫诏将这三位大臣诛杀，借机又"一连七日强奏"，矫旨将辅政大臣苏克萨哈及其子孙全部处死，并籍没家产。鳌拜肆无忌惮，专横跋扈，一些重大的朝政，在家中议定后便施行，不把少年天子玄烨放在眼里。鳌拜目无君主，举朝震惊。康熙帝虽内心对鳌拜极为不满，表面上却同其周旋。

康熙六年(1667年)，玄烨14岁。辅臣索尼援引先帝福临14岁亲政的祖制，疏请康熙帝亲政。

康熙帝征得祖母同意后，允索尼所奏，不久开始亲政。亲政时索尼已死，鳌拜成了首席辅政大臣。鳌拜与遏必隆同旗结党，镶黄旗独掌朝政，既无意收敛，更飞扬跋扈。康熙帝同太皇太后密商后，决定拔除鳌拜。但鳌拜为三朝勋臣，握有重兵，遍置党羽，不便轻动。

康熙帝便同索尼的第三子、侍卫索额图，在宫中召集满洲少年，组成宫廷卫队，天天演习"布库"(摔跤)。鳌拜以为少年戏耍，没有在意。康熙八年(1669年)的一天，鳌拜奉召入内观看"布库"演习。康熙帝不露声色，命满洲"布库"少年将鳌拜擒捕，并公布其三十大罪。但康熙帝对鳌拜做出宽大处理，免于处死，终身监禁；对遏必隆仅革太师，后还公爵。这样处理，不仅一举清除鳌拜及其同党，而且稳住了镶黄旗。当时，康熙帝年仅16岁，而部署周密，沉着机智，处理得当，不失分寸，初露其胸怀谋略、临机果决的政治家风范。

此后，康熙大帝革除旧制，施行新政；勤于国事，好学不倦；御敌入侵，山河一统；治河重农，提倡文教，奠下了清朝兴盛的根基，开创出“康乾盛世”的大局面。

对历史：八大贡献

康熙一生对中国历史和世界文明的发展做出了重大的贡献。概括说来，共有八点：

第一，削平三藩，巩固统一。三藩是指三个降清的明将：平西王吴三桂，镇云南；平南王尚可喜（子之信），镇广东；靖南王耿继茂（父仲明、子精忠），镇福建。三藩占据要地，拥兵自重，成为清初的三个地方割据势力，其中以吴三桂实力最强。从顺治朝开始，军费开支浩大，每年入不敷出。以顺治十七年（1660年）为例，国家正赋收入银2566余万两，而云南一省就要支出银900多万两，加上福建、广东两省共需2000余万两，“天下财赋半耗于三藩”。到了康熙初年，财政困难局面仍旧未见好转。三藩在自己的独立王国里，设立税卡，私行铸钱，圈占土地，掠卖人口。平西王吴三桂还自行选派官员，称为“西选”。康熙帝除鳌拜后，三藩成为他最大的心病。他要削平三藩，强化皇权。

吴三桂颁发的“兵部”票

当时，朝廷上主张不可撤藩的占绝大多数，支持撤藩的只有兵部尚书明珠、户部尚书米思翰等少数官员。20岁的康熙帝

水晶“靖南王章”

力排众议，他认为：“三桂等蓄谋久，不早除之，将养痈成患。今日撤亦反，不撤亦反，不若先发。”于是，下令撤藩。

一石激起千层浪。“东南西北，在在鼎沸”，京城里有杨起隆举事，察哈尔有阿尔尼叛乱。而且，先后发生京师大地震、太和殿火灾，康熙帝爱后赫舍里氏也崩逝。朝里与朝外，外叛与内变，雷火与地震，天灾与人祸，连连击到年轻的康熙皇帝身上。一时间人心惶惶，京师不少官员甚至把家眷送归江南乡里。

临大事，有静气。青年天子玄烨在危急时刻，持心坚定，气静不慌。原来主张不可撤藩的大学士索额图、户部侍郎魏象枢等，提出要处斩建议撤藩的大臣。康熙帝义正词严：撤藩出自朕意，他们何罪之有？这就坚定了主张平叛的大臣的决心。他下诏削夺吴三桂的官爵，公布其罪状。不久又将留居京师的吴三桂之子应熊、孙世霖等逮捕处死。消息传到吴军，吴三桂正在吃饭，闻讯大惊。后西藏五世达赖喇嘛为吴三桂说情，请求朝廷“裂土罢兵”，遭到康熙帝的坚决驳斥。他为了安定惊恐的军心，慌乱的民心，每天游景山，观骑射，以示胸有成竹。有人进行讽谏，康熙置若罔闻。事后他说：“当时我要是表现出一丝惊恐来，就会人心动摇，说不定会出现意外的情况！”他的坚定决心和平静心态，对于稳定大局和安定人心，起了很大的作用。

经过八年平叛战争，终于取得削平三藩的胜利。群臣请上尊号，康熙帝严辞拒绝。他认为，八年战火，生民涂炭，应该务实，切戒虚名。随后，他开始着手统一台湾。

第二，统一台湾，开府设县。明天启四年（1624年），荷兰人侵占台湾。顺治十八年（1661年），郑成功从荷兰人手中收复台湾。郑成功死后，其子郑经奉南明正朔（即承认南明的正统地位）。康熙二十二年（1683年），康熙帝抓住郑经死后，其子郑克塽（shuǎng）年幼、部属内讧、台湾政局不稳的时机，以施琅为福建水师提督，率军统一了台湾。设台湾府，隶属于福建。台湾府下设三县——台湾县（今台南）、凤山县（今高雄）、诸罗县（今嘉义），派总兵官一员、率官兵八千，驻防台湾。从而加强了中央对台湾的管辖，促进了台湾经济文化的发展。

郑成功像

第三，抵御外侵，缔结和约。黑龙江地域在皇太极时已经归属清朝。清军入关后，沙俄东进侵入我国黑龙江流域地区，占领雅克萨（今阿尔巴津）、尼布楚（今涅尔琴斯克）、呼玛尔（今呼玛）等城。康熙统一台湾后，调派军队进行两次雅克萨自卫反击战，取得胜利。康熙二十八年（1689年），同俄国在尼布楚

清人绘《广舆胜览图》中的俄罗斯人

签订《中俄尼布楚条约》，规定了中俄两国的东段边界，从法律上划定了以额尔古纳河、格尔毕齐河和外兴安岭为界，整个外兴安岭以南、黑龙江和乌苏里江流域（包括库页岛）都是中国的领土。这是中国历史上同外国签订的第一个平等条约，表明康熙帝独立自主外交的胜利。

第四，亲征朔漠，善治蒙古。努尔哈赤和皇太极解决了漠南蒙古问题，康熙则进一步解决了漠西蒙古和漠北蒙古的问题。从秦汉匈奴到明朝蒙古的民族难题，到康熙时才算得解。康熙说："昔秦兴土石之工，修筑长城。我朝施恩于喀尔喀，使之防备朔方，较长城更为坚固。"蒙古成为清朝北部的坚固长城。

避暑山庄图

第五，重农治河，兴修水利。清军入关后，最大的弊政莫过于圈占土地，跑马占田，任意圈夺。顺治帝曾谕令禁止圈地，但禁而不止。康熙帝颁令，停止圈地，招徕垦荒，恢复生产。为促进农业生产，康熙帝六次南巡，治理黄河、淮河、运河、永定河，并兴修水利，取得很大成绩。

第六，移天缩地，兴建园林。康熙先后兴建畅春园、避暑山庄、木兰围场等，乾隆又大兴“三山五园”——香山静宜园、玉泉山静明园、万寿山清漪园（后改名颐和园）和圆明园等，将中国古典园林艺术推向高峰。

第七，兴文重教，编纂典籍。他重视文化教育，主持纂修了《康熙字典》、《古今图书集成》、《律历渊源》、《全唐诗》、《清文鉴》、《皇舆全览图》等，总计60余种，2万余卷。

第八，吸纳西学，学习科技。这一点将在下文详述。

经过艰苦卓绝的努力，康熙时的大清帝国，成为当时世界上幅员最辽阔、人口最众多、经济最富庶、文化最繁荣、国力最强盛的大帝国。那时清朝的疆域，东起大海，西至葱岭，南达曾母暗沙，北跨外兴安岭，西北到巴尔喀什湖，东北到库页岛，总面积约1300万平方公里。

康熙大帝奠下了清朝兴盛的根基，开创出康熙盛世的大局面。康熙皇帝是中国自秦始皇以来少有的好皇帝，是一位英明的君主、伟大的政治家。

康熙为什么会取得上述的巨大成功？他的为君之道是怎样的？以下从五个方面来探索康熙事业成功的秘诀，也可以说是探索康熙为君之道的五把历史钥匙。

对自己：好学不倦

过人的功业，因有过人的思想；而过人的思想，因有过人的学习。“学习”二字，是解开康熙一生开创大业秘密的一把钥匙。

康熙8岁丧父，10岁又丧母，很是可怜。母亲重病时，小玄烨“朝夕虔侍，亲

康熙帝生母孝康章皇后像

尝汤药，目不交睫，衣不解带”；母亲病故后，小玄烨又昼夜守灵，水米不进，哀哭不停。一个年龄才9周岁的孩子，两年之间，父母双亡，形影相吊，应当说是人生幼年的最大不幸。他后来回忆说，幼年在“父母膝下，未得一日承欢”。人常是这样：生于忧患，死于安乐。忧患既使人痛苦，忧患也激人奋进。幼年的忧患，激励了康熙奋发学习、自立自强的精神。

康熙身上有着三种血统、三种文化和三种品格。他的父亲是满洲人，祖母是蒙古人，母亲是汉族人。他深受祖母的教诲，又向苏麻喇姑（苏墨儿，孝庄的随嫁贴身侍女）学习蒙古语，向满洲师傅学习骑射，跟汉族师傅接受儒家教育。康熙的勇武与奋进，受到了满洲文化的影响；高远与大度，得益于蒙古文化的熏陶；仁爱与韬略，来自汉族儒学的营养；后来，他的开放与求新，则是受了耶稣会士西方文化的熏染。康熙帝吸收了中华多民族的、西方多国家的，悠久而又新进、博大而又深厚的文化营养，具有当时最高的文化素质。这为他展现帝王才气，实现宏图大业，奠定了基础。

康熙是中国历史上少有的嗜书好学的帝王。他5岁入书房读书，昼夜苦读，不论寒暑，甚至废寝忘食。又喜好书法，“每日写千余字，从无间断”。他读“四书”——《大学》、《中庸》、《论语》、《孟子》，“必使字字成诵，从来不肯自欺”。后来他要求皇子读书，读满百遍，还要背诵，这是他早年读书经验的传承。

康熙继位后，学习更加勤奋，甚至过劳咯血。他读书不是为消遣，而是为“体会古帝王孜孜求治之意”，以治国、平天下。他在出巡途中，深夜乘舟，或居行宫，谈《周易》，看《尚书》，读《左传》，诵《诗经》，赋诗著文，习以为常。直到花甲之年，仍手不释卷。

康熙帝重视史籍，下令编纂《清文鉴》(满文字书)、《康熙字典》、《古今图书集成》、《全唐诗》、《皇舆全览图》等，开一代整理与雕印文化典籍之风。他还有《御制文集》（三集）、《御制诗集》、《几暇格物编》等传世，留下了1147首诗词。

康熙皇帝对医学很有兴趣，也很有研究。他说自己“年力盛时，能挽十五力弓，发十三把箭”，可见他体格强健、长于弓马。他也得过几场大病，使他很早留心医药学。康熙40岁那年得了疟疾，中医药未能治愈，耶稣会士洪若翰、刘应进金鸡纳霜（奎宁）。康熙服用后，很灵验，病好了。他召见洪若翰、刘应等，在西安门内赏赐房屋，后这里成为天主教北堂。有的大臣得了疟疾，康熙赐金鸡纳霜为其治好了病。后康熙便对西药发生兴趣，命在京城内炼制西药，还在宫中设立实验室，试制药品，亲自临观。他提倡种痘以防天花。关外的游牧族群，特别怕患

康熙学习数学的书桌

上天花。顺治因患天花而死，康熙也出过天花，脸上留下麻子。清朝在塞外建避暑山庄、木兰围场，原因之一是蒙古贵族可以不入京朝觐，减少出天花的机会。他破除因循，推广种痘，命先给自己子女及宫中女子种痘，还给蒙古四十九旗及喀尔喀蒙古部民种痘，这就使千万人因种痘而免去患天花死亡或不死而留下麻子的悲剧。

康熙帝命耶稣会士巴多明，将西洋《人体解剖学》书籍翻译成满文、汉文。他曾命将一只冬眠的熊进行解剖，并亲自参与。

康熙又喜爱、研习自然科学。他学习和研究自然科学的一个动因，是曾经因为不懂自然科学而在处理政事时遇到困难。钦天监杨光先状告汤若望，朝廷会议展开了一场关于天算历法的大争论。当时，康熙命各位大臣在午门前观测日影，但在九卿中没有一个懂得天文历法的，康熙自己也不懂。他想：自己不懂，怎么能判断是非呢？因此发愤学习。

康熙二十七年（1688年）十一月二十八日，白晋、张诚等6位法国科学家在乾清宫受到康熙帝的召见，他们献上了从法国带来的30件科技仪器和书籍作见面礼。这些非同寻常的礼品，令康熙帝“天颜喜悦”，当即决定让他们入宫，担任自己的科学顾问。从此开始了外国科学家在清朝宫廷从事科学活动长达数十年的局面。

白晋等人入宫后，与康熙相处很融洽，工作也很顺利。他们对康熙热衷科学的态度给予了高度评价，曾把他们的见闻写在给路易十四（1643~1715年）的报告中。1698年巴黎出版的白晋著《中国皇帝康熙传》中有过如下记述：

> 康熙带着极大的兴趣学习西方科学，每天都要花几个小时同我们在一起，白天和晚上还要用更多的时间自学。他不喜欢娇生惯养和游手好闲，常常是起早贪黑。尽管我们谨慎地早早就来到宫中，但他还是经常在我们到达之前就准备好了，他急于向我们请教一些他已经做过的一些习题，或者是向我们提出一些新的问题……
>
> 有时他亲自用几何方法测量距离，山的高度和池塘的宽度。他自己定位，调整各种仪器，精确地计算。然后他再让别人测量距离。当他看到他计算的结果和别人测量的数据相符合，他就十分高兴。

对从法国带来的科技仪器，白晋说康熙“最喜欢的是用于观察天体的双筒望远镜、两座挂钟、水平仪。这种仪器精确度很高，他让把这些仪器摆放在自己的房间里”。他“把着直尺和圆规爱不释手”。

在法国巴黎凡尔赛宫，2003年曾举办了“康熙大帝展”，展出故宫珍藏的康熙年间西洋科学仪器，至今仍运转自如，光彩耀人。这些展品主要有：(1) 手摇计算机。世界上第一台手摇计算机是法国科学家巴斯如于1642年制造的，通过里面的齿轮进位进行计算。故宫博物院收藏的10台手摇计算机，都是康熙年间制作，能进行加减乘除运算。(2) 铜镀金比例规。原是伽利略发明的计算工具，可以进行乘、除、开平方等各种计算。康熙的比例规增加平分、正弦等不同的计算。(3) 康熙角尺。尺上镌刻有“康熙御制”四个字。(4) 平面和立体几何模型，全部由楠木精制，是清宫造办处为康熙学习几何学所制作的教具。(5) 绘图仪。质地有银、木、漆、鲨鱼皮等，每套6至20余件不等。盒内装有比例规、半圆仪、分

铜镀金手摇计算机

黄云缎匣装绘图仪

简平地平合璧仪

厘尺、假数尺、两脚规、鸭嘴笔等。为适用野外作业，有的还配有刀子、剪子、铅笔、火镰、放大镜、黑板、画棒等。这类仪器是康熙时期清宫造办处仿照西洋绘图仪器制作的，用于野外绘图。(6) 御制简平地平合璧仪。它是集简平仪、地平仪、罗盘、象限仪、矩度为一仪的多功能测量仪器，携带方便，具有适合野外作业的特点。它共分六层，由清宫内务府造办处制造。

白晋、张诚之后，又陆续有不少西方科学家来到清宫。他们最大的成绩，莫过于促使康熙创建了被他们称为“中国科学院”的蒙养斋算学馆，和促使康熙实施了中国地理大测绘这一伟大创举。

康熙组织的这次地理大测绘，对世界地理学的贡献不容低估。法国科学家们也因此而有机会到中国各地考查，在其他方面的收获也相当大。康熙四十八年（1709年），杜德美参加了赴东北的勘测队。他在长白山见到采参的情况后，把参的性能、产地、采集、保存等等，写成文字、绘出图样寄回法国发表。没想到4年后，另一位法国科学家参照杜德美有关人参的文章，在加拿大与长白山纬度相近的魁北克一带，也发现了相似的参。因产于西洋，就有了“西洋参”这个名字。

当谈及这些历史往事时，人们自然会问：既然300年前西方科技就已经传到中国，为什么18世纪后中国科学又大大落后于西方？看看当时在康熙宫廷供职的巴多明留下的诸多信件，就不奇怪了。

巴多明于康熙三十七年 (1698年) 从巴黎来到中国并进入宫廷。他在参与地理大测绘的同时，把对中国官场的观察也一一记录下来寄回法国，收入《耶稣会士书简集》。比如在谈到清朝的天文机构——钦天监时，他说：

> 他们观察天象的条件简陋。在钦天监工作一生的人惟一的希望就是能当上钦天监的高级职位……如果监正本人很富有，又爱好科学，他就自己花功夫去搞研究，如果他想对他的前任工作精益求精，增加观察或对工作方式做些改革，他马上会在钦天监中成为众矢之的。众人顽固地一致要求维持原状。他们会说，何必自讨苦吃、多惹麻烦呢？稍有差错就会被扣罚一二年的俸禄。这不

是做了劳而无功反而自己饿死的事吗？毫无疑问，这是北京天文台阻碍人们使用望远镜去发现视线达不到的东西和使用摆锤精确计算时间的原因。

在这种仅有康熙皇帝与个别大臣对科学感兴趣的情况下，改进科研制度的社会条件根本不具备。就是皇帝个人这一因素也是每况愈下，康熙朝以后，皇帝们对科学一个比一个缺乏兴趣。乾隆朝进入宫廷的法国科学家，如杨自新、蒋友仁等本都是法国学有专长的科学家，但乾隆对科学一窍不通，他们也就只能为皇帝制作机械钟表、西洋楼、大水法（人造喷泉）了。

康熙皇帝是一位学习型的皇帝，是“二十五史”中唯一了解西方文明、尊重科学精神的皇帝。

对朝政：勤慎理政

康熙处理军国大政有两个显著的特点：一个是“勤”，另一个是“慎”。

康熙一生勤政。“勤政实为君之大本，怠荒实亡国之病源。”明朝灭亡的一个原因，就是皇帝大多怠政，而不勤政。万历皇帝和天启皇帝都是有名的怠政庸君。万历“怠于临政，勇于敛财，不郊、不庙、不朝者三十年，与外廷隔绝”。万历不御政，导致南北两京缺尚书、侍郎14员，大学士泡病号请假，内阁大门白天紧闭，尚书虚悬，无人理事，中枢机构瘫痪。宰相方以哲进入内阁8年才得见万历一面，而且是唯一的一次见面，什么问题也没有解决。遇到紧急的军国大事，皇帝不接见朝臣，不议商国事，也不做出决策。有的大臣跪在朝门外10个小时不起，请求皇帝上朝，万历仍然不予理睬。万历二十几年不上朝，有人说是耽于酒色，有人说是首辅纵容，有人说是疾病缠身，但从根本上说是万历没有做皇帝的责任感。天启也是一样，整天迷恋木工活，刀凿锯斧，玩得津津有味。大宦官魏忠贤专等他玩得高兴的时候前去奏报军国大事，天启不耐烦地说：你看着办吧！魏忠贤借以假传圣旨。

清朝的皇帝，从天命汗到光绪帝都是勤政的。他们吸取明朝亡国的教训，勤理政事。从康熙开始，皇帝每天都要御门听政，就是在皇宫乾清门前，由皇帝亲自主持御前朝廷会议。因为最初康熙听政主要在乾清门，所以称作御门听政。后来听政的地点经常变化，有时在中南海瀛台勤政殿、畅春园澹（dàn）宁居、避暑山庄澹泊敬诚殿等。参加会议的主要有大学士、六部九卿（吏、户、礼、兵、刑、工六部尚书和左都御史、通政使、大理寺卿）等官员。会议有记录，就是起居注。听政的时间，一般在早上8点左右，所以又称“早朝”。康熙的御门听政，严寒酷暑，从不间断。他说：“一岁之中，昧爽视朝，无有虚日。亲断万机，披览奏章。”即使在康熙十八年（1679年）发生北京大地震，康熙照常早朝，御门听政。康熙从亲政之日起，到去世之前，除因生病、三大节、重大变故外，几乎是没有一天不听政的。

康熙理政不仅“勤”，而且“慎”。康熙一生谨慎，对于关系国计民生的大事，反复调查，慎重决策。下面举治河与抚蒙两个例子。

先说治河。康熙四十五年（1706年）治河，康熙帝在御门听政时，大臣们发生意见分歧。经过调查、面奏、辩论、验证等，从正月初十日开始，到十二月二十七日结束，整整进行了一年，才做出决策，真可谓慎之又慎。下面举例看康熙治河决策的全过程：

第一，重视治河。康熙亲政后，将三藩及河务、漕运三件大事，书写在宫中柱子上。

第二，寻根溯源。比如黄河，他派侍卫探查黄河之源，到星宿海，往返万余里，并绘成舆图。这是中国历史上第一幅经过实际踏查而绘成的黄河图。另如永定河。康熙巡视北京通州段河堤，随驾的有皇太子、皇四子、皇五子、皇八子、皇十四子、皇十五子、皇十七子等。他命诸皇子分钉木桩，学用仪盘，亲自检测仪器，记录测量数据。

第三，任用能臣。康熙任用治河名臣靳辅和陈潢。靳辅，汉军镶黄旗人，以

康熙年间绘《星宿海河源图》

安徽巡抚授为河道总督。受命后，一日八上奏疏，报告治河之策。他的治河方略是：统审全局，河运并治，浚河筑堤，束水攻沙，多开引河，量入为出。他重点治理黄河、淮河、运河交汇的清口。陈潢，浙江杭州人，善治水，负才不遇，题诗祠壁。靳辅见而惊异，访得引为幕友。疏奏多由陈潢起稿，施工亦由陈潢监理。他们督率民工，日夜辛勤，治河大成。但是，靳辅受到诸臣合讦交攻，发生了意见分歧。

第四，御前辩论。河道总督靳辅与直隶巡抚于成龙，在治河方略上意见相左。争论的主要是两个问题：一个是治河水退后出现的田地，是实行屯田还是由豪绅垦占？另一个是为了使河水通畅顺流入海，是开浚海口还是修筑大堤？康熙不妄加论断，而是命双方在乾清门进行御前辩论，各申己见，互相驳难。关于屯田——于成龙说："屯田夺民产业，不能实行！"靳辅则说："丈出之田，作为屯田，抵补河工所用钱粮。因属吏奉行不善，民怨是实，臣无可辩，唯候处分。"关于开浚海口，靳辅的意见是：开海口虽可泄水，但可能引起海水倒灌。于成龙的意见是：要是加高河堤，堤高一丈五尺，民居在其下面，一旦河决，无数百姓，将饱鱼腹！争论没有达成共识，决定再广泛征询意见。

第五，集思广益。辩论双方各有各的理由，康熙不能决断。他又命乡里临河的在京官员，书写己见，上报朝廷。

第六，会议裁决。康熙帝听了两方面的陈述，看了大臣的疏报，交九卿会议裁决：采纳了于成龙的方案，将靳辅罢官，陈潢被削职、逮京后病死。

第七，实践验证。康熙帝曾数次派大臣视察河工，检验朝廷辩论的意见孰对孰错。后康熙帝南巡阅河，靳辅扈行随从，他仔细地考察了治河的情况及治河方案的实施。

第八，改正错误。靳辅之后，命于成龙为河道总督。康熙帝召于成龙入京，问："过去你说靳辅之短，现在怎样？"于成龙回答："臣那时妄言，现在也按照靳辅的办法去做。"这是对靳辅治河方案最好的结论。后康熙肯定靳辅治河功绩，复还了他的原来品级。

第九，断不出书。康熙悉心治河数十年，撰写治河论述，河道总督张鹏翮(hé)请将治河谕旨编纂成书，雕刻颁行，永久遵守。康熙说：“前代治河之书，无不翻阅，泛论虽易，实行则难。河水没有定性，治河不可一法。今日治河之言，欲令后人遵行，断不可行。”这表现了康熙可贵、谦逊的科学态度。

以上九点能够做到一点，可以称作明君。

再说治理蒙古。康熙讲求仁道，抚绥蒙古。喀尔喀蒙古（外蒙古）分为土谢图汗部、扎萨克图汗部、车臣汗部三大部。诸部内讧，互相残杀。土谢图汗擅杀扎萨克图汗沙喇，引起喀尔喀蒙古内部纠纷。噶尔丹乘机东犯，逼迫喀尔喀南迁。康熙巧借噶尔丹东犯威逼喀尔喀之机，于三十年（1691年）五月，亲赴塞外，

檀香木“育德勤民”玺

主持多伦诺尔（今内蒙古锡林郭勒盟多伦）会盟。盟会开始，土谢图汗、哲布尊丹巴呼图克图、扎萨克图汗沙喇弟策妄扎布、车臣汗坐在第一排，其余按次序入座。蒙古王公贵族由理藩院官员引领晋谒康熙。康熙对土谢图汗擅杀扎萨克图汗沙喇，引起喀尔喀蒙古内部纠纷，给噶尔丹以可乘之机的过失加以申斥，让他领罪。然后康熙说，如此盛大的盟会，要是对土谢图汗处以重罪，实在于心不忍。康熙当众宣布赦免土谢图汗之罪。喀尔喀贵族700余名、哲布尊丹巴辖下喇嘛600余名，齐向康熙皇帝行三跪九叩大礼。康熙帝在大蒙古包正式接受全体喀尔喀蒙古贵族的臣服，并按漠南蒙古49旗例编喀尔喀蒙古为34旗，封喀尔喀蒙古贵族为亲王、郡王、贝勒、公、台吉等。又举行盛大的阅兵典礼，列阵十里，吹角鸣炮，众呼前进，声动草原。康熙骑马弯射，技艺精湛，令蒙古部众心悦诚服。康熙帝通过召见、训谕、赦免、封爵、检阅、较射、会盟、宴赏、编旗和修庙等举措，使喀尔喀蒙古出现冰释前仇、化解分歧、辑睦安居、气氛和谐的局面，实现了喀尔喀蒙古内部的重新统一。经过七天的多伦诺尔会盟，喀尔喀蒙古完全臣服清朝，加强了中央对喀尔喀蒙古的统一管辖。

对臣民：仁爱庶民

康熙对臣民强调，要实行“仁爱”。“仁”字，《孟子·尽心下》说：“仁也者，人也。”儒家有“仁者爱人”的理念。“爱”字，有人说是近代的词，也有人说是西方的词。其实，《论语·颜渊》就有“樊迟问仁”，孔子答曰：“爱人。”《礼记·哀公问》记载孔子的话：“古之为政，爱人为大。”所以，“仁爱”是儒家基本的政治理念。康熙继承了儒家为政“仁爱”的理念，并在施政过程中加以实践。

康熙屡次申令停止圈占土地；又蠲（juān）免钱粮达545次之多，计银1.5亿两。他赈灾，设义仓，关心民众疾苦。他宣布：自康熙五十一年（1712年），“盛世滋生人丁，永不加赋”。后雍正实行“摊丁入地”，中国长期以来的人丁银被免除。

其正面影响是减轻了人身依附，其负面影响是刺激人口增长。乾隆时人口到3亿，道光时则突破4亿。

关于康熙的仁爱，可以举一个例子。康熙十六年（1677年），康熙在塞外视察时，发现一个人僵卧在路旁。他亲自询问，知道这个人叫王四海，是个佣工，在回家路上，因为饥饿，躺下起不来。康熙立即下令给他喂热粥。等王四海苏醒后，将他带到行宫。后给王四海盘缠，送他回家。

康熙十八年（1679年），北京大地震。康熙下令开设粥厂，还让太医院给伤病者送医送药。

康熙实行宽刑政策。康熙二十二年（1683年），全国秋决（判死刑）的犯人“尚不及四十人”。

康熙身后谥号为“仁皇帝”，这个“仁”字，恰恰是康熙一生为人、行政的一个显著特点，也是康熙区别于清朝其他11位皇帝的一个显著特点。

康熙的仁政，措施之一是惩办贪官、表彰清官。清官是康熙帝的一面旗帜，康熙朝最著名的清官于成龙，有个绰号叫“于青菜”，就是因为他虽贵为封疆大吏，却常年不吃肉，只吃青菜。

于成龙，山西永宁（今离石）人（康熙时还有一位于成龙，汉军镶黄旗人），先任广西罗城县知县，当时已经45岁。罗城位于万山之中，历经战乱，没有城郭，遍地榛莽，县衙是茅屋三间，居民仅有6家。于成龙到任后，召集流民，鼓励耕耘，设养济院，宽免徭役，兴建学宫，县境大治。史书说他“居罗七年，与民相爱，如家人父子”。于成龙升任合州知州，前往赴任时，百姓倾城出动，痛哭号泣相送。有一位瞎子不肯离去，于成龙问他为什么不走，他回答说：“我想您路上盘缠不够，我会算卦，可以沿途赚点钱，以备不足之用。”于成龙很感动，就把他留下来。果然途中钱花光了，幸亏瞎子赚些算命钱补充路费才到了合州。在合州，有政绩，又迁黄冈。黄冈社会治安很乱，他装成乞丐，深入罪犯巢穴，日夜杂处，探明实情，一举端掉贼窝。又任黄州知府，再升任福建布政使。时清军平定三藩之

于成龙像

乱，军中多掠良民子女为奴，他集资赎出被掠妇女放还。康熙十九年（1680年），升为直隶巡抚。上任后，严诫馈送长官。又升两江总督。他自奉俭约，每天就是粗米、青菜，终年不知肉味，江南人称呼他为“于青菜”。在他的带动下，士绅们改绸缎为布衣，官宦出门轻车简从。仅仅数月，朴素之风大为流行。终因过于劳累，死在任上。于成龙做官，不带家眷，十分俭朴。死后，将军、都统、官吏、友人到他家中一看，“惟笥（sì）中绨袍一袭，床头盐豉（chǐ）数器而已”。就是说，于成龙的家中只有竹筐里粗糙纺织品制作的一身袍子和床头几罐食盐、豆豉而已。

为追悼于成龙，市民罢市，聚哭致哀！百姓家挂他的画像祭祀。康熙说：“朕博采舆评，咸称于成龙实天下廉吏第一！”

格尔古德，满洲镶蓝旗人，笔帖式(即文书、翻译)出身，后升翰林院侍读学士，任日讲起居注官。康熙二十一年（1682年），任直隶巡抚。上任前，康熙帝告诫他说：“你上任后不要急于求名，而要踏实做事；或遭愤恨报复，定要特别小心。”当时京畿地区，旗人与民人杂处；旗下的庄田，有王公大臣的庄田，有贵族豪绅的庄田。庄田设庄头，像《红楼梦》里的庄头乌进孝那样，管理庄田，负责收租，为害一庄。还有投充旗下的人，依靠主子，逃避差徭，诈害良民，无恶不作。自康熙初，鳌拜专权，大学士管户部尚书苏纳海、直隶总督朱昌祚、巡抚王登联因触犯满洲权贵利益而遭杀害后，几乎没有人敢对这个敏感的问题上疏指陈。格尔古德上任不久，亲自访察，提出问题，疏陈：卖身投靠旗下之人，有的作奸犯科，想逃脱法网；有的游手好闲，逃避差役。这些人，放债牟利，则讳旗称民；遇上官司，又舍民称旗。他们诈害良民，官府不敢过问，应当加以严厉议处。格尔古德得到康熙帝的有力支持。然而，事情并没有那么简单。当时，大学士明珠权势倾朝，他的下属要圈百姓的坟地，民人投诉到户部。户部将诉状转直隶巡抚，格尔古德令宛平县核查。知县怕得罪权相明珠，报称“无碍民坟”。格尔古德不畏权相，上疏劾奏明珠属下“圈占坟地属实”，并请吏部问知县的罪。格尔古德敢于碰权相，敢于碰勋贵，秉承上旨，执法严惩，被时人誉为“铁面巡抚”。格尔古德居官，布衣蔬食，廉洁自律，不畏权贵，拒纳馈送。康熙帝命朝廷大臣公举清廉官吏，格尔古德被列为第一。

彭鹏，福建莆田人，幼年聪慧，乡试中举。三藩之乱起时，他装疯不从。平定三藩之后，任三河县知县。三河在京东，旗民杂处，号称难治。有人冒称自己是给皇帝放鹰的，到县里敲诈勒索，作恶多端。彭鹏经过侦访，查明其真实身份，逮捕并鞭刑严惩。有人偷盗，彭鹏闻警，立即佩刀乘马，急疾追捕。康熙帝巡视京畿，知道彭鹏清廉，在接见他时，赐给他内库帑（tǎng）金三百，并说：“知道你清正，不接受百姓的钱，这些钱给你养廉！”后调升彭鹏为科道。他受命到陕西、山西、河南了解民情、赈济灾荒。他疏报：泾阳知县刘桂克扣籽粒，猗氏知县李澍杖杀灾民，磁州知州滥派运费，南阳知县暧昧分肥等。诏三省巡抚察审，奏报没有查实。在当时，当事人因受到关系网的保护，要核实一个贪污案件，是十分困难的。康熙帝又派他做顺天府尹，彭鹏疏劾顺天乡试举人李仙湄的考卷墨迹删改过多，考官徐倬、彭殿元徇私欺蒙，疏语中说：“臣如妄言，请劈臣头，半悬国门，半悬顺天府学。”九卿等召开会议，认为他语言不敬，应当罢官。康熙帝命考官徐倬、彭殿元退休，而对彭鹏不问。彭鹏为官，拒馈赠，清操守，是康熙朝著名的清官。

张伯行，河南仪封人，进士出身。中进士后，买各地大儒的图书，口诵手抄，整整7年。他说：“君子喻于义，小人喻于利。”以学问清醇、志操洁肃自励。做官后，家乡河堤崩溃，自己出钱招募民工运土塞堤。任山东济宁道，遇上饥荒，从河南家里运送钱米，并缝制棉衣，给灾民充饥御寒。任江苏巡抚，发现总督噶礼贪婪。江南乡试作弊，生员哗然，抬着财神像到学宫，影响很大。张伯行调查此案同总督噶礼有关，便上疏朝廷。康熙命尚书张鹏翮等调查，查证作弊之事同噶礼有关，噶礼便弹劾张伯行。康熙命再调查。结果是噶礼被诬告，张伯行应当罢官。康熙命第三次复查，结论同前一样。康熙说三次查证都是非颠倒，命再议。其实，康熙已经通过密折对噶礼和张伯行都进行了解。康熙知道张伯行是清官，应当加以保全，着免噶礼官，由张伯行任总督。

康熙帝表彰清官，一则是为大小官员树立榜样，养成一代清廉的吏风；二则是借清官监督、揭发、打击贪官；三则是派几位好官，为百姓做点好事；四则是推行“仁爱”理念，为自己博得仁政的名声。但是，清官往往为上级所不喜欢，也普遍为同僚所不喜欢。清官必遭贪官的嫉恨，也必遭贪官的报复。前述于成龙、格尔古德、彭鹏、张伯行等无一例外。然而，康熙帝之所以仁明，在于他能明察是非曲直，而不使廉吏灰心，能信任并保全清官，而遏制贪风日长。

在皇朝时代，官吏贪婪是普遍现象。康熙虽然奖励清官、惩治贪官，但贪官污吏还是屡屡出现。看来康熙对待吏治，还缺乏系统的制度：严格制度，使官吏不能贪污；严厉惩处，使官吏不敢贪污；严定薪俸，使官吏不必贪污；严肃教育，使官吏不想贪污。

对西学：吸收接纳

自明朝后期始，西方耶稣会士陆续来到中国。他们一面传教，一面传授西方科学知识。明末的大学士徐光启等，从传教士学习西方科学知识，翻译西方科学著作。在康熙朝，有一批外籍教师，如比利时人南怀仁、葡萄牙人徐日昇、法国人张诚和白晋等，其中以汤若望和南怀仁最为著名。

汤若望，耶稣会士，德国人，万历四十七年（1619年）来华。这一年恰好发生萨尔浒大战。他先到澳门，后入广州，再到北京。崇祯时，创设历局，修订历法，汤若望任事，与中国官员共同编成《崇祯历书》，设馆在今北京宣内南堂地方。清命汤若望掌管钦天监事，参与修正历法。新历法称《时宪历》，颁行天下。汤若望同顺治的关系，在上文已经探讨过。顺治病危时，议立嗣君，因皇子年龄太小，想立皇弟；皇太后的意思是立皇三子、8岁的玄烨，征询汤若望的意见。汤若望以玄烨出过天花可终生免疫，支持皇太后的意见。顺治就一言而定玄烨继承皇位。顺治死后，汤若望在康熙初年被抓进监狱，原因是受了杨光先的诬告。

杨光先，安徽歙（Shè）县人，为人粗暴，尤好争斗。崇祯时来到京师，抬着棺材到阙下，上疏弹劾大学士温体仁，被称为奇人。后遭廷杖，谪戍辽西。明亡后，回江南，后又旅居京师。他不懂天文历法，却自认为是一位天算学家。顺治时上书，指责《时宪历》封面不当题“依西洋新法”五个字，攻击汤若望。当时顺治帝对汤若望非常崇信，礼部不予受理。康熙三年（1664年），杨光先再次诬告汤若望，一面上书朝廷，一面散发传单。其中杨光先指责汤若望的《时宪历》

西方人眼中的康熙皇帝（铜版画）

只编200年，大清皇朝万万年，这岂不是让大清短祚吗！这是一场保守派对维新派、愚昧文化对科学文化之争。这时汤若望患病，行动不便，无力争辩。可怜的汤若望身患重病，昏迷恍惚，戴着九条锁链，躺在小木床上，仍手举望远镜观测日食。康熙四年（1665年）三月，辅政大臣鳌拜等支持杨光先，定汤若望死罪，钦天监五位部门负责官员被处死，废弃《时宪历》。孝庄太皇太后认为对汤若望处分过重，经两次复议，汤若望免死下狱。但也恢复了旧历法，废除了《时宪历》。杨光先则先升为钦天监副，又升为钦天监正。

第二年七月，汤若望死于寓所。

康熙亲政后，对这桩学术公案采取了谨慎而科学的态度。因杨光先靠政治讦告做了钦天监一把手，但他不能胜任天文数学的研究和实测。后来用比利时人南怀仁治理历法。南怀仁借地震的机会，奏称杨光先等在历法、测验方面的错误。康熙曾多次召杨光先与南怀仁到宫中当众测验，结果每次都证明南怀仁测算正确，而杨光先并不会计算。康熙八年（1669年），16岁的康熙皇帝以“历

南怀仁像（铜版画）

法精微，难以遽（jù）定”，命大学士图海等20人会同钦天监官员，赴观象台共同测验。当时，大学士、尚书及其他官员等，聚集一处，当场测验。结果，南怀仁所测都应验，杨光先等所言都不应验。他们做的其他验证也表明：南怀仁的正确，杨光先的错误。最后，议政王等议：推倒杨光先诬告汤若望案，杨光先斩首，为汤若望及同案死者平反。康熙宽宏仁厚，命对杨光先夺其官、免其死、遣回原籍（杨死于返乡途中）。

康熙不论对传统文化还是对西学，不论对中国人还是对外国传教士，都没有偏见。他的这种对待各种文化、不同种族的平等心态，来自于其海纳百川的博大胸怀和追求真理的科学态度。

对子孙：督教以严

康熙帝的子女，在清帝中算是最多的，共有35子、20女。有学者统计，康熙的皇孙共97人。康熙对子孙的教育特别认真，也特别严格。

康熙也像平民百姓一样，严格教子，望子成龙。老百姓的儿子，经过教育，可以成才，但不能成龙；除非造反，夺得天下，自登皇位。“泗水亭长”汉高祖刘邦和“凤阳贫僧”明太祖朱元璋等能够成龙，绝不是父母培养教育出来的。在中国帝制时代，只有皇帝才可能通过教育使自己的儿子成龙；至于平民百姓，那是万万做不到的。康熙皇帝为着大清江山世代永固，社稷绵延亿万斯年，便对诸皇子进行严格的教育。

明朝的诸藩王，分封而不赐土，列爵而不临民，食禄而不治事。清承明制，又有损益。康熙皇帝对皇子的教育，首选为成龙，次之为襄（助）政，又次之为领兵，再次之为务学，复次之为书画。由是，康熙帝不仅制定严格的制度，而且进行严格的教育。

康熙对子孙的教育，通过多种方式进行。包括言传、身教，让子孙参加祭祀、打猎、巡幸、出征等，上学是康熙教育子孙的基本方式。

清朝皇子的教育，《养吉斋丛录》记载："我朝家法，皇子、皇孙六岁，即就外傅读书。"学习的时间，"寅刻至书房，先习满洲、蒙古文毕，然后习汉书。师傅入直，率以卯刻。幼稚课简，午前即退直。迟退者，至未正二刻，或至申刻"。休假日，"惟元旦免入直，除夕及前一日巳刻，准散直"。一年之中，休假只有元旦一天和其前两个半天。相比之下，今日学生的假日可谓多矣。

康熙定制，皇子皇孙6岁开始在上书房读书。康熙亲自为皇子们选定师傅，起初有张英、熊赐履、李光地、徐元梦、汤斌等一代名儒。皇子老师中的汉人师傅，主要教授儒家经典；满人师傅称谙达——内谙达教授满文和蒙古文，外谙达教授弓箭骑射技艺。《康熙起居注册》等书记载康熙二十六年（1687年）六月初十日，皇子一天读书的情状：

寅时（3~5时），皇子在书房读书，复习前一天的功课，准备师傅到来上课。

卯时（5~7时），满文师傅达哈塔、汉文师傅汤斌和少詹事耿介，进入无逸斋，向皇太子恭行臣子礼后，侍立在东侧；管记载皇太子言行的起居注官德格勒、彭孙遹（yù）侍立在西侧。皇太子胤礽（réng）伏案诵读《礼记》中的章节，讽咏不停。胤礽遵照皇父"书必背足一百二十遍"的规定背足数后，令汤斌靠近案前听他背书。年近60岁的汤斌跪着捧接皇太子的书。听完胤礽的背诵，一字不错，就用朱笔点上记号，重画一段，再读新书，捧还经书，退回原来的地方站立。皇太子又写楷字一纸，约数百字。

辰时（7~9时），康熙上完早朝，向太皇太后请安之后，来到皇太子读书的畅春园无逸斋。皇太子率领诸臣到书房外台阶下恭迎。康熙入斋升座，问汤斌曰："皇太子书背熟否？"汤斌奏道："很熟。"康熙接过书后，指出一段，皇太子朗朗背诵，一字不错。康熙又问起居注官："尔等看皇太子读书如何？"奏道："皇太子睿质岐嶷（yí），学问渊通，实在是宗庙万年无疆之庆！"康熙嘱咐他们对皇太子不要过分夸奖，而应严加要求。检查完皇太子的功课，康熙回宫。

巳时（9~11时），时值初伏，日已近中，骄阳似火。皇太子不摇折扇，不解衣冠，凝神端坐，伏案写字。师傅达哈塔、汤斌和耿介，因为年迈暑热，晨起过早，伫立时久，体力不支，斜立昏盹，几乎颠仆。皇太子写好满文一章，让师傅达哈塔传观批阅校对。汤斌奏道："笔笔中锋，端严秀劲，真佳书也！"达哈塔也奏道："笔法精妙，结构纯熟。"皇太子又将《礼记》画定的篇章读120遍。

午时（11~13时），侍卫给皇太子等进午膳。皇太子命赐诸师傅也吃饭。诸臣叩头谢恩后，就座吃饭。膳后，皇太子没有休息，接着正襟危坐，又读《礼记》。读过120遍，再由汤斌等跪着接书，皇太子背诵。

未时（13~15时），侍卫端进点心。皇太子吃完点心后，侍卫在庭院中张侯——安上箭靶。皇太子步出门外，站在阶下，运力挽弓，扣弦射箭。这既是一节体育课，又是一节军事课。是为教育皇子们"崇文宣武"，治理国家。皇太子射完箭，回屋入座，开始疏讲。汤斌和耿介跪在书案前面，先生翻书出题，学生依题疏讲。

申时（15~17时），康熙又来到无逸斋。皇长子胤禔（tí）、皇三子胤祉(zhǐ）、皇四子胤禛（zhēn）、皇五子胤祺、(皇六子早殇)皇七子胤祐、皇八子胤禩（sì），同来侍读。康熙说："朕宫中从无不读书之子。向来皇子读书情形，外人不知。今特召诸皇子前来讲诵。"汤斌按照康熙的旨意，从书案上信手取下经书，随意翻书命题。诸皇子依次鱼贯进前背诵、疏讲。皇五子胤祺因学满文，所以只写满文一篇，圈点准确。康熙亲自书写程颐七言律诗一首，又写"存诚"两个大字一幅，给皇子们示范。群臣称颂说小字"秀丽"、大字"苍劲"。

酉时（17~19时），侍卫在院中张侯之后，康熙令诸子依次弯射，各皇子成绩不等。又命诸位师傅射箭。随后，康熙亲射，连发连中。

天色已暮，诸臣退出。皇太子等在畅春园无逸斋一天的功课完毕。

教育能影响一个人，而不能决定一个人的人生道路。康熙帝的35个儿子中，序齿的有24位，实际上成人（年满16岁）的，只有20位。这20个儿子，是由17个妻

皇太子胤礽居住的毓庆宫

子生育的。他们性情志趣各不相同，大体可以分为四类：

政治型。康熙帝培养儿子的主要目标是从皇子中产生一位满意的接班人，并予诸皇子以良好教育，以使大清帝国江山永固、社稷万年。首先，以儒家经典教育皇子；其次，以“国语骑射”培养皇子；再次，训练皇子实际能力；复次，传授治国安邦之道。诸皇子的培养教育，以皇太子为重。早在康熙十四年(1675年)，封年仅1岁的胤礽为皇太子，加以眷宠，施以特教。初始，康熙帝亲自教他读书、写字。6岁就傅，令大学士张英、李光地做他的老师，又命大学士熊赐履教他性理之书。康熙帝三次亲征噶尔丹，命皇太子留京代理政务。康熙帝几次南巡，也多命皇太子留守京城。康熙三十二年(1693年)，康熙帝患病，命皇太子代理政事：“朕因

皇三子胤祉王府旧址

违和，于国家政事，久未办理，奏章照常送进，令皇太子办理，付批办处批发。”康熙帝病愈之后，命皇太子协助处理一般政务和旗务。他对其他皇子，如皇四子、皇八子、皇十四子等，常委以军政重任，既对其加强锻炼，又对其进行考察。

学者型。康熙教皇子数学、天文学、地理学、医学、测量学、农学等。先以观测日食为例。康熙三十六年(1697年)闰三月初一日，日食。时康熙帝亲征噶尔丹在外，皇太子在北京观测，使用皇父所赐嵌有三层玻璃的小镜子，装于自鸣钟之上，用望日千里镜观望。日食似不到十分，日光、房屋、墙壁及人影俱可见，甚属明耀。观测奏报自京城发出，送皇父览阅。康熙帝得到奏报后，朱批曰：“览尔所奏，果然如此。”后来皇四子胤禛（雍正）回忆道：“昔年遇日食四五分之时，日光照耀，难以仰视。皇考亲率朕同诸兄弟在乾清宫，用千里镜，四周用夹纸遮蔽日光，然后看出考验所亏分数。此朕身经实验者。”又以几何学为例。法国耶稣会士白晋写给法王路易十四的信中说，康熙帝亲自给皇三子胤祉讲解几何学，并培养其科学才能。后又让胤祉等向意大利耶稣会士德理格学习律吕知识，“命臣德理格在皇三子、皇十五子、皇十六子殿下前，每日讲究其精微，修造新书”。康熙帝命在畅春园蒙养斋开馆，派胤祉主持纂修《律历渊源》，汇律吕、历法和算法于一书。胤祉还为《古今图书集成》的纂辑做出贡献，成为康熙朝一位杰出的学者。但他在雍正继位后，仍未逃过劫难：被夺爵，禁景山永安亭而死。

艺术型。康熙帝对书法下过一番功夫，他同皇子们说：“朕自幼好临池，每日写千余字，从无间断。凡古名人之墨迹、石刻，无不细心临摹，积今三十余年，实亦性之所好。”他对有的皇子练字，做出具体规定：每一日要写十幅呈览。在皇父严格要求与督促之下，皇太子、皇三子、皇四子、皇七子、皇十三子和皇十四子等，都写得一手好字。皇二十一子胤禧，史载其“诗清秀，尤工画，远希董源，近接文徵明”。皇三子胤祉和皇七子胤祐，以其尤长书法而受命书写康熙帝景陵的《神功圣德碑文》。

生活型。康熙帝的儿子们，有的因其生母卑微，如皇十二子生母万琉哈氏为定嫔，皇十五子生母王氏为密嫔，皇十七子生母陈氏为勤嫔，还有连嫔的品级也未受封；有的因年龄太小，如康熙帝初废皇太子后出生的皇子，到他崩驾时皇二十一子和皇二十二子都是11岁，皇二十三子9岁，皇二十四子才6岁，他们没有资格、没有能力也没有条件同兄长们去争夺皇位。这些皇子能明哲保身，母子平安，安享富贵，就算有大福了。他们不求登大位，但求生活好。所以，把他们归为生活类。

康熙教育子孙，是他为君之道中的重要内容。清朝的皇帝没有暴君、没有昏君也没有怠君。康熙的继承者雍正、乾隆都很杰出。康熙的皇子中，没有不学无术的庸人，也没有胡作非为的纨绔。他们都有一定素养、一技之长。这些都同康

皇十七子胤礼像

皇二十一子胤禧像

熙、清朝重视皇子皇孙的教育有关。但康熙帝的儿子太多，自己在位时间又长，“夜长梦多”，皇子们结党自固，争夺皇位，最后导致残酷的宫廷斗争。这将在下面讲雍正时探讨。

相关阅读书目推荐

（1）阎崇年：《清朝十二帝·康熙大帝》，故宫出版社，2012年

（2）杨珍：《康熙皇帝一家》，学苑出版社，1994年

（3）孟昭信：《康熙大帝全传》，吉林文史出版社，1993年

（4）王思治主编：《清朝通史·康熙朝》，紫禁城出版社，2003年

（5）陈捷先：《康熙写真》，远流出版公司，2003年

胤禛个人小档案

年号：雍正

姓名：爱新觉罗 · 胤禛

出生：康熙十七年十月三十日（1678年12月13日）

出生地：北京皇宫

属相：马

父亲：玄烨（康熙）

母亲：乌雅氏，后尊为孝恭仁皇后

排行：圣祖第四子

初婚：19岁结婚，配偶乌拉那拉氏，为嫡福晋

配偶：9人，皇后乌拉那拉氏

子女：10子，4女

即位时间：康熙六十一年十一月二十日（1722年12月27日）

即位年龄：45岁

在位年数：13年

卒年：雍正十三年八月二十三日（1735年10月8日）

享年：58岁

死亡地：北京圆明园

庙号：世宗

谥号：宪皇帝

陵寝：泰陵（清西陵）

继位人：弘历（乾隆）

最得意：夺得皇位

最失意：吃丹药而受其害

最不幸：遭到后世訾议

最痛心：幽禁兄弟

最擅长：权谋

雍正皇帝自从登上皇位，就传闻不断。甚至他的死，也显得扑朔迷离。雍正的一生，留给人们许多话题，也留给研究者许多课题。然勤政事、求治道，承康熙、启乾隆，诚一代之名君。雍正帝是一位勤政的皇帝。

雍正帝胤禛

康熙驾崩后，45岁的皇四子雍亲王胤禛即位，年号雍正。“雍正”是雍亲王得位正、为君正的意思。

然而有趣的是，自从雍正继位，到现在280多年间，史学界乃至民间对胤禛得位是否正、为君是否正的问题，从来没有停止过议论和争论。野史笔记、文艺创作，更是对此，特别是对雍正即位之谜，倾注了极大的热情。中央电视台播出的44集电视连续剧《雍正王朝》，进一步将雍正继位疑案加以渲染，更引起广大观众的极大兴趣。

以下从雍正继位前奏、继位疑案和继位余波三个方面，对此加以阐释和解说。

前奏：储位之争

清朝的皇位继承，没有采取汉族的嫡长继承制，就是正妻长子继承制。努尔哈赤因为曾经立长子褚英失败，于是决定汗位的继承由八大和硕贝勒会议推定；皇太极猝死，他的遗位继承，也是在满洲贵族会议上推定，由6岁的福临继位；顺治死前，皇位的继承没有经过满洲贵族会议讨论，而是由孝庄皇太后同顺治商量，用遗诏决定由年仅8岁的玄烨继位。这个“遗诏制”破坏了清太祖、太宗两代的皇位继承由满洲贵族会议推定的传统，开了清代皇帝生前用遗诏决定皇位继承人的先例。

康熙继承了其皇父顺治生前决定继承人的办法，采取皇太子制。先立太子的好处是免得皇帝死后引起皇位争夺的血腥斗争，坏处是皇太子同兄弟之间会产生残酷斗争。康熙看到了前者，却忽视了后者。

皇太子宝

康熙共有35个儿子，排序的有24人，成年且受册封的只有20人。这20个皇子中，年龄较长者有12人。他们是：大阿哥允禔、二阿哥允礽、三阿哥允祉、四阿哥胤禛、五阿哥允祺、七阿哥允祐、八阿哥允禩、九阿哥允禟（tánɡ）、十阿哥允䄉（é）、十二阿哥允祹（táo）、十三阿哥允祥、十四阿哥允禵（tí）。

康熙十三年（1674年），皇二子（实际上是第六子）允礽生。皇后赫舍里氏在生育允礽时难产死亡，年仅22岁。康熙十分伤心，故对允礽格外钟爱，第二年就册立他为皇太子。这年康熙22岁，皇太子才两岁。康熙的这个决定虽然吸取他父亲未能尽早立储的教训，但立储过早、太子过幼，显然也是欠妥当的。因为其间的变数太多、太大，两岁的皇太子允礽以后会是什么样？难以预料。

康熙对皇太子的教育竭尽心力，生活上特别关爱。康熙十七年（1678年），皇太子出痘，时值平定三藩之乱的紧要时刻，但康熙亲自护理太子，竟连续12天没有批阅奏章。皇太子在康熙帝亲征噶尔丹时，留守京师，处理政务。平时他也分担处理皇父的部分政务和军务。所以，在皇太子册立后的33年间，朝廷中自然形成太子党即太子集团。

皇太子集团。皇太子允礽的生母皇后赫舍里氏的祖父是索尼，父亲是领侍卫内大臣噶布喇，叔父是当朝大学士、领侍卫内大臣索额图。索额图结党，趋奉皇太子，议论国政，密谋大事。康熙曾警告索额图说："你们背后谋划的事，你们勾结一处的所作所为，你们背后说的怨恨之言，都不能摆在桌面儿上说，你心里很清楚！"康熙深感自己的皇位和生命受到威胁，说："说不定哪天就被鸩杀，或者被谋害，真是日夜警惕，心神不宁。"后来康熙下令将索额图处死，同时警告皇太子说："从前索额图帮着你谋划的那些事情，我知道得清清楚楚，所以将索额图处死。"但皇太子并未因此而收敛，反而更加乖张。康熙四十七年（1708年），在木兰围场的布尔哈苏台行宫，康熙以皇太子允礽"不法祖德，不遵朕训，惟肆恶虐众，暴戾淫乱"，宣布废除皇太子。当时，他且谕且泣，至于仆地。谕毕，悲伤万分，愤懑不已。甚至六天六夜，不安寝食，涕泣不止。后患中风，只能用左手批阅奏折。

康熙废皇太子引出一个更为严重的后果是：抱有野心的皇子们，结党钻营，谋贪大位。于是在太子党之外，又形成皇八子集团和皇四子集团。

皇八子集团。皇八子允禩，"有才有德"，聪明能干，内外经营，很得众心。在初废皇太子之后，允禩署内务府总管事，党羽相结，谋为代立。皇长子允禔为惠妃庶出，外叔公是已免职的大学士明珠，本没有希望获取储位。但允禔生母惠妃曾抚养过允禩，于是两人勾联。其他如皇九子允禟、皇十子允䄉、皇十四子允禵

（与胤禛同母），大臣阿灵阿、鄂伦岱、揆叙、王鸿绪等，都依附于允禩。

皇长子允禔的密谋泄露，被夺爵、幽禁。储位空悬，也不是回事，大臣们建议康熙早定储位。康熙命诸大臣密举可继立为太子者，以测验大臣之意。大学士马齐等大臣都秘密推举皇八子允禩。允禩觉得自己做皇太子有望，一些兄弟和朝臣也纷纷靠向允禩。由是，在皇八子允禩周围，逐渐形成一个争夺皇储的政治集团。后允禩被锁拿，革爵位。十四阿哥允禵求情，康熙大怒，“出佩刀将诛允禵，允祺跪抱劝止”。诸皇子俯地叩头，恳求皇父息怒。康熙帝怒气稍解，命诸皇子鞭挞允禩。

康熙看到废皇太子后诸子争夺储位斗争更为复杂，也更为激烈，康熙四十八年（1709年），复立允礽为皇太子。诸皇子明白：既然皇太子第一次能被废掉，也可能第二次被废掉。于是，皇太子集团与皇八子集团之间的斗争更加激化。康熙五十一年（1712年），康熙决定再废皇太子，对其党羽恨之入骨、严厉惩罚，如将尚书齐世武“以铁钉钉其五体于壁而死”，将死于狱中的步军统领托合齐锉尸焚烧。这样，形势越发复杂，在皇太子集团和皇八子集团之间的皇四子胤禛也逐渐形成集团。

皇四子集团。皇四子党包括胤禛的十三弟允祥、十七弟允礼，以及隆科多、年羹尧等。胤禛颇有心计，细心观察，不露声色。他对皇太子的废立，窥测风向，暗藏心机。他对皇八弟允禩集团，既不附从，也不作对。他佯听父言，“安静守分”，虔心佛法，广结善缘，

寿山石“和硕雍亲王宝”

雍亲王行乐图

巧妙地将自己隐蔽起来。他对皇父表示忠孝，又尽力友善兄弟，并交好朝廷诸臣。对其同母所生的皇十四弟允禵，却不去交结，听任其同皇八弟允禩结党。当皇太子党和皇八子党争得鱼死网破的时候，在皇父、兄弟、王公、大臣们将视线集注于皇太子党和皇八子党的时候，他以不争为争，坐收渔人之利。

胤禛为着谋取皇位，韬光养晦，费尽心机。他的心腹戴铎，在康熙五十二年(1713年)为他谋划道：

处英明之父子也，不露其长，恐其见弃；过露其长，恐其见疑，此其所以为难。处众多之手足也，此有好竽，彼有好瑟；此有所争，彼有所胜，此其所以为难。……其诸王阿哥之中，俱当以大度包容，使有才者不为忌，无才者以为靠。

戴铎提出的策略是——对皇父要诚孝：适当展露才华。不露才华，英明之皇父瞧不上；过露所长，同样会引起皇父疑忌。对兄弟要友爱：大度包容，和睦相待。对事对人都要平和忍让：能和则和，能结则结，能忍则忍，能容则容。使有才能的人不忌恨你，没有才能的人把你当作依靠。胤禛基本按照上述策略，一步一步地绕过皇位争夺中的险滩暗礁，向着皇帝的宝座曲折航进。

“诚孝”皇父。胤禛知道，博得皇父的信赖和喜欢，是自己一生事业中最为重要的事情。他抱定一项宗旨，就是诚孝皇父。如在诸皇子争夺皇位激烈之时，他极力表现出对皇父的“诚”与“孝”，既不公开竞争，且劝慰皇父保重。康熙帝第一次废太子后，大病一场。胤禛入内，奏请选择太医及皇子中稍知药性者允祉、允祺、允禩和自己检视方药，服侍皇父吃药治疗。

康熙帝服药后，病体逐渐痊愈。于是，康熙帝命内侍梁九功等传谕：“当初拘禁允礽时，并没有一个人替他说话，只有四阿哥深知大义，多次在我面前为允礽保奏，像这样的心地和行事，才是能做大事的人。”胤禛自己也说：“四十余年以来，朕养志承欢，至诚至敬，屡蒙皇考恩谕。诸昆弟中，独谓朕诚孝。”对皇父的“诚”与“孝”得到了回应。

“友爱”兄弟。胤禛知道，善于处理兄弟之间的关系，是自己一生事业中仅次于诚孝皇父的重要事情。他在随驾出京途中，作《早起寄都中诸弟》诗说：“一雁孤鸣惊旅梦，千峰攒立动诗思。凤城诸弟应相忆，好对黄花泛酒卮（zhī）。”表明他愿做群雁而不做孤雁的心意。他在继位之前，处理兄弟关系的主要原则

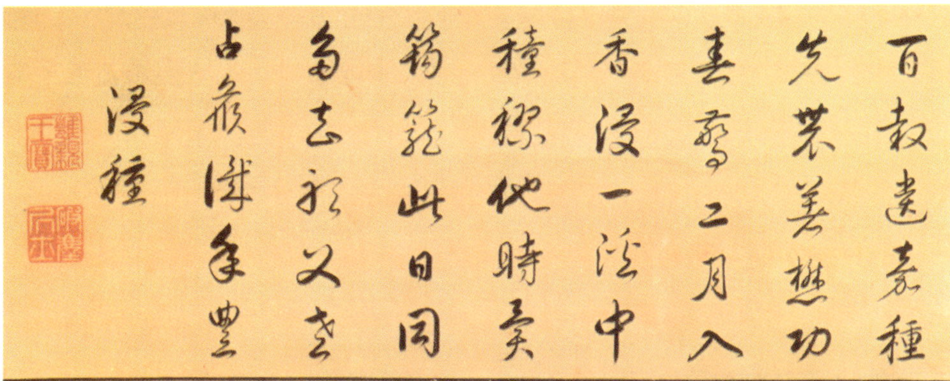

雍亲王像并书《耕织图》之“浸种”

是“不结党”、“不结怨”。诸兄弟之间，结党必结怨。胤禛没有参加皇太子党，也没有参加皇八子党。他表现出既诚孝皇父，也友爱兄弟的态度，使他躲避开皇父与兄弟两方面的矢镞，而安然无恙。

勤慎敬业。胤禛尽量避开皇储争夺的矛盾，极力表现自己不仅诚孝皇父、友爱兄弟，而且勤勉敬业。凡是皇父交办的事情，都竭尽全力去办好，既使皇父满意，也使朝臣口碑相传。自结婚后30年的实际磨炼，使他对社会、对人生有了深刻认识与深切体验，为后来登上皇位准备了条件。

戒急用忍。胤禛的性格，有两个特点：一是喜怒不定，二是遇事急躁。康熙就此曾经批评过他。康熙四十一年（1702年），胤禛央求皇父说：“现在我已经三十多岁了，请您开恩将谕旨内‘喜怒不定’四字，不要记载了吧。”康熙帝同意，因谕：“此语不必记载！”胤禛是个性格急躁的皇子。后来，他曾对大臣说：“皇考每训朕，诸事当戒急用忍。屡降旨，朕敬书于居室之所，观瞻自警。”胤禛继位后，定做“戒急用忍”吊牌，为座右铭，用以警示。

康熙晚年因其诸子皇位继承纠葛而大伤元气，郁结成疾，悲离人世。他曾说：“日后朕躬考终，必至将朕置乾清宫内，尔等束甲相争耳！”康熙是以春秋五霸之一的齐桓公晚年的境况自喻：齐桓公晚年，五个儿子树党争位。齐桓公刚死，诸子相攻，箭射在尸体上，也没有人顾及。其尸体在床上67天没法入殓，以至蛆虫爬出窗外。由此可以透出康熙大帝晚年心境的悲苦。

康熙帝驾崩，皇四子胤禛登极，是为雍正皇帝。一段历史疑案就此产生。

登极：疑窦丛生

关于雍正的继位，有三种说法：遗诏继位说、改诏篡位说和无诏夺位说。

第一，遗诏继位说。

持此说者认为：

(1) 雍正受到皇父康熙的信任，派他到天坛代行祭天大典，说明康熙临终前有意让雍亲王继承皇位。

(2) 有康熙遗旨为证。康熙六十一年（1722年）十一月十三日，康熙病重。《清圣祖仁皇帝实录》记载：召皇三子诚亲王允祉、皇七子淳郡王允祐、皇八子贝勒允禩、皇九子贝子允禟、皇十子敦郡王允䄉、皇十二子贝子允祹、皇十三子允祥、理藩院尚书隆科多至御榻前，谕曰："皇四子胤禛，人品贵重，深肖朕躬，必能克承大统，著继朕登基，即皇帝位。"

(3) 有《康熙遗诏》为证。《康熙遗诏》今存中国第一历史档案馆，上面写道："皇四子胤禛，人品贵重，深肖朕躬，必能克承大统，著继朕登基，即皇帝位。"

第二，改诏篡位说。

持此说者认为：

(1) 胤禛虽在康熙眼中印象不错，让他代为天坛祭天，但不能证明康熙有意、有遗旨让他继位。

(2) 康熙在临终的当天（十三日）寅刻，宣召皇三子、皇七子、皇八子、皇九子、皇十子、皇十二子、皇十三子共7位阿哥和隆科多进宫，向他们宣谕："皇四子胤禛，人品贵重，深肖朕躬，必能克承大统，著继朕登基，即皇帝位。"这么重要的决定，既然将继位大事告诉7位阿哥和隆科多，为什么不向当事人——继位者胤禛宣谕？所以有的学者认为这件事是无中生有，是雍正继位后编造的。

(3) 如果说胤禛当时代父到天坛祭天不在西郊，那么胤禛在当天曾三次受召到康熙榻前问安，《清圣祖仁皇帝实录》康熙六十一年十一月十三日记载："皇四子胤禛闻召驰至。巳刻，趋进寝宫。上告以病势日臻之故。是日，皇四子胤禛三次进见问安。"可见这时康熙并没有糊涂。可他为什么在从早上8点到晚上8点12个小时之间，三次召见胤禛，都没有当面告诉由他继承皇位？有的学者认为：这反倒证明康熙没有向7位皇子宣布由胤禛继位遗旨这件事。

(4) 康熙咽气之后，为什么由隆科多一人单独向胤禛宣谕由皇四子继位的

怡亲王允祥像

遗诏？而宣谕康熙遗旨时王公大臣和其他兄弟都不在场？有的学者认为：这个康熙遗旨是假的。

(5) 康熙崩逝的噩耗传出，京城九门关闭6天，诸王非传令旨不得进入大内。这就使人们产生“雍正政变”的疑问。

(6)《康熙遗诏》自然应在康熙去世之前已经定稿并经康熙审定，本应在康熙十三日死后立即当众宣布，为什么到十六日才公布？可见这段记载有伪造的嫌疑。

(7) 经过清史专家研究，这份《康熙遗诏》是参照康熙五十六年（1717年）十一月二十一日谕旨加以修改而成的。康熙帝说：“此谕已备十年，若有遗诏，无非此言。”因此，有的学者认为：“康熙遗诏漏洞百出。”

(8) 有人说，雍正死后不埋在清东陵而埋在清西陵，说明他得位不正，不愿意、没有脸面在地下见他的皇父康熙、祖父顺治。

(9) 雍正对诸多兄弟或杀害、或监禁，似有“杀人灭口”或有口不能说之嫌（详见下文）。

(10) 雍正继位后杀年羹尧、隆科多，是为了“杀人灭口”。

在上述雍正改诏继位诸说中，主要为夺嫡说和篡位说。

其一，雍正是否夺嫡？如前所说，清朝的皇位继承没有实行嫡长制。在清太祖、太宗时，皇位继承采用满洲贵族会议推选制。清世祖福临首用遗旨制，就是在临终前指定皇三子玄烨为皇位继承人，这就是康熙皇帝。康熙的皇位继承，先是指定允礽为皇太子，继而废，废而立，又再废。既然清朝没有实行“嫡长制”，雍正登极之前康熙并没有“立嫡”，雍正何嫡之可夺？所以不能说雍正继位是“夺嫡”。

其二，雍正是否篡位？认为雍正篡位者的根据是：雍正篡了他的同胞皇十四弟允禵的位。其理由是：

(1) 康熙意中的继承者是皇十四子允禵，派他做抚远大将军，就是让他立军功、掌军权、树威信以备接班。

(2) 有的学者认为康熙临死之前，没有留下让雍亲王继位的遗诏。这份所谓《康熙遗诏》是伪造的。康熙刚死，就传出雍正党人将康熙遗嘱“传位十四子”，篡改作“传位于四子”的说法。共有胤禛改诏、隆科多改诏、年羹尧改诏三种说法。如说康熙临终前本来发了一道诏谕，叫远在西宁的抚远大将军、皇十四子允禵紧急回京继位，却被步军统领隆科多捏在手里不发，改作“传位于四子”。此属传闻，不为史实。因为如果康熙帝真有“传位十四子”的遗嘱，那么：

其一，当时繁体字的“于”写作“於”，“十”字很难改成“於”字；

其二，当时行文规范是“皇某子”，“于”与“四”之间隔了一个“皇”字，很难改；

其三，满文为清朝的国书，如此重要的遗旨应同时以满、汉两种文字书写，满文又岂能改“十”为“于”？

(3) 雍正是否更改名字？有人说：康熙遗嘱传位“胤祯”（皇十四子），因“祯”与“禛”字形、字音相近，胤禛遂取而代之。后将《玉牒》的名字挖改。雍正又命十四弟改名允禵。这就是“玉牒易名”说。学界对雍正改名看法颇不一致。一种看法是，皇四子就叫胤禛（zhēn），皇十四子就叫胤祯（zhēn），雍正做了皇帝，便命皇十四弟改名允禵。胤禛做了皇帝之后，命他的兄弟将名字中的“胤”字，改为“允”字，以示避讳。

总之，康熙临终前立皇十四子允禵继位说，可谓是：事出有因，查无实据。既然康熙晚年没有“立储”，雍正登极之前康熙没立“储位”，雍正何位之可篡？唐太宗发动“玄武门之变”，杀死太子建成篡了兄长的位；燕王朱棣发起“靖难之役”，篡了侄子建文帝的位。康熙死后、雍正登极之前没有皇帝在位，所以不能说雍正继位是“篡位”。

第三，无诏夺位说。

持此说者认为：

说雍正奉遗诏继位，许多矛盾解释不清楚，其说难以自圆；说雍正改诏篡位，真正有力的证据也显得不足。雍正登极，是因为他在皇位争夺中取得了胜利。这场皇位争夺斗争，或明或暗，或隐或显，前前后后，40多年。结果，皇太子党失败，皇八阿哥党也失败，皇四阿哥党胜利。

雍正帝的皇位，是正取，还是逆取？从胤禛登极至今280多年以来，既是学术界激烈争议的问题，也是演艺界火爆炒作的题目。雍正继位是否逆取？历史没有留下记载。历史是胜利者的记录，正史不会也不可能会对雍正逆取皇位做出记载。康熙生前未立皇位继承的遗诏，也不会留下一鳞半爪暗示皇位继承的文献。但是，自康熙宾天至雍正继统，即有皇位出自篡夺的传闻异说。雍正为此亲撰上谕驳斥，编纂《大义觉迷录》一书，想为自己洗刷不白。

余波：纂书自辩

雍正在《大义觉迷录》一书中，就"谋父"、"逼母"、"弑兄"、"屠弟"、"贪财"、"好杀"、"酗酒"、"淫色"、"好谀"、"任佞"等十项大罪，进行自辩，颁行

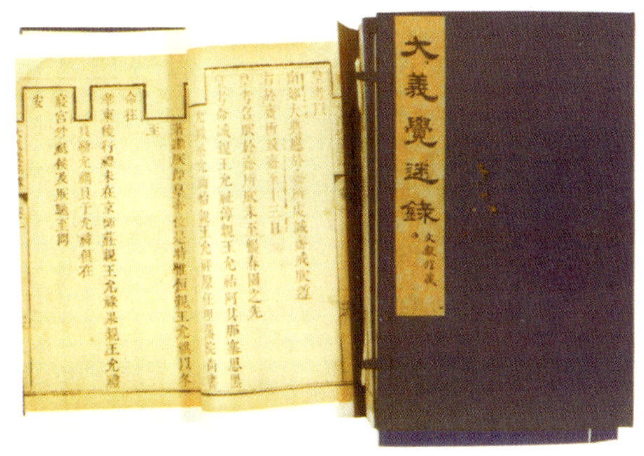

《大义觉迷录》书影

雍正皇帝的生母孝恭仁皇后

天下。然而，事与愿违，欲盖弥彰，弄巧成拙，愈描愈黑，留下生动而曲折的历史故事。

那么事实究竟如何？雍正的上述罪名能否成立？让我们一一分析：

雍正是否毒死皇父？一种说法是：康熙帝是喝了胤禛送的人参汤被毒死的。这话从伦理、法理、情理讲，既悖于情，也不合理。从当时的具体环境、周围条件分析，既违背史实，也绝无可能。

雍正是否逼死生母？《大义觉迷录》说："逆书加朕以逼母之名。"看来当时雍正"逼母"说流传很广。雍正生母乌雅氏，生三个儿子：胤禛、允祚（5岁死）、允禵。传说：雍正继位后，将允禵调回北京关押起来，他母亲想见允禵，雍正不准，太后一气之下，撞死在铁柱子上。乌雅氏眼看亲生儿子允禵被囚禁，作为皇太后能

看押允禟的直隶总督李绂像

不生气吗？时人将雍正母亲的死，同他囚禁胞弟相联系是很自然的事情。

雍正是否弑兄杀弟？雍正帝继承皇位之日，就面临着兄弟们的不满和挑战。康熙崩逝的噩耗传出，京城九门关闭6天，诸王非传令旨不得进入大内。箭在弦上，形势紧张。当时年满20岁的皇子共有14人：即雍正的大哥允禔、二哥允礽、三哥允祉、五弟允祺、七弟允祐、八弟允禩、九弟允禟、十弟允䄉、十二弟允祹、十三弟允祥、十四弟允禵、十五弟允禑（wú）、十六弟允禄和十七弟允礼。

大阿哥允禔，在太子废立中得罪皇父，被夺封爵，幽于府第。康熙帝派贝勒延寿等轮番监守，并严谕：疏忽者，当族诛。允禔已成为一只不再见天日的死老虎。雍正十二年（1734年）死，以贝子礼殡葬。

二阿哥即废太子允礽，被禁锢在咸安宫。雍正仍不放心，一方面封其为理郡王，另一方面又命在郑家庄盖房驻兵，将允礽移居幽禁。雍正二年（1724年），允礽死去。

三阿哥允祉，本不太热心皇储，一门心思编书，但也受到牵连。雍正即位后，以“允祉与太子素亲睦”为由，命“允祉守护景陵”，发配到遵化守康熙景陵。允祉心里不高兴，免不了私下发些牢骚。雍正知道后，干脆将允祉夺爵，幽禁于景山永安亭。雍正十年（1732年），允祉死。

五弟允祺，康熙帝亲征噶尔丹时，曾领正黄旗大营，后被封为恒亲王。允祺没有结党，也没有争储。雍正即位后，借故削其子的封爵。雍正十年（1732年），允祺死。

七弟允祐，雍正八年（1730年）死。

八弟允禩，是雍正兄弟中最为优秀、最有才能的一位。但是，“皇太子之废也，允禩谋继立，世宗深憾之”。雍正继位后，视允禩及其党羽为眼中钉、肉中刺。允禩心里也明白，常怏怏不快。雍正继位，耍了个两面派手法：先封允禩为亲王——其福晋对来祝贺者说：“何贺为？虑不免首领耳！”这话传到雍正那里，命将福晋赶回娘家。不久，借故命允禩在太庙前跪一昼夜。后命削允禩王爵，高墙圈禁，改其名为“阿其那”。“阿其那”一词，学者解释有所不同，过去多认为是“猪”的意思，近来有学者解释为“不要脸”。允禩被幽禁，受尽折磨，终被害死。

九弟允禟，因同允禩结党，也为雍正所不容。允禟心里明白，私下表示：“我行将出家离世！”雍正哪能容许允禟出家！他借故命将允禟革去黄带子、削宗籍，逮捕囚禁。改允禟名为“塞思黑”。“塞思黑”一词，过去多认为是“狗”的意思，近来有学者亦解释为“不要脸”。不久给允禟定28条罪状，送往保定，加以械锁，命直隶总督李绂幽禁之。允禟在保定狱所备受折磨，以“腹疾卒于幽所”，传说是被毒死的。

十弟允䄉，因党附允禩，为雍正所恨。雍正元年（1723年），哲布尊丹巴胡图克图来京病故，送灵龛（kān）还喀尔喀（今蒙古国），命允禩赍（jī）印册赐奠。允禩称有病不能前行，命居住在张家口。同年，借故将其夺爵，逮回京师拘禁。直到乾隆二年（1737年）才开释，后死。

十二弟允祹，康熙末年任镶黄旗满洲都统，很受重用，也很有权，但没有结党谋位。雍正刚即位，封允祹为履郡王。不久，借故将其降为“在固山贝子上行走”，就是从郡王降为比贝勒还低的贝子，且不给实爵，仅享受贝子待遇。不久，又将其降为镇国公。乾隆即位后，被晋封为履亲王。这位允祹较之其他兄弟气量大，一直活到乾隆二十八年（1763年），享年78岁。

十四弟允禵，虽与雍正一母同胞，但因他党同允禩，又传闻康熙临终前命传位“胤祯”而雍正党篡改为“胤禛”，所以二人成了不共戴天的冤家兄弟。雍正

允禵像

即位，先是不许抚远大将军允禵进城吊丧，又命其在遵化看守皇父的景陵，再将其父子禁锢于景山寿皇殿左右。乾隆继位后，将其开释。

十五弟允禑，康熙帝死后，雍正命其守景陵。

境遇比较好的有三人：就是其十三弟允祥、十六弟允禄和十七弟允礼。允祥，曾被康熙幽禁，原因不详。雍正继位，即封允祥为怡亲王，格外信用。允禄，过继给庄亲王博果铎为嗣，袭封庄亲王。允礼，雍正继位封为果郡王，再晋为亲王，先掌管理藩院事，继任宗人府宗令、管户部。允祥和允礼显然早加入"胤禛党"，只是康熙在世时，十分隐秘，没有暴露。

雍正登上皇位之后，对骨肉同胞心狠手辣、刻薄寡恩，对待近臣也毫不容情。年羹尧和隆科多是突出的例子。

年羹尧，汉军镶黄旗人，父遐龄官至湖广总督，遐龄女事胤禛潜邸，后为雍正皇贵妃。年羹尧在康熙时任四川巡抚、定西将军，在青藏有军功。雍正继位，召抚远大将军允禵还京师，命年羹尧管理大将军印务。雍正三年（1725年）二月，以年羹尧《贺疏》中将"朝乾夕惕"写为"夕惕朝乾"，而兴文字狱，命罢其将军，尽削其官职。"朝乾夕惕"出自《周易》，是勤勉努力、只争朝夕的意思。雍正认为，年羹尧故意这么写，就是不想把"朝乾夕惕"的美名给自己。同年，定年羹尧92款大罪，其中有32条都够杀头。最后令其在狱中自裁，斩其子年富，余子年15岁以上者皆戍极边。

有一种传说，雍正的母亲曾与年羹尧私通，入宫八个月生下雍正，所以雍正是年羹尧的私生子。改"康熙遗诏"之事是年羹尧干的。年羹尧的生年不详，他于康熙三十七年（1698年）中进士，这年胤禛21岁，由此看来雍正同年羹尧岁数可能相差不多，不像两代人。这像是从吕不韦纳赵姬怀孕后送给秦庄襄王而后生嬴政（秦始皇）的故事移植过来的。

隆科多，满洲镶黄旗人，其父为一等公佟国维，其妹为康熙的孝懿仁皇后。隆科多在康熙晚年任理藩院尚书、步军统领。康熙死时，唯有隆科多一人传遗诏

署理大將軍印務公臣延信四川陝西總督臣
年羹堯為密陳下悃仰祈
聖訓以免貽悞事竊惟
國家大事莫重於用兵委任人臣莫重於軍務臣
等智識短淺過蒙
聖主委任令會同辦理軍務雖思之又思慎之又慎
難保盡合機宜是以共相勉勵寧遲毋急寧慎
重毋輕忽倘有錯悞臣等獲罪之事甚小上關
聖主用人之處甚大臣等請嗣後凡有緊要事情先
具奏稿密呈
睿覽伏求
聖訓批示以便繕摺奏
聞雖未免煩瀆
宸聰然往返之間為期不過一月既經
乾斷不獨臣等獲有遵循而軍務大事可免錯悞矣
聖慮自有
理合
奏明臣等不勝悚惕之至

朕安朕原不教你來為地方要緊今覽你所奏你安
不見朕原有難處[illegible]二者軍務操事結局處[illegible]隆
科多奏為請你來同商酌[illegible]地方情形妥可以來得
乘驛速來再回[illegible]隆科多七人朕無不先前不但不
深知你真正大錯了七八真
聖祖皇考忠臣朕之功臣國家良臣真正當代第一
[illegible]
問你有旨

雍正元年正月初二日具

年羹尧奏折

呈伏候
聖裁俟
命下之日交與該部速行查送明史館又查原任大
學士熊賜履所纂明史叁拾肆套曾經進
呈於康熙伍拾肆年拾月貳拾柒日取進
內府伏乞
發出以便同原任尚書王鴻緒現進明史同加考
定成書至明史館所有書籍甚少不能博稽廣
覽原任尚書王鴻緒編輯年久其蒐羅書籍頗
多相應咨取到館以備查采至開館一切應行
事宜容臣等另議具
奏為此謹
奏請
旨

[illegible]
[illegible]

雍正元年捌月　拾壹　日

監修明史官總理事務太保吏部尚書提督[illegible]臣隆科多
總裁官[illegible]臣王頊齡
總裁官經筵講官協理內閣大學士[illegible]尚書臣徐元夢
日講官起居注翰林院侍講學士臣[illegible]
[illegible]臣張廷玉

隆科多等人的奏折

由雍正继位。治丧期间，隆科多提督九门、卫戍京师。《清宫十三朝演义》说隆科多在康熙死后，从乾清宫“正大光明”匾后取下康熙遗诏，将“传位十四子”，篡改作“传位于四子”。这种改法上面说过不可能。“秘密立储”制度是从雍正元年开始的，移花接木到康熙朝是张冠李戴。但雍正继位同他舅舅隆科多关系密切。雍正继位，隆科多说：“白帝城受命之日，即死期将至之时。”隆科多虽受赐袭一等公、吏部尚书、加太保等，但仍被定41款大罪，命在畅春园外建屋三间，永远禁锢。六年（1728年）六月，隆科多死于禁所。

年羹尧与隆科多二人，对雍正来说，是狡兔死，走狗烹；飞鸟尽，良弓藏。对他们自己来说，则是知进不知退，知显不知隐，泰极否来，自酿其祸。《清史稿》论者谓：隆、年凭借权势，无复顾及，即于覆灭，古圣所诫。

从对待同胞兄弟和近臣，可以看出雍正性格的弱点和心胸的狭窄。雍正皇帝的性格具有两面性：说是一套做是一套、明处一套暗里一套、外朝一套内廷一套。胤禛之所以能登上皇位，主要不是因为他比其他兄弟聪明，而是因为他性格的两面性。胤禛在做皇子的时候，能够“掩短显长”：其长，诚孝皇父、友爱兄弟、勤勉敬业；其短，残忍苛刻、猜忌多疑、虚伪急躁——虚伪造作将“残忍苛刻、猜忌多疑”的性格掩盖，特别是把自己贪禄天位的想法隐藏起来。所以在角逐皇位时，诸兄弟失败，而胤禛独胜。雍正的两面性格，是他取得皇位的秘诀，也是他巩固皇位的法宝。他在做皇帝时，极力表现出节俭、爱民，隐藏其奢靡、残忍。近年以来，关于雍正皇帝的学术论著与艺术形象，只突出、显现其节俭的一面，而忽视、隐藏其奢靡的另一面，这就给读者、观众以误导。

当然，雍正作为一个政治家，我们评价他的功过是非，主要的着眼点不应是其性情品格，也不应是其皇位的获得是否正当。皇位争夺问题是满洲宗室内部雍正兄弟之间的利益分配和权力斗争的结果，我们不能站在雍正的立场，也不能站在大阿哥、二阿哥、八阿哥等的立场，而应站在中华民族的立场来看待这件事情。我们对雍正的评价，关键要看他对中国历史、对人类文明做了哪些事情。

改革：承上启下

雍正元年（1723年）是清朝入关的第80个年头，许多社会矛盾，盘根错节，积累很深。他盛年登极，年富力强，学识广博，阅历丰富，刚毅果决，颇有作为。康熙政尚宽仁，雍正继以严猛。雍正在位短短13年，最主要的特点是“改革”，可以说是一位改革型的皇帝。雍正改革措施，列举以下六点：

第一，整顿吏治。康熙晚年，身患中风，标榜宽仁，吏治松弛，贪污腐败，已然成风。雍正在长年皇子生活中，对皇父晚年弊政，看得较为清楚。雍正元年（1723年）正月，他大刀阔斧、雷厉风行地连续颁布11道谕旨，训谕各级文武官员：不许暗通贿赂，私受请托；不许库钱亏空，私纳苞苴（jū）；不许虚名冒饷，侵渔贪婪；不许纳贿财货，戕人之罪；不许克扣运费，馈遗纳贿；不许多方勒索，病官病民；不许恣意枉法，恃才多事等。严诫：如因循不改，必定重罪严惩。二月，命将亏空钱粮各官即行革职追赃，不得留任。三月，命各省督、抚将幕客姓名报部。禁止出差官员纵容属下需索地方。后以户部库存亏空银250余万两，令历任堂司官员赔补。同年设立会考府，进行审计，整顿收支。这一年，被革职抄家的各级官吏就达数十人，其中有很多是三品以上大员。与曹雪芹家是亲戚的苏州织造李煦，也因为经济亏空而被革职抄家。《清史稿·食货志》说：“雍正初，整理度支，收入颇增。”史家评论说：雍正“澄清吏治，裁革陋规，整饬官方，惩治贪墨，实为千载一时。彼时居官，大法小廉，殆成风俗，贪冒之徒，莫不望风革面”。说明雍正整顿吏治的成效。

第二，密折制度。什么是密折呢？密就是机密；折就是将奏文写在折叠的白纸上，外面加上封套。康熙朝有奏折，雍正朝密折制度加以完善。皇帝特许的官员，才有资格上奏折。康熙朝具折奏事的官员100多人，雍正朝增加到1200多人。奏折的内容，几乎无所不包，诸如刮风下雨、社会舆情、官场隐私、家庭秘事等。皇帝通过奏折可以直接同官员对话，更加了解和掌握下面的实际情况。奏折运

雍正时期的密折

转处理程序，因“阁臣不得与闻”，而避开阁臣干预，特别是官员之间互相告密、互相监督，强化了皇帝专制权力。雍正朝现存满、汉文奏折41600余件，是研究雍正朝历史的重要档案资料。

第三，设军机处。雍正创设军机处，作为辅助皇帝决策与行政的机构。地点在紫禁城隆宗门内北侧。军机大臣没有定员，少则2人，多则9人。主要职掌：每日晋见皇帝，商承处理军政要务，以面奉谕旨名义，对各部门、各地方发布指示；面奉谕旨，起草公文，由朝廷直接寄发，称为“廷寄”，封函标明“某处某官开拆”字样，由兵部捷报处发送；誊录保存公文，就是将皇帝批阅的奏折，誊录副本，称为“录副奏折”。这项制度使大量档案得以保存。

在清初，重要的军政机构有三个：一是议政处，二是内阁，三是军机处。议政处源自关外，主要由王公贵族组成，称议政大臣，参画机要。后设内三院，即后来的内阁。军务归议政处，政务归内阁。议政处的权力逐渐减弱，到乾隆朝撤销。内阁，仿明朝制度，逐渐排斥议政处于机务之外。而军机处建立后，军政要

军机处值房

务归军机处，一般政务归内阁。军机处权力远在内阁之上，大学士的权力为军机大臣所分，逐渐排斥内阁于机务之外。大学士兼军机大臣才有一定实权。内阁宰相，名存实亡。军机处的建立，标志着皇权专制走向极端。明代内阁对皇权有一定的约束，如诏令由内阁草拟、经内阁下发，阁臣对诏令有权封驳。但是军机处成立之后，排除了王公贵族，也排除了内阁大臣的重大军政权。军机处的设立，使清朝皇帝乾纲独断——既不容皇帝大权旁落，也不许臣下阻挠旨意。

第四，改土归流。在云、贵、粤、桂、川、湘、鄂等省少数民族地区，主要由世袭土司进行管辖。此前已有“改土归流”的举措，但雍正全面实行“改土归流”制度，就是革除土司制度，在上述地区分别设立府、厅、州、县，委派有任期、非世袭的“流官”进行管理。这种管理体制，同内地大体一样。雍正帝的改土归流，

《皇清职贡图》之“丽江等府怒人”

《皇清职贡图》之“西隆州土人”

打击了土司的世袭特权和利益，减轻了西南少数民族的负担和灾难，促进了这一地区社会经济与文化的进步。民族与边疆问题，东北地区在努尔哈赤、皇太极时期已经解决；东南的台湾、北方的蒙古，到康熙时已经得到解决；西南的民族问题，雍正时已经解决；新疆和西藏，到乾隆朝得以解决。

第五，摊丁入地。中国过去土地和人丁分开纳税。康熙五十年（1711年）后，实行“盛世滋生人丁，永不加赋”，但此前出生的人丁还要缴纳丁银。雍正推行丁银摊入地亩。这项赋役制度的重大改革，从法律上取消了人头税，减轻了贫穷无地者的负担。就这一点来说，摊丁入地制度有一定的积极意义。但是，自“盛世滋生人丁，永不加赋”之后，特别是实行“摊丁入地”制度之后，社会人口，急剧增长。道光年间，人口之数，突破4亿。

第六，废除贱籍。贱籍就是不属士、农、工、商的“贱民”，世代相传，不得改变。他们不能读书科举，也不能做官。这种贱民主要有浙江惰民、陕西乐籍、北京乐户、广东疍（dàn）户等。在绍兴的“惰民”，相传是宋、元罪人的后代。他们男的从事捕蛙、卖汤等；女的做媒婆、卖珠等活计，兼带卖淫。这些人“丑秽不堪，辱贱已极”，人皆贱之。在陕西，明燕王朱棣起兵推翻其侄建文帝政权后，将坚决拥护建文帝的官员的妻女，罚入教坊司，充当官妓，身陷火坑，陪酒卖淫，受尽凌辱。安徽的伴当、世仆，其地位比乐户、惰民更为悲惨。如果村里有两姓，此姓全都是彼姓的伴当、世仆，有如奴隶，稍有不合，人人都可加以捶楚。广东沿海、沿江一带，有疍户，以船为家，捕鱼为业，生活漂泊不定，不得上岸居住。江苏苏州府有丐户，也为贱民。雍正对历史上遗留下来的乐户、惰民、丐户、世仆、伴当、疍户等，命令除籍，开豁为民，编入正户。

雍正皇帝作为一代政治家，他留给后人的历史遗产，还有两点值得特别提出：一是勤政，二是选储。

勤政，是雍正区别于其他帝王的一个显著特征。纵观中国历史上的皇帝，像雍正那样勤政者，前无古人，后无来者。他在位期间，自诩“以勤先天下”，

养心殿西暖阁“勤政亲贤”殿

不巡幸，不游猎，日理政事，终年不息。仅以朱批奏折而言，雍正朝现存汉文奏折35000余件、满文奏折6600余件，共有41600余件，他在位12年零8个月，实际4668天，平均每天批阅奏折约10件，多在夜间，亲笔朱批，不假手于他人，有的奏折上的批语竟有1000多字。

选储，就是秘密立储制度，是雍正帝留给清代的一份重要历史文化遗产。清朝皇帝的继承人问题，康熙以前没有制度化。清太祖死后，因皇位继承演出大妃生殉的悲剧，害得多尔衮从小失去母亲；清太宗死后，尚未入殓，几乎演出兵戎相见的惨剧；清世祖死后，仓促让一位8岁的孩童继位，大清出现一位英明的君主实属幸运；清圣祖死前储位未定，演出了雍正兄弟骨肉相残的悲剧。大清皇朝，是家天下，用什么办法在家族内确立接班人，是清朝建立100多年所没有解决的问题。用嫡长制？虽可以避免兄弟之争，但不能保证选优。明亡教训，已有前车之鉴。用太子制？康熙帝失败的教训，雍正已经亲历切肤之痛。怎么办？雍正想出一个办法，既预立皇位继承人，又不公开宣布，这就是秘密立储。即将传位诏书置密封锦匣中预先收藏于乾清宫“正大光明”匾后。这是建储制度的一项重大创革。其积极的方面是，既有利于在皇子中选优，又避免皇子们争夺储位，相对地保证了皇位继承的平稳过渡；其消极的方面，见本书第392页。

顺治选了康熙继位，雍正选了乾隆继位。这两位大清皇帝，都君临天下60年，开创出中国皇朝史上的“黄金时代”——“康乾盛世”。应当说，雍正有眼力，有见识，看准并决定要乾隆继承、光大他的事业，确是选对了接班人。这对大清帝国、对中华民族、对亚洲历史及世界文明的发展，都产生了重大的影响。

在康熙、雍正、乾隆三朝，雍正处于承上启下的历史时期。雍正既继承了康熙大帝的历史遗产，又改革了康熙晚年的弊政；他既为乾隆强盛奠下了根基，又为乾隆繁盛准备了条件。康、雍、乾三朝，既是清朝历史发展的鼎盛时期，也是中华帝国皇朝历史发展的一个鼎盛时期。

应当说，雍正在位的13年，政绩卓然。但是，就在他执政已见成效之时，却突然去世。

死因：众说纷纭

胤禛于雍正十三年（1735年）八月二十三日子时，在圆明园九州清晏殿猝然去世。据《清世宗实录》和《张廷玉年谱》记载：雍正十三年八月二十日，胤禛偶感违和，仍照常听政，并召见臣工。二十一日，病情加重，照常理政。大学士张廷玉每日进见，未尝间断。皇四子宝亲王弘历、皇五子和亲王弘昼等，御榻之侧，朝夕奉侍。二十二日，病情恶化，太医抢救。二十三日子时，进药无效，龙驭上宾。前后三天，可算急症。胤禛突然而死，官书不载原因。于是，胤禛死因之谜，朝野众说纷纭。

一说，胤禛是被吕四娘谋刺死的。稗官野史如《清宫十三朝》、《清宫遗闻》等书，都有雍正遇刺身亡之文。传说吕四娘是吕留良的女儿，也有说是吕留良的孙女。当年，吕留良因文字狱被死后戮尸，吕氏一门，或被处死，或被遣戍。但吕四娘携母及一仆逃出，隐姓埋名，潜藏民间。吕四娘拜师习武，勤学苦练，尤长剑术，技艺高超。后来，吕四娘乔装改扮，混入深宫，一日，乘机砍掉雍正脑袋。或说，吕四娘的师傅，原是雍正的剑客，后离去，培养了女徒吕四娘。这个民间传说，流传200多年。到1981年，曾发掘雍正泰陵地宫，未打开，即作罢。但民间传言雍正棺材已经打开，雍正的遗体有尸身而无尸首，想以此证明胤禛之头是被吕四娘砍掉的。这些传说，都是无中生有，纯属野史逸闻。学者认为，吕留良之案，吕氏一门，男女老幼，俱已严禁，不能逃逸。就连吕留良父子坟墓，都加以监视，吕女不可能逃脱。所以，吕四娘行刺雍正说，实属子虚乌有，绝不可信。

二说，胤禛是被宫女缢死的。柴萼《梵天庐丛录》记载：传说雍正九年（1731年），宫女伙同太监吴首义、霍成，伺胤禛睡熟，用绳缢杀，气将绝，被救活。这个逸闻源自明世宗嘉靖皇帝的真实故事。明嘉靖二十一年（1542年），宫女杨金英等“伺帝熟睡，以组缢帝项，误为死结，得不绝”。同伙张宫女害怕，跑去报告方皇后。皇后赶到，解帛组，帝气绝，命召太医许绅急救。《明史·许绅传》记载：“绅急调峻药下之，辰时下药，未时忽作声，去紫血数升，遂能言，又数剂而愈。”事后将杨金英等磔（zhé）死。显然，雍正帝与嘉靖帝的庙号都是“世宗”，这个清世宗雍正被宫女缢杀的故事，完全是明世宗嘉靖被宫女勒缢故事的翻版。所以，宫女缢勒雍正说，实属移花接木，张冠李戴。

三说，胤禛是被曹雪芹和竺香玉合谋毒死的。据传《红楼梦》的作者曹雪芹，有个恋人叫竺香玉，是林黛玉的原型。竺香玉后来被雍正霸占成为皇后。曹雪芹想念恋人，就找了一个差事混入宫中，与竺香玉合谋，用丹药将雍正毒死。这是编造的故事，纯属无稽之谈。

四说，胤禛是服丹药中毒而死的。胤禛在雍正七年（1729年），得了一场大病。大臣说“皇上下颏偶有些微疙瘩”，是什么病，说不清楚。胤禛曾向心腹密臣发出谕旨，要他们推荐良医、道士：“可留心访问，有内外科好医生与深达修养性

雍正帝道装像

命之人，或道士，或讲道之儒士、俗家。……一面奏闻，一面着人优待送至京城，朕有用处。”后来李卫密荐道士贾士芳，到北京为胤禛看病。后将贾道士处死。胤禛对道士、丹药感兴趣，特为紫阳道人重建道院。胤禛还曾延请道士张太虚、王定乾等，到圆明园炼丹，以求吞服灵丹妙药，长生不老。

胤禛死后三天，他的儿子、新君乾隆帝下令驱逐张太虚等道士，并严谕他们不许透露宫中只言片字。乾隆帝对圆明园中道士的严厉态度，可能同其父食道士烧炼的丹药致死有关。近人金梁（息侯）在《清帝外纪·世宗崩》中说：“惟世宗之崩，相传修炼丹饵所致，或出有因。”杨启樵教授认为：雍正是“服饵丹药中毒而亡的”。有学者则认为：“此说颇有合于情理处，然而究属推论，未可成为定

泰陵石牌坊

谳。”或谓：“这类宫闱秘事，要确证论定，难得过硬资料。”

五说，胤禛是患中风而死的。郑天挺先生认为，雍正“是中风死去的”。这个重要论断，需要史料证明。

雍正皇帝死因，是个历史之谜。

雍正皇帝自从登上皇位，就传闻不断。甚至他的死，也显得扑朔迷离。雍正的一生，留给人们许多话题，也留给研究者许多课题。他死之后，其子弘历即位，就是有名的乾隆皇帝。

相关阅读书目推荐

(1)阎崇年:《清朝十二帝·雍正皇帝》，故宫出版社，2012年

(2)冯尔康:《雍正传》，人民出版社，1985年

(3)杨启樵:《揭开雍正皇帝隐秘的面纱》，香港商务印书馆，2000年

(4)冯尔康主编:《清朝通史·雍正朝》，紫禁城出版社，2003年

(5)陈捷先:《雍正写真》，远流出版公司，2003年

弘历个人小档案

年号：乾隆

姓名：爱新觉罗·弘历

出生：康熙五十年八月十三日

（1711年9月25日）

出生地：北京雍亲王府（今雍和宫）

属相：兔

父亲：胤禛（雍正）

母亲：钮祜禄氏，后尊为孝圣宪皇后

排行：世宗第四子

初婚：16岁结婚，配偶富察氏

配偶：29人，皇后富察氏

子女：17子，10女

即位时间：雍正十三年九月初三日

（1735年10月18日）

即位年龄：25岁

禅位时间：嘉庆元年正月初一日

（1796年2月10日）

在位年数：60年，实际掌权63年

卒年：嘉庆四年正月初三日

（1799年2月7日）

享年：89岁

死亡地：紫禁城养心殿

庙号：高宗

谥号：纯皇帝

陵寝：裕陵（清东陵）

继位人：颙琰（嘉庆）

最得意：“十全武功”

最失意：皇后怒断青丝

最不幸：生母身世有异说

最痛心：两后不幸死去

最擅长：诗文、书法

乾隆是中国有文字记载以来享年最高的皇帝，也是中国历史上实际执政时间最长的皇帝。同时，乾隆又是在民间传闻最多、被文艺作品演绎最多的皇帝。乾隆皇帝博学多才，稽古右文，编修文化典籍，传承中华文化，是一位文化型皇帝。

乾隆帝弘历

在清朝皇帝中，可以作为英杰人物来论说一番的只有四位皇帝——清太祖天命汗努尔哈赤、清太宗崇德帝皇太极、清圣祖康熙大帝玄烨和清高宗乾隆大帝弘历。

乾隆帝，名弘历，属兔。25岁登极，在位60年，太上皇3年零3天，享年89岁。乾隆的祖父康熙实际执政53年，乾隆实际执政63年。

乾隆是中国有文字记载以来享年最高的皇帝，也是中国历史上实际执政时间最长的皇帝。同时，乾隆又是在民间传闻最多、被文艺作品演绎最多和官方文献记载疑点最多的皇帝之一。

出生地点之谜

清朝12位皇帝中，出生地点不明的只有两位皇帝，这就是清太祖努尔哈赤

雍和宫银安殿

和清高宗弘历。努尔哈赤出生时还没有创制满文，他当时也不是什么显赫人物，所以他的出生地没有留下明确的文字记载是可以理解的。但是，乾隆不一样，乾隆是雍正帝的第四个儿子，康熙五十年（1711年）八月十三日出生，他的出生地怎么会不确定呢？这里面必定大有蹊跷。

关于乾隆的出生地，他的父母都没有留下明确的说法，倒是乾隆自己曾经反复说明，这就是关于乾隆出生地的第一种说法——雍和宫说。

乾隆自己认为：他生在雍和宫。雍和宫坐落在北京城安定门内，现在是著名的喇嘛庙。在康熙时代，这里原是雍亲王的府邸，也就是雍正做皇子时的王府，当时并不叫雍和宫。乾隆登极后，把他父亲雍正的画像供奉在这座府第里的神御殿，派喇嘛每天诵经，后来这里就改名叫雍和宫。乾隆曾经多次以诗或以诗注的形式，表明自己出生在雍和宫。

（1）乾隆四十三年（1778年）新春，乾隆在《新正诣雍和宫礼佛即景志感》诗中，有“到斯每忆我生初”的诗句。这说明乾隆本人认定自己出生在雍和宫。

(2) 乾隆四十四年 (1779年) 新春，乾隆又一次在《新正雍和宫瞻礼》的诗中说："斋阁东厢胥熟路，忆亲唯念我初生。"在这里，乾隆不仅认定自己诞生在雍和宫，而且还指出了具体的出生地点，就在雍和宫的东厢房。乾隆说自己出生在雍和宫东厢，应当算是比较权威的说法。

(3) 乾隆四十五年 (1780年) 新春，乾隆再一次到雍和宫礼佛时说："十二初龄才离此，讶今瞥眼七旬人。"在这首诗下注云："康熙六十一年始蒙皇祖养育宫中，雍正年间遂永居宫内。"

(4) 乾隆四十七年 (1782年) 正月初七日，乾隆作《人日雍和宫瞻礼》诗注云："余实康熙辛卯生于是宫也。"康熙辛卯年为康熙五十年 (1711年)，正月初七过去称作"人日"。据晋朝董勋《答问礼俗说》记载："正月一日为鸡，二日为狗，三日为猪，四日为羊，五日为牛，六日为马，七日为人。"乾隆每年正月初七日都要来到雍和宫瞻礼，平时路过这里也要进去小驻片刻。

(5) 乾隆五十四年 (1789年) 正月初七日，乾隆又作《新正雍和宫瞻礼》诗云："岂期莅政忽焉老，尚忆生初于是孩。"其下自注云："予以康熙辛卯生于是宫，至十二岁始蒙皇祖养育宫中。"

(6) 乾隆还有一次到雍和宫瞻仰礼拜，而后作了一首诗。据《清高宗御制诗集》记载："来瞻值人日，吾亦念初生。"乾隆的意思是，在正月初七日 (人日) 这一天，到雍和宫瞻礼，总是念念不忘当初就是出生在这里。

从以上六个例子来看，乾隆一贯认为自己就出生在雍和宫。乾隆晚年对自己出生地的流言蜚语可能有所耳闻，他的诗作就是强调自己确实生在雍和宫。

但是，乾隆皇帝还在位的时期，就有人对他的出生地发出不同的议论，认为他出生在承德避暑山庄，这就是关于乾隆出生地的第二种说法——避暑山庄说。

(1) 当时朝中有一个官员叫管世铭，江苏武进人，乾隆四十三年 (1778年) 进士，后入值军机处，任军机章京，了解很多宫廷掌故与秘闻。他随乾隆一起去避暑山庄，去木兰秋狝 (xiǎn)，写下《扈跸 (bì) 秋狝纪事三十四首》(收在《韫

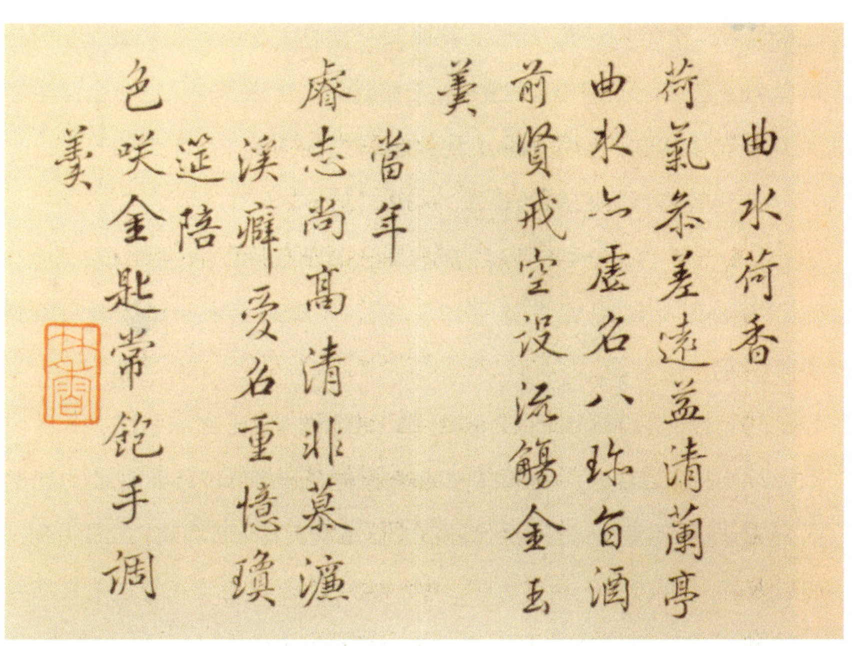

《避暑山庄诗意图》之《曲水荷香》诗

《避暑山庄诗意图》之“曲水荷香图”

山堂诗集》)，其中第四首涉及到乾隆皇帝的出生地：

庆善祥开华渚虹，降生犹忆旧时宫。

年年讳日行香去，狮子园边感圣衷。

管世铭在这首诗的后面有个原注，说："狮子园为皇上降生之地，常于宪庙忌辰临驻。"这里明确地说：狮子园是乾隆皇帝的诞生地，因此乾隆常在先帝雍正驾崩的忌日，到这里小住几天。

狮子园是承德避暑山庄外的一座园林，因为它的背后有一座形状像狮子的山峰而得名。康熙到热河避暑时，雍正作为皇子经常随驾前往，狮子园便是雍亲王一家当时在热河的住处。管世铭等一些朝野人士认为：避暑山庄狮子园是乾隆的降生地。

(2) 嘉庆元年(1796年)八月十三日，乾隆帝86岁大寿，以太上皇身份到避暑山庄过生日。嘉庆跟随去了，写下《万万寿节率王公大臣行庆贺礼恭纪》诗庆贺。诗中提到乾隆的出生："肇建山庄辛卯年，寿同无量庆因缘。"其诗下注云："康熙辛卯肇建山庄，皇父以是年诞生都福之庭。"嘉庆在诗后注解说，皇祖康熙辛卯年(康熙五十年)题写了"避暑山庄"匾额，皇父乾隆也恰好于这年降生在山庄，这是值得庆贺的福寿无量的因缘。然而，有人认为"都福之庭"是泛指，不一定在避暑山庄。

(3) 嘉庆二年(1797年)，乾隆又到避暑山庄过生日，嘉庆再次写《万万寿节率王公大臣等行庆贺礼恭纪》诗祝寿，在诗文的注释中，嘉庆把皇父乾隆的出生地说得更明确了："敬惟皇父以辛卯岁，诞生于山庄都福之庭。"嘉庆在这里明白无误地点明皇父乾隆诞生于避暑山庄的都福之庭。

嘉庆以上两次诗注都表明：皇父乾隆出生在承德避暑山庄。但是，在十几年后，嘉庆却放弃了皇父乾隆出生在避暑山庄的看法。

这是为什么呢？原来清朝每一位皇帝登极以后，都要为先帝纂修《实录》(记载一生经历、言行和功业)和《圣训》(皇帝的训谕)。嘉庆十年(1805年)，

嘉庆《御制诗初集》书影

嘉庆帝命朝臣编修乾隆《实录》和《圣训》。嘉庆在审阅呈送稿时，发现《实录》和《圣训》稿都把皇父乾隆的出生地写成了雍和宫。他命编修大臣进行认真核查。这时，翰林出身的文华殿大学士刘凤诰，把乾隆当年写的诗找出来，凡是乾隆自己说出生在雍和宫的地方都夹上黄签，呈送嘉庆审阅。嘉庆面对皇父御制诗及注，感到问题十分严重。嘉庆在皇父出生地的问题上，怎能违背皇父本人的旨意呢！于是，嘉庆放弃了皇父出生在避暑山庄狮子园的说法，改为出生在雍和宫的说法。嘉庆命在《实录》和《圣训》里这样记载乾隆皇帝的出生："康熙五十年辛卯八月十三日子时，诞上于雍和宫邸。"

可是，嘉庆二十五年（1820年）七月二十五日，嘉庆帝突然在避暑山庄驾崩。在当时军机大臣托津、戴均元等撰写的嘉庆《遗诏》中，采用了乾隆生于避暑山庄说，把乾隆诞生地说成是避暑山庄。

事情经过是这样的：嘉庆帝到塞外木兰秋狝，嘉庆二十五年（1820）七月二十四日，到达避暑山庄，第二天突然死去。在御前大臣、军机大臣、内务府大臣以嘉庆名义撰写的《遗诏》末有“皇祖降生避暑山庄”一语，就是说乾隆当年就生在滦阳行宫，即避暑山庄。新继位的道光帝发现这一问题后，立即命令以每天600里加急，将已经发往琉球、越南、缅甸等藩属国的嘉庆《遗诏》从路上追回来。改写后的《遗诏》，把原来说乾隆生在避暑山庄，很牵强地说成乾隆的画像挂在避暑山庄。《实录》记载修改后的《遗诏》，原文如下：

> 古天子终于狩所，盖有之矣。况滦阳行宫，为每岁临幸之地。我祖、考神御在焉，予复何憾！

道光为把他爷爷乾隆出生在北京雍和宫的说法作为结论确定下来，不得不把他父亲嘉庆当年说乾隆生在山庄的诗及注都改过来！由于嘉庆的诗早已公开流行天下，如果大张旗鼓地修改，结果会欲盖弥彰。所以道光改得不彻底，有一部分没有改的《嘉庆御制诗集》流传下来，从而愈加使天下官员百姓对乾隆出生地疑窦丛生。

乾隆帝到底是出生在北京雍亲王府，还是出生在承德避暑山庄？至今学术界没有定论，仍然是一个历史的疑案。

如果是普通百姓，他出生在什么地方，对家庭来说可能算是一回事，但对民族、对国家来说并没有什么影响。然而，乾隆皇帝却不同，乾隆的出生地同他的生母是谁密切关联。大家为什么关心乾隆的生母是谁呢？因为乾隆的母亲“出身名门”或“出身微贱”，会直接影响乾隆的皇位、事业；如果乾隆的母亲是汉人，则又关涉到更为复杂的政治问题。由此，产生乾隆生母之谜。

亲生母亲之谜

乾隆的生母，正史记载为“原任四品典仪官、加封一等承恩公凌柱女”；野史传说则有多种说法，如热河宫女李金桂、内务府包衣女子、傻大姐、“村姑”、海宁陈夫人等。

乾隆皇帝生母孝圣宪皇后像

乾隆的生母是谁，的确是一桩历史疑案。皇帝的生母出了疑案，这在清朝十二帝中是仅有的，在中国历史上也是罕见的。

康熙五十年（1711年）七月二十六日，康熙从北京出发到达避暑山庄，九月二十二日回到北京。其间，乾隆的父亲雍亲王胤禛，七月二十六日赴热河请安，八月十三日，乾隆出生。这中间只有17天。就是说如果乾隆在避暑山庄出生，那么他母亲在临产前17天，大腹便便，行动不便，怎么会到避暑山庄去呢？乾隆的生母或许另有其人？

野史记载与民间传说，有多种说法：

第一种传说，乾隆生母是浙江海宁大学士陈世倌（guān）的夫人。海宁在清朝有"陈氏三宰相"——顺治朝大学士陈之遴、康熙朝大学士陈元龙、雍正朝大学士陈世倌，他们都不是靠裙带关系，而是靠自身能力当上大学士的。

陈世倌，俗称陈阁老，在康熙年间入朝为官。传说陈世倌与雍亲王一家常有来往，今天陈阁老的旧宅，还保存有一块九龙匾，据说是雍正亲笔书写的。那一年恰好雍亲王的福晋和陈阁老的夫人，同月同日分别生了孩子。雍亲王就让陈家把孩子抱入王府看看。可是，等孩子再送出来时，陈家的男孩竟变成了个女孩。陈阁老意识到此事性命攸关，不敢作声。那换入宫中的男孩，就是后来的乾隆皇帝。许啸天《清宫十三朝演义》说，乾隆六下江南的目的就是探望亲生父母。他六次南巡竟有四次住在陈阁老家的安澜园，为的就是与生身父母相聚。但据孟森著《海宁陈家》考证，乾隆南巡第一次、第二次都没有到海宁。第三次到海宁，陈世倌已死。可见乾隆下江南为了看望他的生身父母的传说纯粹是捕风捉影，根本没有依据。陈家的园子叫"隅园"，因位于城的一隅而得名。乾隆第四次南巡住隅园，同浙江海塘工程有关，所以乾隆将"隅园"改名为"安澜园"。当代香港小说家金庸是浙江海宁人，他的武侠小说《书剑恩仇录》便是围绕乾隆身世之谜展开的。金庸在小说中有声有色地写道：陈世倌的小孩抱进雍亲王府，哪知抱进去的是儿子，抱出来的却是女儿。陈世倌知是皇四子掉的包，大骇之下，一句都不敢泄露出去。这个故事一出笼，乾隆是陈阁老的儿子的传说，便越传越广，越讲越真。关于"调包"的故事，清朝中期就有传说。先说康熙出自陈家，后来这个传说不攻自破，就又移花接木，安在乾隆皇帝的头上。其实，乾隆出生时，雍正的长子、次子虽已幼年早死，但第三子已经8岁，另一个妃子又即将临产。且这时雍正才34岁，正当壮年，他怎么会在已经有一个8岁儿子的情况下，急急忙忙、偷偷摸摸地用自己的女儿去换陈家的儿子？这从情理上也是说不通的。退一步说，其时雍正并不知道自己将来能否登上皇位，又怎么会知道陈家儿子是有大福之人呢？

第二种传说，晚清长沙湘潭有一位著名诗人、学者王闿运提出，乾隆的生母虽然是钮祜禄氏，但的确与避暑山庄有关。王闿运是曾国藩的幕友，做过大学士肃顺的西席（家庭教师），也是晚清著名的诗人。他在《湘绮楼文集》里提到乾隆之母：

始在母家，居承德城中，家贫无奴婢，六七岁时父母遣诣市买浆酒粟面，所至店肆大售，市人敬异焉。十三岁时入京师，值中外姐妹当选入宫。……孝圣容体端颀中选，分皇子邸，得在雍府。

后来雍亲王生病，此女日夜服侍。数月雍亲王病愈，她怀孕生下了乾隆。张采田《清列朝后妃传稿》中转引英和《恩福堂笔记》和王闿运《湘绮楼文集》记载，促发人们更加注意这个疑案。这一说法富于传奇色彩。清遗老金梁等认为：清朝选秀女制度是非常严格的，从清宫《钦定宫中现行则例》中，可以看到当时清宫的一些有关规定。清宫的门卫制度更是森严，怎么可能让承德地方一个女子混进皇宫并入选秀女呢？所以这种传说是靠不住的。

第三种传说，曾做过热河都统幕僚的近代作家、学者冒鹤亭说：乾隆生母是热河汉人宫女李佳氏。上海沦陷期间，作家周黎庵写了《清乾隆帝的出生》一文，发表在《古今文史》半月刊上（1944年5月1日），援引冒鹤亭的说法，并添加雍正喝鹿血等情节，增加了故事性：传说雍正在做雍亲王时，一年秋天在热河打猎，射中一只梅花鹿，雍正喝了鹿血。鹿血壮阳，雍正喝后躁急，身边又没有王妃，就随便拉上山庄内一位很丑的李姓汉族宫女幸之。第二年，康熙父子又到山庄，听说这个李家女子怀上了"龙种"，就要临产。康熙发怒，追问："种玉者何人？"雍正承认是自己做的事。康熙怕家丑外扬，就派人把她带到草棚。丑女在草棚里生下一个男孩，就是后来的乾隆。台湾学者庄练（苏同炳）在《乾隆出生之谜》文中、台湾小说家高阳在《清朝的皇帝》书中，都认同这一说法，甚至于提出李氏名叫金桂，因为她"出身微贱"，而旨令钮祜禄氏收养这个男孩，于是乾隆之母便为钮祜禄氏。尽管乾隆生在草棚的传说流传很广、故事生动、影响也很大，但那毕竟是野史，是靠不住的。

第四种传说，晚清文人天嘏在《清代外史》中，说乾隆知道自己不是满族人，因此在宫中常常穿汉服，还问身边的宠臣看自己是否像汉人。乾隆的确在宫中经常穿汉服，现在故宫还保存着不少乾隆穿汉服的画像，也许这就是引起传说的原因之一。如果仅根据他穿的衣服而确定乾隆的出身，其结论肯定是荒唐的。

第五种传说，民国时期曾任国务总理的熊希龄，从“老宫役”口中听得所谓乾隆生母的故事，并对胡适之讲道：“乾隆帝之生母为南方人，浑名‘傻大姐’，随其家人到热河营生。”这种传说因《胡适之日记》而流传甚广。

虽然以上传说并不可靠，但是，乾隆的生母，的确存在文献与档案上的疑点：

成书于乾隆十七年（1752年）的萧奭（shì）的《永宪录》卷二记载：

> 雍正元年十二月丁卯（二十二日）午刻，上御太和殿。遣使册立中宫那拉氏为皇后。诏告天下，恩赦有差。封年氏为贵妃，李氏为齐妃，钱氏为熹妃，宋氏为裕嫔，耿氏为懋嫔。

萧奭在这本书中还提出：“齐妃或云即今之崇庆皇太后。俟考。”就是说，在当时就有人对乾隆的生母是谁提出了怀疑。

高阳先生在《清朝的皇帝》一书中认为：萧奭《永宪录》中，“这‘俟考’二字，是一暗示，是一隐笔兼曲笔的巧妙暗示：齐妃非高宗生母，而故意这样写，是曲笔；齐妃李氏，暗示高宗生母姓李，此为隐笔”。但是，高阳没有看到清宫的档案。

清朝政府有个规定，皇帝家族生儿育女，每3个月要上报一次，写明出生时间和生母。每隔10年，根据出生和死亡记录的底稿，添写一次皇室族谱，就是《玉牒》。在中国第一历史档案馆保存的《玉牒》和生卒记录底稿上，都清楚地写着世宗宪皇帝（雍正）第四子高宗纯皇帝（乾隆），于康熙五十年辛卯八月十三日，由孝圣宪皇后钮祜禄氏、凌柱之女诞生于雍和宫。

但是，这位钮祜禄氏是何许人？

清宫档案《雍正朝汉文谕旨汇编》雍正元年（1723年）二月十四日记载：

雍正元年二月十四日奉上谕：遵太后圣母谕旨：侧福金年氏封为贵妃，侧福金李氏封为齐妃，格格钱氏封为熹妃，格格宋氏封为裕嫔，格格耿氏封为懋嫔。该部知道。

同一件事，《清世宗宪皇帝实录》雍正元年（1723年）二月甲子（十四日）却记载：

谕礼部：奉皇太后懿旨：侧妃年氏封为贵妃，侧妃李氏封为齐妃，格格钮祜鲁氏封为熹妃，格格宋氏封为懋嫔，格格耿氏封为裕嫔。尔部察例具奏。

这两份记载的差异，可以作如下解释：格格钱氏与格格钮祜鲁氏是一个人。因为她们都是同一天、都是奉皇太后的懿旨受封，所以熹妃只能是一人。雍正元年八月十七日，正式设立秘密立储制，指定弘历为皇太子。他的母亲总要有一个高贵的出身，因此，将熹妃钱氏篡改为钮祜禄氏。是否可能由内大臣“满洲镶黄旗人四品典仪凌柱”将钱氏认作干女儿？如果事实如此，就解决了身份与姓氏的难题。

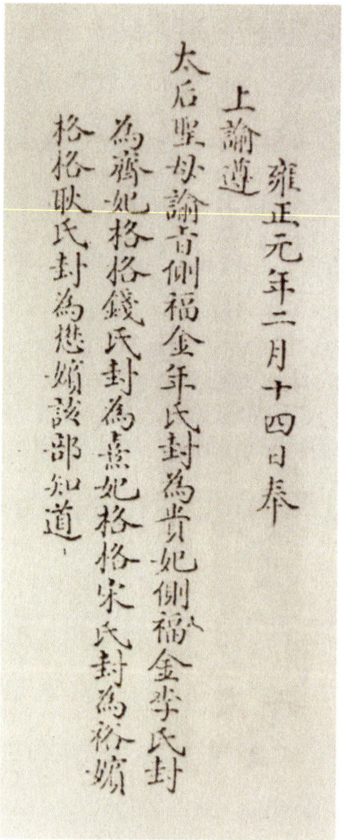
雍正元年二月十四日奉
上諭遵
太后聖母諭旨側福金年氏封為貴妃側福金李氏封
為齊妃格格錢氏封為熹妃格格宋氏封為裕嬪
格格耿氏封為懋嬪該部知道

雍正册封李氏、格格钱氏等的上谕

在没有其他确凿证据之前，我们只能相信《实录》和《玉牒》的记载。不过，雍正档案与雍正实录关于熹妃钱氏与钮祜禄氏记载上的矛盾，至今仍不能够完满地解决。所以，乾隆生母问题，仍为历史疑案。不仅如此，连乾隆的皇后和皇妃也有许多可以称为“疑案”的事情。

孝贤皇后像

两后死因之谜

乾隆的后妃有名分的：三皇后、五皇贵妃、五贵妃、七妃、六嫔、三贵人等，总共29人。

先说乾隆的三位皇后。

乾隆的第一位皇后富察氏。雍正五年（1727年），富察氏被册为宝亲王弘历的嫡福晋。这年乾隆17岁，嫡福晋富察氏16岁。乾隆二年（1737年），嫡福晋富察氏被册为皇后。皇后富察氏出身名门，她的曾祖父哈什屯顺治时任议政大臣，祖父米思翰康熙时任内务府总管、户部尚书、议政大臣，父亲李荣保任察哈尔总管，兄马齐任兵部尚书、左都御史、议政大臣、武英殿大学士并“历相三朝”，兄马武任内务府总管、镶白旗蒙古都统、领侍卫内大臣，弟傅恒任户部尚书、军机大臣、保和殿大学士并赐第在东安门内。皇后富察氏，性贤淑，尚节俭，不奢华，孝顺太后，敬爱乾隆。乾隆年轻时，曾患疖，刚愈，太医说："须养百日，元气可复。"皇后就每晚在乾隆寝宫外面居住，精心奉侍，百日之后，才回寝宫。乾隆十三年（1748年）正月，皇后富察氏随乾隆帝和皇太后东巡，前往山东曲阜祭孔。三月十一日，在返京途中死于德州船上，年37岁。

关于富察氏之死，野史记载：三月十一日夜，乾隆东巡回銮，驻德州，在舟中宴饮淫乐。皇后激切进谏，乾隆加以诟訾。后羞忿，投水死。蔡东藩《清史演义》说：皇后之嫂（实为皇后弟妹）即傅恒夫人，在皇后千秋节时前来祝寿。酒宴间联诗。乾隆起句道："坤闱设帨庆良辰"，皇后续道："奉命开筵宴众宾"，嫂嫂随续道："臣妾也叨恩泽逮"，乾隆则接道："两家并作一家春"。酒后乾隆同嫂嫂私通，被皇后察觉。皇后同乾隆从此产生芥蒂。祸不单行，皇后生的儿子永琏，秘密立为皇太子，也因天花病死。乾隆十三年（1748年）出巡，皇后陪同，死于船上。

于是，产生诸如福康安身世之谜的传说与故事，怀疑福康安为乾隆同傅恒夫人所生。高阳认为：福康安的际遇之隆，清三百年，无与伦比。虽"垂髫豢养"，却本传不见记载；虽"多年训诲"，却并未招作额驸（其两兄皆为额驸）。因之，"其中原故，反足深思"。

其实，乾隆帝与皇后的感情还是很好的。《清史稿·后妃列传》记载："十三年，从上东巡，还跸。三月乙未，后崩于德州舟次，年三十七。"乾隆为此悲恸不已，连续9天，每天在皇后灵柩前3次摆上供品。乾隆用富察氏生前所希望的"孝贤"二字，来作为她的谥号。孝贤皇后富察氏灵柩，安放在裕陵地宫40多年。在这段时间里，乾隆皇帝共为她祭奠100多次，并写下一篇情真意切的《述悲赋》："《易》何以首《乾》《坤》？《诗》何以首《关雎》？为人伦之伊始，固天俪之与齐。""悲莫悲兮生别离，失内位兮孰予随？"意思是说，我是多么悲痛啊，这样生

《乾隆南巡图》(局部)

死离别，失去贤惠内助，今后谁来陪伴我呢？可见，野史与传说，缺乏历史依据。

第二位皇后乌拉那拉氏。佐领那尔布之女。乾隆做皇子时，乌拉那拉氏被册为侧福晋。她不仅深得皇帝宠爱，而且颇讨皇太后喜欢。乾隆登极后，封为娴妃。在皇后富察氏死后，她由贵妃晋为皇贵妃，统摄六宫事，再被册为皇后。在乾隆三十年（1765年）初，皇后陪皇太后和乾隆第四次下江南。在途中，皇后刚过48岁生日，就出了问题。

蔡东藩在《清史演义》中，写了“游江南中宫截发”回目。小说中写乾隆在和珅陪伴下游金陵秦淮河，登舟游幸，感叹：“北地胭脂，究不及南朝金粉！”乾隆同和珅在舟中，拥妓酣饮，色迷心醉。后被皇后发现，二人发生口角，“皇后气愤不过，竟把万缕青丝，一齐剪下”。就是说，皇后劝阻皇帝不要出去寻欢作乐，因而惹恼了乾隆皇帝。这种说法可能出自想象，但皇后惹恼了皇帝是肯定的。从此皇后乌拉那拉氏就被打入冷宫。若不是众位大臣苦劝，乾隆皇帝就会重演当年他的曾祖父顺治皇帝废掉皇后的故事。第二年，也就是乾隆三十一年（1766年）七月十四日，皇后乌拉那拉氏终于在冷宫中走完了49岁的人生之路。

这件事情，清宫档案记载：闰二月十八日，皇后在行宫吃早饭时，还得到皇帝赏赐。到了晚饭时，皇后却不见了踪影。她的名字被黄签盖上。皇后哪里去了？有人说她发了疯病，在杭州削发当了尼姑；也有人说她被先行遣回了京师。清宫的《上谕档》记载：闰二月十八日，乾隆派额驸福隆安扈从皇后那拉氏，由水路先行回京。那么，皇后为什么被遣送回京？

《清史稿·后妃列传》记载：“（乾隆）三十年（1765年），从上南巡，至杭州，忤上旨，后剪发。上益不怿，令后先还京师。三十一年七月壬午，崩。”满洲有个习俗，亲人故去才“断发成服”。因此，皇后剪发，犯下大忌！皇后死讯传来时，乾隆皇帝正在承德避暑山庄。他并没有停止游幸，命皇后那拉氏的儿子回京办理丧事，并命丧仪照皇贵妃礼办理，也就是说要从皇后降一个等级到皇贵妃。皇后乌拉那拉氏的命运与孝贤皇后富察氏的命运相比，真有天壤之别。

还有一位皇后，也附带提一下。

第三位皇后魏佳氏。初为贵人，后依次晋为嫔、妃、贵妃，生下皇十五子颙琰（嘉庆），乾隆四十年（1775年）死，年49岁。乾隆六十年(1795年)，以颙琰为皇太子，令追赠其母为皇后。这位魏佳氏福分不够，没有看见儿子登极，也没有在生前当上皇太后。

乾隆的皇妃有：皇贵妃5位、贵妃5位、妃7位。其中惇妃、婉妃和容妃值得一提。惇妃汪氏，本来很讨乾隆喜欢，后来可能因失宠而脾气暴躁。一天发火儿，将宫婢笞死。乾隆写了长谕训斥，降为嫔。婉妃陈氏，服侍乾隆于潜邸，后晋为妃。婉妃高寿，薨年92岁，是清宫后妃中高寿的一位。容妃，有人说就是“香妃”，《清史稿·后妃列传》有简略记载。其经历传说却十分离奇，成为乾隆朝后妃的又一桩历史疑案。

香妃身世之谜

香妃，历史上是否有其人？她的身世如何？她是怎么死的？她死后葬在哪里——是新疆喀什，是北京陶然亭，还是遵化清东陵？世间有种种野史、笔记、小说、诗文、戏剧、影视，令人迷惑，无所适从。

关于香妃的传说，主要有两个版本：

第一个版本是香妃喜剧说：香妃天生丽质，身有异香，美貌绝伦。她家世居南疆叶尔羌（今莎车），兄长因不满霍集占虐政，举家搬到伊犁。其兄在反对霍集占之乱中，心向清朝，立下功劳。他们受召，到了京师，后来长住在北京。香妃入宫，受到皇太后的喜爱和乾隆帝的宠幸，生活过得很幸福。香妃死，乾隆闻讯，悲痛不已，恩准将香妃尸骨运回新疆喀什噶尔（今喀什市）入葬。1994年，笔者去新疆喀什考察，参观了香妃墓及香妃木棺。现在当地维吾尔族流传的是第一个版本的传说。

香妃像（传）

第二个版本是香妃悲剧说：香妃是乾隆年间平定回部大小和卓木叛乱时，被掳进皇宫的。乾隆因其貌美，且体有异香，而册封为香妃，并对她大加恩宠。但香妃矢志守节，随身怀刃，准备杀帝报仇。皇太后闻讯，召妃入宫，赐死，后葬到清东陵。蔡东藩《清史演义》、《清朝野史大观》以及金庸《书剑恩仇录》等书，所描写的故事大体雷同。戏剧《香妃恨》、《香妃》，以及20世纪50年代上演的《伊伯尔罕》等，也都是按照这个悲剧故事编写的。这个传说没有历史根据，不足取信，详见孟森的《香妃考实》。

香妃的传说，在国外也有影响。美国人豪比·当彼写了一本《圆明园及其住在那里皇帝的历史》，书中介绍了香妃的故事。

有学者认为，香妃就是容妃。历史文献与考古发掘都有关于容妃的史实。

《清史稿·后妃列传》记载："容妃，和卓氏，回部台吉和札赉女。初入宫，号贵人。累进为妃。薨。"据学者考证：容妃（1734～1788年），霍卓氏，又作和卓氏，生于雍正十二年（1734年）九月十五日，比乾隆小23岁。容妃进宫时间说法不一：一说是在乾隆二十五年（1760年）春入宫，年27岁。初为贵人，乾隆二十七年（1762年）册封为容嫔，年29岁。册文说："尔霍卓氏，秉心克慎，奉职惟勤，壸(kǔn)范端庄，礼容愉惋。"每年例银300两（相当于知县的五倍）。她的哥哥也被封为辅国公。乾隆三十年（1765年）南巡，容嫔随驾，到过扬州、苏州、江宁（南京）、杭州。乾隆特意按回部习俗，赏她羊肚片、炖羊肉等食物。乾隆三十三年（1768年），册封为容妃。乾隆三十六年（1771年）春，容妃随皇太后、乾隆东巡，游览泰山，祭拜孔庙，路上受赏回回饽饽等食品。乾隆四十三年（1778年），容妃随乾隆到盛京，在塞外中秋之夜，受赏"奶子月饼"。到达木兰围场，乾隆猎获野猪和狍子，赏众妃野猪肉，而赏容妃狍子肉。乾隆为容妃安排了回族厨师，为她做回俗清真饭菜如羊肉馄饨等。

乾隆帝还为容妃修建宝月楼。宝月楼就是今中南海新华门门楼。这里明朝为南台，没有大的营建。清顺治、康熙年间两度扩修，为避暑之处：东为春明楼，西为湛虚楼，南为迎薰亭，北为香扆(yǐ)殿、涵元殿、翔鸾阁，加上殿阁两旁的翼楼，都属于瀛台的范围。清末光绪被幽禁在瀛台。民国初年，清室尚以优待条件居住在内廷，外朝则先归民国政府。民国间先改皇城正中之门名为中华门。中华门在明朝称大明门，清朝称大清门，民国呢？有人献议："大内东为东华门，西为西华门，今国为中华民国，而正朝之门通当东华、西华之间，天然一中华门也！"语既巧合，遂为定议。不久以西苑为总统府，府门与正朝门相对，必在长安街以辟宝月楼为府门，位置适合。今之新华门，就是在往昔清朝宝月楼下所开辟之门。

远眺宝月楼（今新华门）

清朝在乾隆以前，没有回部妃嫔的先例。容妃以回部女子至清朝，乾隆不把她安置在后宫，特营建西苑宝月楼，作为金屋藏娇之所。楼南隔街建“回子营”，修礼拜寺。乾隆御制诗中，有关宝月楼的诗很多。乾隆二十五年（1760年）夏月，诗云：“轻舟遮莫岸边维，衣染荷香坐片时。叶屿花台云锦错，广寒乍拟是瑶池。”此以嫦娥比拟容妃。二十八年（1763年）新年又作诗云：“冬冰俯北沼，春阁出南城。宝月昔时记，韶年今日迎。屏文新茀禄，镜影大光明。鳞次居回部，安西系远情。”乾隆自注：“楼近倚皇城南墙。墙外西长安街，内属回人衡宇相望，人称‘回子营’。新建礼拜寺，正与楼对。”

当时，八旗以外的所有百姓都住外城。唯独回子营近在咫尺，依靠九重。这是乾隆爱屋及乌。乾隆为容妃兴建宝月楼的原因是：

第一，言语文化不同。容妃讲维语，不便与诸妃嫔住在一起交流，特隔于南海最南之地，其地又距外朝之外垣。这里同皇宫既联系又分割，环境幽雅，湖水涟漪。乾隆会维吾尔语，可以同容妃用维语直接交谈。

第二，饮食习惯不同。皇后的正宫坤宁宫兼作萨满祭祀的场所。坤宁宫每日进猪两口，在神案上宰猪，在大锅里煮猪肉，祭祀敬神。元旦祀神，皇帝、皇后行礼；春、秋两大祭，皇后亦到，妃嫔自当侍从。而最尴尬者，则为后妃受胙(zuò)，是一种猪肉米饭，这是回教徒所万万不能忍受之事。将容妃单独安置在另一个生活区域，生活上很是方便。

第三，生活风俗不同。维族的衣服、装饰，同皇宫的后妃、宫女都不同。皇宫除御花园外，别无游观之处。乾隆筑宝月楼于瀛台之南，则随时可以驾幸西苑，而不必如临圆明园，路途既远，又烦出驾。容妃在这里则可免去其他妃嫔争宠之扰。

第四，宗教信仰不同。满族的宗教是萨满教，乾隆又崇奉喇嘛教。维吾尔族信奉伊斯兰教，要做礼拜。容妃所居之地，隔长安街而对回子营，建回教礼拜堂及民舍，并使内附之回民居住，屋舍皆沿袭回风。容妃站在楼上，可以望见对面的礼拜寺和“回子营”，遥望瞻礼，以解思乡之情。

乾隆五十三年（1788年）四月十九日，容妃因病去世，年55岁，葬清东陵。至于“香妃”之名，不知何时而起。今新疆喀什有香妃遗棺，当地传说是从北京运回去的。容妃应是民间传说的香妃。香妃与容妃是一人还是两人，学界看法尚不一致。

近年研究香妃的著作很多。一本书名就叫《香妃》，作者于善浦、董乃强是清东陵的文物专家。他们在书中说，1979年10月，一个偶然的机会，清东陵乾隆裕陵的妃嫔园寝中，有两座妃嫔墓穴因漏雨而塌陷。文物工作者在清理墓穴时，发现许多珍贵实物，从而揭开了香妃之谜。在查证史料及清宫档案之后，对乾隆41位后妃中唯一的维吾尔族的女子，有了新的认识。作者认为，这位当是容妃，也就是传说的香妃。另一本书名叫《香妃考证研究》（正、续集），是台湾姜龙昭先生所著。作者对戏剧小说中所写的香妃和史学家所讨论的香妃，都有说明、讨

容妃地宫

论、考证和判定。作者原来为了编写香妃的电视剧而做研究工作，自费到北京、河北、新疆考察，汇集资料，编为书籍。

乾隆皇帝的家庭生活可说者很多，许多文学艺术作品对此加以渲染，演绎出不少曲折动人的故事。同时，乾隆是一代有为之君，将康乾盛世推向顶峰，但各种矛盾也不断积聚，盛世的外衣下面却潜伏危机。先说盛世，再说危机。

历史功绩评说

前几年，海外某大学的一位历史系主任、著名清史教授计划同笔者合作一个《中国历史上的黄金时代——“康乾盛世”》的课题，如果批准，可以拿到一笔可观的课题费，但要得到一个基金会的评审委员会通过。后来这位教授告诉我：

课题没有被通过。因为基金会成员主要是西方学者，他们认为中国的康熙—乾隆时代，不是黄金时代，而是专制黑暗时代。这件事情对我的触动是：人们在用两只眼睛看乾隆。

乾隆皇帝弘历在位60年，做的事情太多，光记载他言行的《清高宗实录》就达1500卷，据笔者统计，共有13580136字，还未计标点符号。乾隆皇帝所做出的主要功绩归纳起来，有八件事：

第一件是编修文化典籍。北京内城南面东为“崇文门”，标榜皇帝“崇文”。明清28位皇帝，真正称得上“崇文”的，只有两位，就是康熙和乾隆。康熙前面已经叙述，是一位学习型皇帝，雍正是一位改革型皇帝，乾隆则是一位文化型皇帝。乾隆在文治方面做的事情很多，主要有：

（1）主持纂修《四库全书》。《四库全书》第一份告成，共收书3461种、

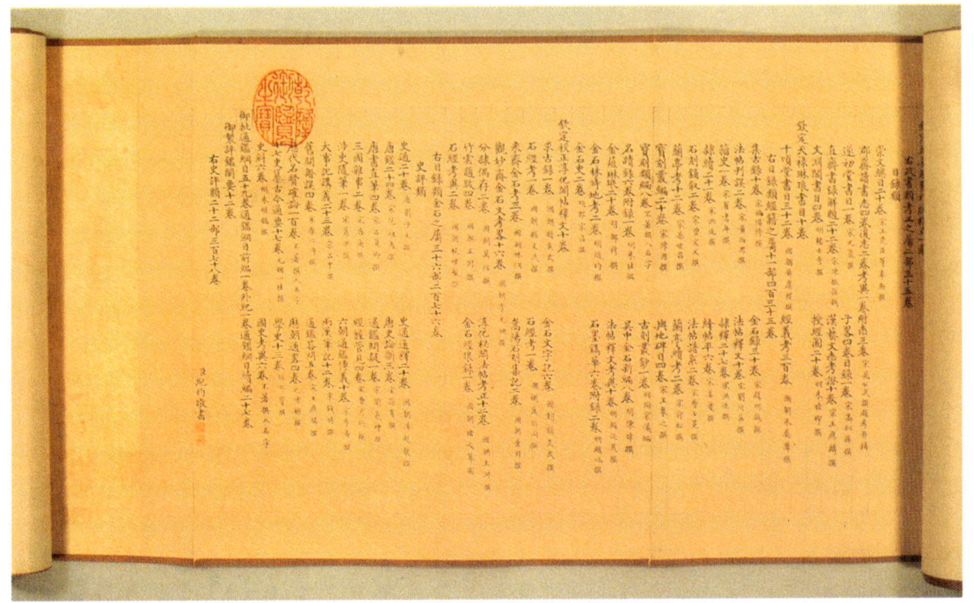

《钦定四库全书简明章程》

79309卷。随后继续进行，到五十二年(1787年)六月，又告成6份，已历时15年。后再查核、校误和补遗，直到五十八年(1793年)才告结束，参与者前后4186人，时间长达20年。乾隆编纂《四库全书》，是对中国文化的一大贡献：其一，保存珍贵遗产。集中全国的力量，对各地图书典籍进行了一次全面系统的清理，选择重要的刻本、抄本，缮录采入《四库全书》，使大量书籍虽经天灾人祸而被保存下来。其二，方便学人利用。北到关外，南到江浙，禁城之内，皇家御苑，士林学子，阅览抄录，嘉惠读者。其三，有利文化传承。1983年将文渊阁本《四库全书》影印出版，化身千百，流传世界。其四，便于分类检索。"以类求书，因书治学。"全书分经、史、子、集四部，再分44类，又分66目，条理井然，易于查检。但是，乾隆在编纂《四库全书》的过程中，也删了不少书、改了不少书、禁了不少书、毁了不少书。有人据《办理四库全书档案》、《禁书总目》等资料统计，毁书约3000余种、六七万部。可见，乾隆编纂《四库全书》的负面影响同样不可忽视。总之，要给予客观、公正的评价。

(2) 编修《满文大藏经》。乾隆命将汉文、蒙古文《大藏经》译成满文，由章嘉呼图克图总其事，"每得一卷，即行进呈，以候裁定"。后用朱文刻印的《满文大藏经》，是一项巨大的文化工程。又刻印《大藏经》（也称"龙藏"）。

(3) 整理《无圈点老档》。《无圈点老档》（又称《满文老档》、《老满文原档》、《旧满洲档》）是以无圈点老满文为主书写的，现存最为原始、系统、详尽、珍贵的清太祖、太宗时期编年体史料长编。该档形成于清人关前，到乾隆中期已经百余年，以老满文书写，文字难以辨识，纸张年久糟旧，字迹漫漶不清。乾隆命对《无圈点老档》进行整理，用无圈点老满文和加圈点新满文分别重抄——先抄出草本各1部，再抄出正本存内阁各1部，另抄出副本存沈阳崇谟阁各1部，并抄出存上书房1部。总计共抄录7份：《无圈点字档》（草本）、《加圈点字档》（草本），《无圈点字档》（内阁本）、《加圈点字档》（内阁本），《无圈点字档》（崇谟阁本）、《加圈点字档》（崇谟阁本），还有《加圈点字档》（上书房本）。《无圈

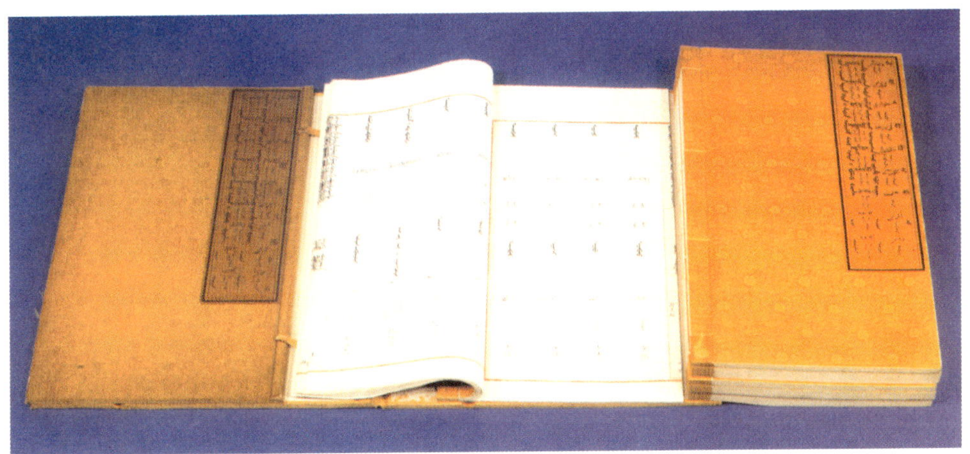

《御制五体清文鉴》书影

乾隆《御制文初集》书影

点老档》原本40册，现藏台北故宫博物院。

(4) 乾隆敕编《八旗通志》、《满洲源流考》、《钦定满洲祭神祭天典礼》(满文本、汉文本)等。

(5)《御制五体清文鉴》则是多民族文化的一个硕果。

（6）乾隆重视京师文化，体现在：一是编绘《京城全图》；二是于敏中等奉敕撰《日下旧闻考》，共160卷，为北京历史文献集大成之作；三是编修《国朝宫史》，对宫廷的历史、建筑、文化、典制等做了载述。

第二件是维护、兴建皇家园林。乾隆在北京及京畿保护、维修、兴建的皇家宫殿园林，如皇宫的宁寿宫及其花园、天坛祈年殿（换成蓝色琉璃瓦）、清漪园（颐和园）、圆明园三园、静宜园(香山)、静明园(玉泉山)、避暑山庄暨外八庙和木兰围场等，其中清漪园改瓮山为万寿山，上建大报恩延寿寺（排云殿），又建佛香阁。这些皇家园林，无不体现着清代园林文化的辉煌，是园林艺术史上的一串串璀璨的明珠。除圆明园被焚毁外，多成为世界文化遗产。

第三件是贡献诗文才华。乾隆天资聪颖，勤奋好学，擅书画，兼长诗文，是一位非凡的文学家、语言学家、书法家、诗人和学者。他不仅精通新满文，而且熟知老满文；不仅对汉语汉文十分精通，还懂蒙、藏、维等多种语言文字。乾隆喜爱书法，造诣精深。他长期痴于书法，至老不倦。自内廷到御苑，从塞北到江南，园林胜景，名山古迹，所到之处，挥毫题字，墨迹之多，罕与伦比。乾隆撰写了大量文章，仅编成文集的就有《御制文初集》、《御制文二集》、《御制文三集》、《御制文馀集》，共1350余篇，还有《清高宗圣训》300卷。乾隆尤喜爱作诗。他的御制诗集，登极前有《乐善堂全集》，禅位后有《御制诗馀集》，凡750首。在位期间的《御制诗集》共有5集，434卷，有人统计，其《初集》4166首，《二集》8484首，《三集》11519首，《四集》9902首，《五集》7792首，共计41863首。他的诗总计42613首。而《全唐诗》所收有唐一代2200多位诗人的作品，才48000多首。乾隆帝是个业余诗人，以一人之力，其诗作数量竟与留传下来的《全唐诗》相仿佛，其数量之多，创作之勤，令人敬佩（当然，其中有一些诗为他人代笔）。可以说，乾隆诗作之多，有史以来，首屈一指。他说："几务之暇，无他可娱，往往作诗。"又说："每天余时，或作书，或作画，而作诗最为常事，每天必作数首。"

第四件是蠲免天下钱粮。御史赫泰曾上疏："国家经费，有备无患，今当无事之时，不应蠲免一年钱粮。”乾隆认为：百姓富足，君孰与不足？朝廷恩泽，不施及百姓，那将施于何处！所以，乾隆断然下令蠲免全国钱粮。据统计，乾隆十年、三十五年、四十三年、五十五年和嘉庆元年，先后五次普免全国一年的钱粮，三次免除江南漕粮（其中一次为400万石[dàn]米），累计蠲免赋银2万万两，约相当于当时5年全国财赋的总收入。蠲免全国钱粮，收到社会效益：“诏下之日，万方忭舞。”这话虽有夸饰，但说明此举确实受到欢迎。乾隆蠲免全国钱粮，次数之多，地域之广，数量之大，效果之好，在封建王朝中，前无古人，后无来者。

《平定伊犁回部战图》之“乌什酋长献城投降”图

第五件是统一整个新疆。北京内城南面西为“宣武门”，标榜皇帝“宣武”。明清28位皇帝，真正称得上“宣武”的，明朝有洪武、永乐，清朝则有太祖、太宗、康熙、乾隆。乾隆不仅“崇文”，而且“宣武”。他的武功之一是用兵西陲，巩固新疆。在北疆，两次平准噶尔，使土尔扈特部回归，基本上解决了北疆的问题。

南疆，主要指天山以南的维吾尔族地域，清代称“回部”。准噶尔部强大时，回部受准噶尔贵族的欺凌与侵逼。但是，清军平定北疆后，回部贵族试图摆脱清朝，自长一方。为此，清军同回部军在库车、叶尔羌（莎车）等几座南疆重镇进行了激战，最终获胜，重新统一南疆。乾隆在南疆实行因俗而治，设立阿奇木伯克制，由清廷任命。并设参赞大臣（驻叶尔羌）等官，分驻各城，加强统辖。制订《回部善后事宜》，对南疆管理体制做出改革。乾隆在新疆设伊犁将军，实行军府制，修筑城堡，驻扎军队，设置卡伦，巡查边界，移民实边，进行屯垦，加强了对新疆地区的管辖。

金奔巴瓶

乾隆平准定回诸役，统一了准、回各部，加强了中央政府对西域的统辖，铲除了准噶尔东犯喀尔喀、威胁京师及大西北的祸根，保持了西北、漠北及青海、西藏的社会安定。

第六件是完善治理西藏。乾隆两次派兵打败廓尔喀（今尼泊尔）的侵犯，制定《钦定西藏章程》。规定：设驻藏大臣督办藏内事务；在西藏驻军，分驻前藏、后藏；达赖喇嘛、班禅额尔德尼等圆寂后，在驻藏大臣亲监下，灵童转世设立金奔巴瓶制，用金奔巴瓶掣签决定继承人，这是乾隆的一个创造；西藏对邻国贸易必须进行登记；西藏货币一律用白银铸造，正面铸“乾隆宝藏”四个字，等等。《钦定西藏章程》是西藏历史上重要的文献，标志着清朝对西藏进行全面有效的管辖。在雍和宫的“金奔巴瓶”已成历史文物，在大昭寺内的“金奔巴瓶”制沿袭至今。

第七件是修砌浙江海塘。浙江原有的柴塘、土塘，经不住海潮的冲击。乾隆命拨银两将柴塘改为石塘。共修建石砌海塘4000余丈，加强了这一地区抗御海潮侵袭的能力。

第八件是中华各族一统。清朝已经历“三祖三宗”——太祖努尔哈赤、世祖顺治、圣祖康熙和太宗皇太极、世宗雍正、高宗乾隆六代，乾隆则是集大成者。乾隆在其祖宗既有成就的基础上，进一步巩固并开拓了中国的疆域版图，维护并加强了中华的多民族统一。乾隆时的中国疆域，东起大海，西达葱岭，南迄曾母暗沙，北跨外兴安岭，西北到巴尔喀什湖，东北到库页岛。清乾隆时的人口达3亿。清朝“三祖三宗”对中国历史最大的贡献，是维护了中国的边疆版图，巩固了多民族国家的统一。

乾隆皇帝能将祖宗的基业发扬光大，在文治武功方面都有建树，确为一代有为之君。尤为难能可贵的是，他在有生之年做出了“禅位”的决定。乾隆四十三年（1778年）九月二十一日，乾隆宣谕：至六十年内禅。他说：

> 昔皇祖御政六十一年，予不敢相比。若邀穹苍眷佑，至乾隆六十年，予寿八十有五，即当传位太子，归政退闲。

这道谕旨的意思是说，他的祖父康熙皇帝在位61年，自己不敢相比。如果能在位60年，就当传位给太子。到乾隆六十年（1795年）九月初三日，85岁的乾隆皇帝，御圆明园勤政殿，召见皇子皇孙、王公大臣，宣示立皇十五子嘉亲王颙琰（yóngyǎn）为皇太子，以明年为嗣皇帝嘉庆元年，届期归政。嘉庆元年（1796年）正月初一日，乾隆帝御太和殿，举行内禅大礼，授玺。颙琰即皇帝位，尊弘历为太上皇帝，训政。由礼部鸿胪寺官诣天安门城楼上，恭宣嘉庆钦奉太上皇帝传位诏书，金凤颁诏，宣示天下。

这里解释一下“金凤颁诏”。皇帝从太和殿颁发的诏书，抬上黄舆，鼓乐高奏，礼仪隆重，由礼部官员，送上天安门。天安门城楼上有一只“金凤”，口衔诏书，从城楼上徐徐降下；城楼下的礼部官员跪接诏书，分送各地，公布天下。

盛世下的危机

乾隆内禅皇位后，又训政3年零3天。后人多讥评乾隆名为退位，实禅而不退。其实不然，纵观中国自秦始皇以下两千年的皇朝历史，由内禅归政者，前君罕见，后君亦无。宋仁宗储位既定，郁闷不乐；宋英宗立太子后，泫然泪下。

乾隆在位既长，享年又高。在中国有文字记载的历史上，享年80岁以上的皇帝只有四人。除乾隆而外的三位皇帝是：

(1) 梁武帝萧衍，享年85岁，在位48年。但他局处一隅，三次舍身入寺，长于文学，精通音律；侯景之乱后，饥病而惨死。

(2) 宋高宗赵构，享年80岁，在位36年，建都临安（今杭州），半壁山河。

(3) 元世祖忽必烈，享年81岁，在位35年。

以上三位皇帝，或国偏一隅，或半壁江山，或在位不长，或国亡而死，都不能与乾隆皇帝相比拟。难怪乾隆帝自称“得国之正，扩土之广，臣服之普，民庶之安”，罕与伦比。曾自我总结一生有“十全武功”，自诩为“十全老人”。并作《御制十全记》，令写满、汉、蒙、藏四种文体，建碑勒文。乾隆的“十全武功”是：

> 十功者，平准噶尔为二，定回部为一，扫金川为二，靖台湾为一，降缅甸、安南各一，即今二次受廓尔喀降，合为十。

乾隆的“十全武功”，情况不同，性质各异：有镇压民变，有平息叛乱，有扬兵耀武，有小题大做，有得不偿失，有多管闲事，有维护正义，有反击侵略。如新

青玉“十全老人之宝”

疆用兵3次，廓尔喀用兵2次，这5次用兵对新疆、西藏的巩固统一具有重大的历史意义。但是，也有的用兵是小题大做，穷兵黩武。如大小金川之役就是这样的。

大金川、小金川在大渡河上游，居民主要是藏族，高山环绕，道路崎岖，气候寒冷，终年积雪，人口不过3万，周围不过二三百里。当地土司内部纷争，乾隆发兵攻打，前后两次：第一次打了两年，杀大员讷亲、张广泗，耗银2000万两。第二次，清军分路进攻，每座山峰、每座官寨、每座石卡、每座碉房，反复厮杀，寸步难进。是役“费五年之功，十万之师，七千余万之帑”，才将两金川平定。这件事可谓小题大做，得不偿失，但为北京留下文物胜迹——香山演武厅。

乾隆帝执政时间过长，虽然自励“持盈保泰”，但是月盈则亏，泰极否来。乾隆晚年，志骄意满，思想僵化，喜谀恶谏，懒于进取，老人御政，宵小环绕，做了许多错误事情，积累了严重的社会矛盾。而吏治腐败，人口膨胀，财政紧缺，两极分化加剧，是导致社会矛盾激化的重要原因。

在乾隆执政的60年间，西方世界却发生了历史性、划时代的巨大变化。

《皇清职贡图》之“小金川人”

《皇清职贡图》之“英吉利人”

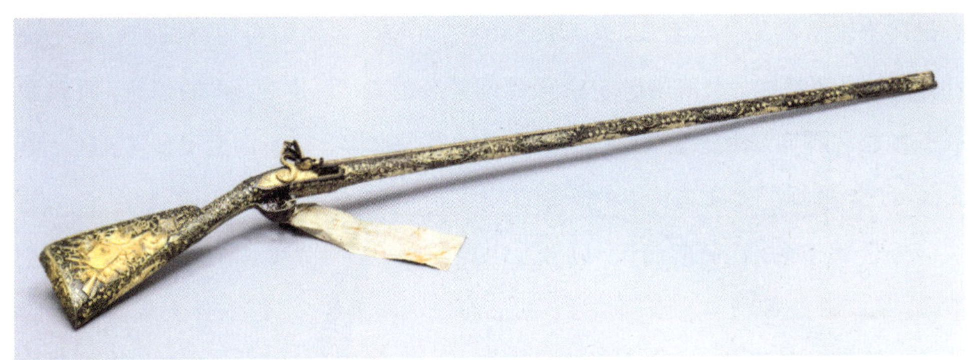

马戛尔尼进献的火枪

(1) 英国发生工业革命：乾隆三十年（1765年），英国纺织工哈格里夫斯发明新式纺车珍妮纺纱机；乾隆五十年（1785年），英国卡特莱特发明水力织布机；同年，英国瓦特改良蒸汽机。此后，嘉庆十二年（1807年），美国富尔顿发明轮船；嘉庆十九年（1814年），英国史蒂芬孙发明蒸汽机车。这就是说，西方开始了工业革命。

(2) 美利坚合众国建立：乾隆四十年（1775年），美国独立战争开始；翌年7月4日，通过《独立宣言》，宣布建立美利坚合众国；乾隆四十八年（1783年），北美独立战争取得胜利；乾隆五十三年（1788年），第一届美国国会在纽约召开；乾隆五十四年（1789年），华盛顿就任美国第一任总统。两年后，美国通过《人权法案》。

(3) 法国资产阶级革命：乾隆五十四年（1789年），法国举行三级会议，爆发资产阶级大革命，发表《人权宣言》。乾隆五十八年（1793年），法国国王路易十六被处死。

(4) 乾隆二十年（1755年），俄国建立莫斯科大学；乾隆四十五年（1780年），美国科学院在波士顿成立；乾隆四十九年（1784年），哥伦比亚大学成立；同年，德国出现第一位女医学博士。而在清朝，乾隆六十年（1795年）会试，各省上报70岁以上参加会试者122人，其中80岁、90岁以上实际参加会试并三场完竣者92人，俱加赏赐。大清陶醉于康熙年间曾孙打着“百岁观场”的灯笼，照着太爷爷参加科举考试的“盛世”！乾隆借兴教尊老之名，行粉饰太平之实。这一幕人间喜剧，掩饰了乾隆盛世下的悲哀！

综合起来说，在乾隆时代，世界上主要发生了三件大事：第一件是英国工业革命；第二件是美利坚合众国成立；第三件是法国大革命。这三件大事再加上此前的英国资产阶级革命，具有划时代的意义，影响了世界历史的进程，改变了整个世界的格局。但是在乾隆五十八年（1793年）八月十三日，当乾隆皇帝在避暑山庄接见英国使臣马戛尔尼时，还傲慢地声称“天朝统驭万国”、“天朝抚有四海”、“天朝物产丰盈，无所不有，原不藉外夷货物，以通有无”等等，说明乾隆皇帝根本看不到西方工业科技的进步和世界发展的潮流，依然陶醉在“天朝上国”、“千古第一全人”的迷梦之中。

乾隆退位、嘉庆继位后，南方的白莲教，京师的天理教，京城内外，大江南北，烽火四起，遍地燃烧。乾隆盛世下的危机，不论国内，还是国外，都已经充分暴露出来。这个烂摊子，只好由他的儿孙们去承受和收拾了。

相关阅读书目推荐

（1）阎崇年：《清朝十二帝·乾隆大帝》，故宫出版社，2012年

（2）周远廉：《乾隆皇帝大传》，河南人民出版社，1990年

（3）白新良：《乾隆传》，辽宁教育出版社，1990年

（4）戴逸：《乾隆帝及其时代》，中国人民大学出版社，1992年

（5）周远廉主编：《清朝通史·乾隆朝》，紫禁城出版社，2003年

（6）陈捷先：《乾隆写真》，远流出版公司，2003年

（7）郭成康：《乾隆正传》，中央编译出版社，2006年

颙琰个人小档案

年号：嘉庆

姓名：爱新觉罗·颙琰

出生：乾隆二十五年十月初六日（1760年11月13日）

出生地：北京圆明园天地一家春

属相：龙

父亲：弘历（乾隆）

母亲：魏佳氏，后尊为孝仪纯皇后

排行：高宗第十五子

初婚：15岁结婚，配偶喜塔拉氏，为嫡福晋

配偶：15人，皇后喜塔拉氏

子女：5子，9女

即位时间：嘉庆元年正月初一日（1796年2月9日）

即位年龄：36岁

在位年数：25年

卒年：嘉庆二十五年七月二十五日（1820年9月2日）

享年：61岁

死亡地：承德避暑山庄

庙号：仁宗

谥号：睿皇帝

陵寝：昌陵（清西陵）

继位人：旻宁（道光）

最得意：惩治和珅

最失意：大内遇刺

最不幸：突然暴死

最痛心：教民攻入紫禁城

最擅长：书法

嘉庆皇帝与乃父乃祖相比，是一位既没有政治胆略又缺乏革新精神，既没有理政才能又缺乏果敢作为的平庸天子。“平庸”两个字，是嘉庆皇帝的主要性格特点。

嘉庆帝颙琰

乾隆曾先后立过三个皇太子。第一位皇太子是皇后富察氏所生的皇次子永琏。乾隆认为“永琏乃皇后所生，朕之嫡子，聪明贵重，气宇不凡”。乾隆即位后，亲书密旨，立永琏为皇太子，藏在乾清宫“正大光明”匾额之后，但永琏9岁时死去。第二位皇太子是永琮。乾隆在永琏病故后，又立皇七子永琮，但他2岁时又因痘症早殇。第三位皇太子是皇十五子颙琰，就是后来的嘉庆皇帝。嘉庆的名字本来叫永琰，为什么改“永”作“颙”呢？这里简单介绍一下清朝皇帝的名讳。清太祖努尔哈赤、清太宗皇太极、清世祖福临的名字，没有避讳的规定，只是在《实录》、《玉牒》等特定文献出现的御名上贴黄（就是将名字用黄签盖上）。清帝名字避讳，从康熙帝开始。大致的情况是：康熙名字玄烨的“玄”字，避讳时缺末笔；雍正名字胤禛的“胤”字，避讳时缺末笔，同时命他的兄弟将“胤”字改作“允”字；乾隆名字弘历（当时写作“弘歷”）的“弘”字，避讳时缺末笔。“歷”字，则改作“曆”字。到嘉庆永琰时，乾隆考虑君主名讳，“永”字为常用字，避讳不便，命将永琰的“永”字，改为不常见的“颙”字。永琰继位之后，就改称为“颙琰”。清朝皇帝的名字，将排辈分的字，改为特别的字，是从嘉庆开始的。

嘉庆元年（1796年）正月初一日，在太和殿举行乾隆禅位、嘉庆登极大典。乾隆皇帝归政之后，以太上皇名义训政。当时有两个年号：宫内皇历仍用“乾隆”年号，各省改用“嘉庆”年号。嘉庆是清朝第7位皇帝、入关后的第5位皇帝，登极时36岁，在位25年，享年61岁。

平庸天子

乾隆帝退位后，本应住在宁寿宫，让新皇帝住在养心殿，但他不愿迁出，而让嘉庆居毓庆宫，赐名“继德堂”。乾隆经常御殿，受百官朝贺，嘉庆则处于陪侍的地位。朝鲜使臣到北京，目击记载说：嘉庆“侍坐太上皇，上喜则亦喜，笑则亦笑”。又记载：赐宴之时，嘉庆“侍坐上皇之侧，只视上皇之动静，而一不转瞩”。《清史稿·仁宗本纪》也记道：“初逢训政，恭谨无违。”

乾隆“归政仍训政”宝

与父、祖相比，嘉庆皇帝是一位既没有政治胆略又缺乏革新精神，既没有理政才能又缺乏勇于作为品格的平庸天子。“平庸”两个字，是嘉庆皇帝的主要性格特点。嘉庆朝是清朝由盛转衰的时代：上承“励精图治、开拓疆宇、四征不庭、揆文奋武”的“康乾盛世”，下启鸦片战争、南京签约、联军入京、帝后出逃的“道咸衰世”。清朝社会的固有矛盾已经积累了180年，嘉庆皇帝扮演了大清帝国由极盛而转为衰败的历史角色。

嘉庆从乾隆手中接过了权力，也同时接过了盛世外衣下掩藏的一连串的危机，其中最紧迫的是和珅问题。自从电视剧《宰相刘罗锅》播映，以及其他相关题材的影视作品演出之后，和珅就成了荧屏和报刊上的名人，也为广大群众所熟悉。我们就以嘉庆处理和珅事件为例，看嘉庆这位平庸皇帝是怎样解决乾隆遗留下的社会危机，又是怎样陷入更深危机的。

惩治和珅

和珅在历史上确有其人，官至领侍卫内大臣、议政大臣、文华殿大学士、首席军机大臣。他权力很大，一人之下，万人之上，俨然是“二皇帝”。今天人们从荧屏上看到的和珅，是油头滑脑、阿谀逢迎、机关算尽、不学无术又常常被正直大臣捉弄的奸臣形象。有人说，和珅没有什么才能，只会阿谀逢迎，所以他不断遭到像刘墉、纪晓岚这样正直大臣的反对。其实并非如此。

历史上的和珅既没有贵族家庭背景，也没有进士出身学历，史书记载：和珅“少贫无藉，为文生员”。他连个举人都没有考取，是怎样“宠任冠朝列”的呢？这是许多人所关心的问题。和珅的发迹，有以下因素：

第一，出身满洲，聪明机敏。和珅生于乾隆十五年（1750年），比乾隆小39岁，钮祜禄氏，满洲正红旗人。家原住在北京西直门内驴肉胡同，父亲曾任福建副都统。和珅十来岁时，有幸进咸安宫官学（地点在皇宫咸安宫），学习儒家经

乾隆侍卫像

典和满、蒙文字，受到良好的教育。乾隆三十五年（1770年），他21岁参加了顺天府乡试，没有考中举人。但和珅因为出身满洲，做了宫廷三等侍卫，开始出入宫廷。这个差事给和珅接近乾隆提供了机会，是他人生的一个重要起点。

乾隆的侍卫很多，为什么会欣赏一个低等侍卫和珅呢？野史笔记中有三段记载：

（1）薛福成《庸盦（ān）笔记》记载：有一次，乾隆要出巡，突然找不到仪仗用的黄伞盖，就问这是谁的责任？很多侍卫吓得不敢吭声，和珅在一旁说："管此事者，当负此责。"这件事给乾隆留下很深的印象。

（2）《清朝野史大观》记载：有一次，乾隆在轿子中边行进边背诵《论语》，突然忘了下文，轿旁跟班的和珅脱口而出接上，乾隆由此很喜欢他。

（3）《归云室见闻杂记》记载：乾隆四十年（1775年），乾隆临幸山东，和珅扈从。乾隆喜欢乘一种骡子驾驭的小车，“行十里，一更换，其快如飞”。有一天，碰巧和珅跟这种小骡车随侍，于是乾隆、和珅君臣二人，有了下面这段交谈：

上问：是何出身？

对曰：文员。

上问：汝下场乎？

对曰：庚寅（乾隆三十五年）曾赴举。

上问：何题？

对曰：孟公绰一节。

上曰：能背汝文乎？

（和珅）随行随背，趫（qiáo）捷异常。

上曰：汝文亦可中得也。

这次乾隆同和珅的谈话，成为和珅政治生涯的转折点。和珅聪明伶俐，又干练潇洒，乾隆皇帝越来越器重他。野史和笔记中的这些记载，可能是他进入仕途的一个重要的机缘。从此，和珅得到乾隆赏识，官运亨通，青云直上。

第二，精明干练，笼络同僚。《和珅列传》记载，和珅天资聪颖，思路敏捷，多才多艺，勤奋好学，通晓满、汉、蒙、藏四种语言文字；又亲善热情，办事干练，广结善缘，成绩突出。他不是不学无术之徒，而是既有学问又懂权术的人。

例一：乾隆帝在平定廓尔喀十五功臣图赞中还有其他诗文当中，对和珅给予充分肯定。他对边疆少数民族的管理建设，做出了很大的贡献。乾隆曾说，用兵西藏和廓尔喀时，所有的谕旨都是兼用满、汉文下达；颁给达赖喇嘛和廓尔喀的敕书，则兼用藏文和蒙古文。大臣中能懂藏文的非常少，只有和珅能把这些谕旨，用满文、藏文、蒙古文、汉文等各种文字撰写出来，加以翻译，并把事情都办理得很好。

例二：《和珅列传》中记载了乾隆四十五年（1780年）正月，31岁的和珅接受

乾隆《御制平定廓尔喀十五功臣图赞序》玉册

了一项重要任务，就是远赴云南查办大学士、云贵总督李侍尧贪污案。和珅一到云南，首先拘审李侍尧的管家，取得实据后，迫使精明强干的李侍尧不得不认罪。和珅从接受这个任务，到乾隆下御旨处治李侍尧，前后只用了两个多月的时间。和珅这次查办李侍尧贪污案子办得很出色，确实表现了他出众的才华和干练的能力。所以和珅在回京途中，就被提升为户部尚书。

例三：和珅依靠乾隆掌握着朝中的大权，又利用手中的大权拉帮结派，扩大自己的势力。他的弟弟和琳几年之内就从一个内阁小官升为四川总督。他又拉拢军机大臣福长安。福长安是乾隆孝贤皇后的亲侄子，他的父亲傅恒和哥哥福康安都曾经任军机大臣等高官，他本人没有什么本事，但对和珅言听计从。和珅门下的吴省钦和吴省兰，以及只会吹嘘拍马的山东巡抚伊江阿等都成了和珅的亲信。

例四：和珅对那些正直大臣，加以排挤和打击。如大学士松筠在和珅面前从来不屈服，所以松筠就被久留边远地区任职，“在藏凡五年”。《清史稿》记载：和珅执掌大权愈久，对皇上的心思揣摸得愈透。他就借此来作威作福，凡是不顺从他的人，他就找机会挑拨激怒皇帝，借皇帝的手去整那个人；而向他行贿的，他却尽量帮着掩饰过失，或者故意把事情拖到皇帝消了气，使大事化小、小事化了。

第三，拦截信息，打击异己。和珅熟谙官场之道，但是他的所作所为并不是始终不露痕迹，总有一些人来弹劾他。

例一：御史曹锡宝想参劾和珅家人刘全，以打开缺口，参奏和珅。但他不慎走漏消息，被人连夜向和珅告密。和珅知道后，在乾隆御前预先做了铺垫，曹锡宝因此反被革职留用。和珅千方百计拦截于己不利的奏报，或堵塞通向皇帝的于己不利的信息渠道。

例二：谢振定，进士出身，任御史。一次在东城巡视，见一辆车在大街上违制乱行。经了解，说是和珅妾弟的车子。谢大加申斥，还命人将和珅的这位

《平苗图》之“福康安、和琳攻克黄瓜寨贼巢”图

亲戚痛打一顿，并放火烧了车子。事后，和珅命人借别的事整治谢振定，谢振定被免官。

第四，联姻皇亲，投上所好。乾隆给和珅6岁的儿子赐名丰绅殷德。不久，又将自己最宠爱、时方5岁的小女儿皇十女固伦和孝公主，指配和珅之子丰绅殷德。皇十女固伦和孝公主，生母为受宠的惇妃，出生时乾隆帝已经65岁。按照清朝制度，妃嫔所生之女，应封为和硕公主，但由于十公主深得乾隆宠爱，所以在12岁时被破例册为固伦公主。她长得很像乾隆，乾隆曾对她说："汝若为皇子，朕必立汝储也！"十公主被乾隆视为掌上明珠，并于乾隆五十四年（1789年）下嫁完婚。下嫁时，乾隆赐给大量财物。据朝鲜使臣记载："宠爱之隆，妆奁之侈，十倍于前驸马福隆安时。自过婚翌日，辇送器玩于主第者，概论其值，殆过数百万金。二十七日，皇女于归，特赐帑银三十万。大官之手奉如意珠贝，拜辞于皇女轿前者，无虑千百。虽以首阁阿桂之年老位尊，亦复不免云。"从此，和珅与乾隆的关系，不仅是主仆关系，也不仅是君臣关系，而且是姻亲关系。乾隆是和珅的亲家翁，是和珅的保护伞。和珅从此更加为所欲为。后和珅被抄家，十公主哭求，丰绅殷德免于一死，独留公主赡养之产。公主48岁死。

和珅在朝20多年间，重要的升官和封爵者就达50次之多。其原因之一，是和珅对乾隆能揣摩其旨意，迎合其所好，满足其欲求，博得其欢心。

（1）和珅与乾隆和诗。乾隆一生喜爱作诗，和珅为了迎合乾隆皇帝，下功夫学诗、写诗，并造诣很深。他的诗收在《嘉乐堂诗集》中，流露真情，比较感人。和珅还经常与乾隆和诗，历史档案中至今保存着当年和珅与乾隆和诗的文档。

（2）和珅仿乾隆书法。乾隆爱书法，和珅就刻意摹仿乾隆的书法，他写的字酷似乾隆的御笔。乾隆后期有些诗匾题字，干脆交由和珅代笔。我们现在看到的北京故宫重华宫内屏风上的诗文是乾隆书写，而挂在故宫崇敬殿的御制诗匾，据考证就是由和珅代笔的。从中可以看出和珅书法之造诣。

（3）和珅同乾隆共同"修持密宗"。乾隆崇奉喇嘛教，对佛教经典颇有研究，曾主持翻译并刻印了《满文大藏经》。和珅也学佛经，有的书说和珅同乾隆一起“修持密宗”。总之，和珅同乾隆有着一种极为特殊、难以言明的密切关系。

(4) 和珅体贴侍奉乾隆。乾隆是老人，喜欢别人奉承、照顾，和珅就陪伴在乾隆左右，对皇上服侍照顾，体贴周到。从朝鲜《李朝实录》中可以看到：和珅虽贵为大学士、军机大臣，但每当皇帝咳嗽吐痰的时候，他就马上端个痰盂去接。

乾隆岁朝行乐图

宁寿宫花园禊赏亭

(5) 和珅满足乾隆侈欲。乾隆晚年生活奢华、大兴土木，为自己建造了宁寿宫及花园（乾隆花园），以作退闲颐养天年之所。他6次南巡，沿途建造了30座行宫，花费巨大。乾隆80岁大寿，举行万寿大典和千叟宴。和珅总管这件事，需要大量银子，当时国库拮据，银子从哪里来呢？和珅用各种手段聚敛钱财，比如侵吞、贿赂、索要、放债、开店、收税、盘剥盐商等。他命令外省三品以上大员都要进献，在京各衙门长官要捐出俸银，两淮盐商要捐银400万两。和珅很快满足了乾隆八十大寿花费的需要。和珅还用"议罪银"，就是让有过失的官员，以交纳罚银代替处分，少则数千两，多的几十万两。这些"议罪银"不入国库，交到内务府，入乾隆私囊。内阁学士尹壮图上奏皇帝表示反对，结果差点丢了性命。昭梿在《啸亭杂录》中说，和珅多方搜刮勒索，使得原来入不敷出、需要户部补贴的内务府，没有几年就扭亏为盈。乾隆能够随意享乐，当然对和珅就更加依赖。同时，和珅也中饱私囊，凡是外省进贡皇上的礼物，都要过和珅这一关，他从中截取，以至他所藏珍珠手串，比皇宫的还多还大。和珅有一部分珠宝就藏在住宅的夹墙里。

乾隆年龄愈来愈老，执政时间愈来愈长，宫女、妃嫔、太监都没有文化，不能同他交谈诗文、书画、佛经，也不能帮他处理军国大事、进行多种语言文字交流。所以，和珅对老年乾隆来说，是没有一个人可以替代的。由于乾隆的宠信，和珅的官职扶摇直上，在清朝近300年历史上是空前绝后的。和珅的官，武职——镶蓝旗满洲都统、正白旗满洲都统、镶黄旗满洲都统、步军统领；文职——内务府大臣、御前大臣、议政大臣、正白旗领侍卫内大臣、正黄旗领侍卫内大臣、军机大臣、领班军机大臣、协办大学士、文华殿大学士、户部尚书、吏部尚书、兼办理藩院尚书事；学职——殿试读卷官、日讲起居注官、《四库全书》馆正总裁、石经馆正总裁、国史馆正总裁、翰林院掌院学士；钱官——崇文门税务监督；内职——兼管太医院、御药房事务；爵位——太子太保、伯爵、公爵。

和珅在升官的同时，也在为自己挖掘坟墓。和珅靠乾隆宠信发迹，也必然随乾隆升天而自毙。

嘉庆早在做皇子嘉亲王时，就对和珅不满。嘉庆继位后，乾隆还在，他投鼠忌器，没敢动手。

嘉庆四年（1799年）正月初三日，乾隆崩于紫禁城养心殿。嘉庆帝颙琰在乾隆死日亲政。嘉庆在办理大行皇帝乾隆大丧期间，采取断然措施，惩治权相和珅，举朝上下，大为震惊。乾隆做了3年零3天太上皇，仍紧紧地把持着实权。这时的和珅依然受宠，但是毕竟形势发生了变化。和珅在乾隆与嘉庆间采取“四手”：第一手是紧紧依靠太上皇乾隆，第二手是讨好嘉庆皇帝，第三手是限制嘉庆皇帝的权势，第四手是防止嘉庆日后对自己进行惩处。所以他在乾隆和嘉庆之间、在嘉

朱珪像

庆面前和背后，都表现了“两面派”。

和珅竭尽全力限制嘉庆，培植任用自己的亲信。嘉庆即位时，他的老师朱珪当时任广东巡抚，向朝廷上了封表示庆贺的奏章。和珅就到乾隆面前告朱珪的状，不过乾隆未予理睬。嘉庆元年（1796年），乾隆准备召时已升为两广总督的朱珪回京，升任大学士，嘉庆写诗向老师表示祝贺。和珅又到乾隆那里告状，说嘉庆皇帝笼络人心，把太上皇对朱珪的恩典，算到自己身上。这一次，乾隆生气了。他问军机大臣董诰：“这该怎么办？”董诰跪下劝谏乾隆说：“圣主无过言。”乾隆才作罢。不久，和珅还是找了个借口，怂恿乾隆将朱珪从两广总督降为安徽巡抚。和珅还将他的门下吴省兰派到嘉庆身边，名义上是帮助整理诗稿，实际上是监视嘉庆的言行。嘉庆二年（1797年），领班军机大臣阿桂病故。和珅只知进、不知退，便成为领班军机大臣。这时的乾隆，已年老体衰，记忆力很差，昨天的事，今天就忘，早上做的事，晚上就不记得了。和珅真正成了乾隆的代言人，也就更加为所欲为。

和珅自作聪明，作茧自缚，自坏其事。颙琰当皇子时，被定为储君，和珅密知此事，于乾隆公布嘉庆为皇太子的前一天，送给颙琰一柄如意，暗示自己对嘉庆继位有拥戴之功。嘉庆笑在脸上，恨在心里。但因和珅是乾隆的宠臣，老奸巨滑，朝廷上下，各种关系，盘根错节，不便动手。嘉庆在乾隆死后短短的15天里，就把一个被先帝恩宠30年的"二皇帝"加以惩治，举措得体，干净利落，取得胜利。嘉庆采取的办法是：

第一，欲擒故纵。嘉庆继位后，太上皇还健在，他面对一个老谋深算，并深受太上皇宠信的和珅，采取了欲擒故纵的策略。和珅的一举一动，他看在眼里，却不动声色。有些大臣在他面前批评和珅，嘉庆说："我还准备让和珅帮我治理国家呢！"嘉庆向太上皇奏报的一些军国大事，也经常让和珅去代奏、转奏，以此表示信任，稳住了和珅。

第二，调虎离山。乾隆驾崩，和珅失去靠山，死期已经逼近。当天，嘉庆一方面任命和珅与睿亲王等一起总理国丧大事，一方面传谕他的老师安徽巡抚朱珪来京供职。初四日，嘉庆发出上谕：谴责在四川前线镇压白莲教起义的将帅玩嬉冒功，并借此解除和珅死党福长安的军机大臣职务。嘉庆命和珅与福长安昼夜守灵，不得擅离，切断他们与外界的联系。这实际上削夺了和珅的首辅大学士、领班军机大臣、步军统领、翰林院掌院学士的军政大权。

第三，突然出击。正月初五日，给事中王念孙等官员上疏，弹劾和珅弄权舞弊，犯下大罪。初八日，嘉庆宣布将和珅革职，逮捕入狱，在朝野掀起政治大波。嘉庆进行了一系列的人事调整。如初八日，嘉庆命令从即日起，所有上奏的文件，都要直接向皇上奏报，军机处不得再抄录副本，各部院大臣也不得将上奏的内容事先告诉军机大臣。并命宗室睿亲王淳颖、定亲王绵恩、仪亲王永璇、庆郡王永璘等分别掌握军政大权。

第四，制造舆论。嘉庆命各直省和在京大员，就和珅事向朝廷表态。直隶总督胡季堂首先表态，他在奏折中指责和珅丧心病狂、目无君上、蠹国病民、贪黩放荡，真是一个无耻小人，请求将其“凌迟处死”。“凌迟”就是千刀万剐。嘉庆立即批示，在京三品以上官员讨论这个意见，若有不同意见，也可以自行向皇帝上奏。实际上，就是以胡季堂的意见定下基调，并谕示各省督、抚，要他们都表明态度。

第五，惩办和珅。初九日，在公布乾隆遗诏的同时，将和珅、福长安的职务革除，下刑部大狱。命仪亲王永璇、成亲王永瑆等，负责查抄和珅家产，并会同审讯。初十日，嘉庆御批“实力查办，以副委任”，全面清查和珅大案。十一日，在初步查抄、审讯后，嘉庆宣布和珅二十大罪状：主要有欺骗皇帝、扣压军报、任用亲信、违反祖制、贪污敛财等。十八日，在京文武大臣会议，奏请将和珅凌迟处死，将同案的福长安斩首。嘉庆四年(1799年)正月《上谕档》中记载：嘉庆谕示“和珅罪有应得”，但考虑到他曾任领班军机大臣，为了朝廷体面，赐他自裁。据说和珅在狱中，自知生命不久，对着窗外元宵明月，感慨赋诗道：“对景伤前事，怀才误此身。”在电视剧《宰相刘罗锅》中有这样的镜头：和珅得到嘉庆皇帝赐给他的三尺白绫，在狱中自尽。福长安以阿附和珅，令其到和珅死所跪视和珅自裁，并革去军机大臣、户部尚书职，逮下狱，籍其家。

第六，讲求策略。嘉庆说，和珅得罪的是先皇，所以要在皇父大丧期间，处治这个先皇的罪臣。和珅被诛后，其党羽皆惶恐不安。有的朝臣上疏，力主穷追其余党。嘉庆并没有这样做，而是在除掉和珅后，马上收兵。对和珅的亲信，除伊江阿、吴省兰、吴省钦等人给予处分外（和琳已死），其他由和珅保举升官者或给和珅送贿者，概不追究。嘉庆宣谕：“凡为和珅荐举及奔走其门者，悉不深究。勉其悛（quān）改，咸与自新。”此谕一下，人心始安，政局稳定。

玉如意

嘉庆对和珅的惩治，动作迅速，干净利索，宽严适当，十分成功。这是嘉庆皇帝一生处理重大政治事件中最为精彩的一笔，也是他作为政治家的唯一杰作。但是，嘉庆定和珅的第一大罪是：在宣布皇太子前一天，和珅向他送如意以示拥戴之功。这表示和珅要投靠新主，其心不能算恶，既不叛君主，也不反社稷，此条构不成杀头之罪。嘉庆将此定为和珅第一大罪状，表明嘉庆胸中没有大格局，掌上没有大手笔。这是嘉庆亲政之后，平庸性格的一次表露。

嘉庆为什么杀和珅?

(1) 有人说是因为和珅“富可敌国”，扳倒和珅，可以缓解嘉庆面临的财政压力。所谓“和珅跌倒，嘉庆吃饱”，就是这个意思。和珅被抄家时，抄出所藏金32000多两，地窖藏银200余万两，取租地1266顷，其他还有取租房屋1001间半、各处当铺银号以及各种珠宝、衣物等，其总家产折合白银，有的说约1000万两，有的说2000万两，有的说达到了8亿两。当时清政府财政年总收入约7000万两。还有违制的珍珠、大珠、手串、大宝石等，实际数字已经无法考据。大量的财富使和珅过着帝王般奢华的生活，娶出宫女子为妾，仅巡捕营在和宅供役者就达1000余人。他在承德丽正门外、北京北长街会计司胡同等处，都建有住所。和珅

和珅府（今恭王府）花园湖心亭

和珅府花园流杯亭

在北京什刹海畔，建造起豪华宅第，也就是恭王府的前身。府内甚至仿乾隆皇帝宁寿宫，建起楠木房，称为锡晋斋。还有违制修建的垂花门和皇宫用的宫灯、多宝阁等。和珅还在北京海淀建有宏大秀美的淑春园，是今北京大学校园的一部分。和珅不仅享受着姬妾成群、锦衣玉食的生活，还梦想着死后像皇帝一样风光气派。他在河北蓟州（今天津市蓟县）修建了巨大的坟墓，规格超过亲王，民间称之为“和陵”。

（2）有人说是为缓解官民之间的矛盾。嘉庆元年（1796年），发生白莲教民变，清军连连失利。嘉庆三年，清军抓住四川农民军首领王三槐，王三槐的口供说“官逼民反”。嘉庆意识到，正是因为地方官吏皆如和珅似的贪暴，所以屡屡激起民变。嘉庆帝总结说：“层层朘削，皆为和珅一人。”又说：“朕所以重治和珅之罪者，实为其贻误军国重务。”所以，嘉庆杀和珅，以谢天下。

（3）有人说是为解决君权与相权的矛盾，因和珅“权高震主”。嘉庆说：“朕若不除和珅，天下人只知有和珅而不知有朕。”他甚至怀疑和珅蓄意谋反，所以要杀掉和珅。当相权威胁到君权的时候，君主必然采取行动。从嘉庆的先祖来看，皇太极继位之后，幽禁了二大贝勒阿敏、三大贝勒莽古尔泰，大贝勒代善屈从，皇太极得以从四大贝勒“并肩共坐”到“南面独坐”；顺治亲政后，追罪死后的摄政睿亲王多尔衮；康熙亲政后，擒拿辅臣鳌拜；雍正登极后，杀了隆科多和年羹尧；乾隆继位后，也采取了一些措施。所以，嘉庆执掌朝纲，必然惩办权相和珅。

不过，嘉庆对和珅的功绩和才能还是肯定的。嘉庆十九年（1814年），在和珅被杀15年之后，清国史馆将编修的《和珅列传》（稿本）送呈嘉庆审阅。嘉庆见记载简略，只记录了和珅的一堆官阶履历，很不满意。他朱批道：“和珅并非一无是处”，他“精明敏捷”，任职30年，还是做了很多的事。只是和珅贪鄙成性、怙势营私、狂妄专擅、贪婪专权，才不得不加以重罚。

《清史稿·和珅传》记载：“仁宗（嘉庆）尝论唐代宗杀李辅国，谓：‘代宗为太子，不为辅国所谗者几希。及即帝位，正其罪而诛之，一狱吏已办。’盖即为和珅发也！”这说的是唐代宗诛宰相李辅国的史事。《旧唐书·李辅国传》记载：李辅国，出身卑贱，年少被阉，相貌丑陋，粗通文字。在太子东宫是一个喂马的太监。安史之乱中，他力劝太子即帝位。肃宗即位后，升为太子管家。后来官运亨通——任开府仪同三司、郕（chéng）国公、兵部尚书、博陆郡王。肃宗死后，代宗即位，尊为尚父、司空兼中书令。《新唐书·李辅国传》也记载：代宗既嗣位，不愿大张旗鼓地杀李辅国，只差遣侠者，深夜将其刺杀之，割下头颅扔到溷厕中。但代宗仍对此事保密，刻木代其首以葬。嘉庆对和珅的处理，很像唐代宗对李辅国的处理，就是不愿深究、不想把事情搞大，而是作为个案处理。

和珅现象

和珅的问题已不仅仅是个案，而是成了社会现象，可以叫做“和珅现象”。和珅这样一个出身“少贫无藉”、乡试不中的生员，由普通的宫廷侍卫，32岁成为军机大臣，以后更是青云直上，富贵常葆，登峰造极。这个问题值得研究。“和珅现象”的出现，是老年帝王专制的必然。乾隆自诩“十全老人”、“十全武功”，意骄志满，倦怠朝政。他喜欢阿谀逢迎，那就必然滋生和珅这样的人。高阳先生认为，和珅的问题，“高宗至少要负一半的责任”。

这话说得还不够。严格说来，“和珅现象”的责任在乾隆皇帝，和珅是乾隆朝君主专制腐败机体上的一个毒瘤。当时，乾隆皇帝身边有四种人——后妃、太监、皇子、朝臣，后妃不能代他处理军政要务，太监不能陪他和诗品画，皇子太近怕其“觊觎（jìyú）大位”，大多朝臣又不会像和珅那样曲意逢迎。因此，和珅有着后妃、太监、皇子、朝臣既不能取代，也不可或缺的独特作用。乾隆皇帝对他既喜爱又依赖，自然遇事会替他撑腰。当时，大学士阿桂同和珅不合，状元出身的王杰，也不买和珅的账。据史书记载：一天，和珅在军机处拿着一幅石墨画轴，王杰说："贪墨之风，以至于此。"《清史稿·王杰传》记载：一日，和珅握着王杰的手戏曰："何柔荑乃尔！"王杰说："王杰手虽好，但不能要钱耳！"后王杰告老还陕西韩城乡里，嘉庆送他的诗有"直道一身立廊庙，清风两袖返韩城"之句。但是因为乾隆的缘故，他们拿和珅没有办法。和珅在朝20余年，未尝一被弹劾。他稍见端倪，必设计除之。前面讲的曹锡宝弹劾不成反遭谴责就是一例。

嘉庆惩治和珅案没有株连，也没有扩大化，这是嘉庆的聪明之处；但他只把和珅当作个案处理，而没有把"和珅现象"当作制度性的弊端去解决，进行制度性的改革，这是嘉庆的平庸之处。

王杰像

危机四伏

嘉庆处理完和珅事件后，又面临着一系列的社会危机：如南方的白莲教，京畿的天理教，东南海上的骚动，采矿的封禁，钱粮的亏空，八旗的生计，鸦片的流入，河漕的难题等等。但是嘉庆都把上述问题作为个案看待，他没有也不可能从制度上去加以解决。比如，白莲教等事变后，嘉庆帝作《知过堂自责》诗道：

> 圣人无过额知过，予过诚多愧寸心。
> 敷政不能化民俗，立纲犹未肃官箴。
> 言多迎合身家重，事总因循习染深。
> 克己省愆惟自责，形端表正勉君临。

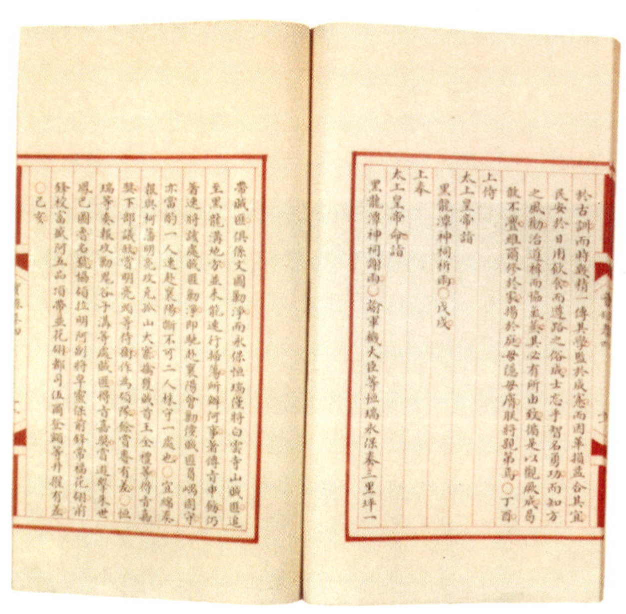
於古訓而約歟精一傳其學監於成憲而因革損益合其宜
民安於日用飲食而遵路之俗成士志乎智名勇功而知方
之風勵治道精而協氣蒸其必有所由致備是以觀厥成焉
敢不疊雖爾修於家揚於庭毋隱毋膚朕將觀第焉○丁酉
上詣
太上皇帝詣
黑龍潭神祠祈雨○戊戌
上奉
太上皇帝命詣
黑龍潭神祠謝雨○諭軍機大臣等恒瑞永保奏三里坪一

帶賊匪俱係文圖勒淨而永保恒瑞復將白雲寺山賊匪追
至黑龍溝地方並未能進行掃蕩所辦何事著傳旨申飭仍
著速將該處賊匪勦淨即馳赴襄陽會勦復賊匪自鳴岡守
亦當酌一人速赴襄陽斷不可二人株守一處也○宜綿奏
報與柯藩明亮攻克孤山大寨擒獲賊首王全禮等將吉嘉
獎下部議敘富明亮阿等侍衛作為頭等侍衛富養有差○恒
瑞等奏報攻勦晃谷子溝等處賊匪得吉嘉獎富遐等來世
勞已圖晉名職榜頭拉明阿副將草實保前特當福花翎前
錄校富威阿五品頂帶並花翎都司伍爾登額等升擢有差
○乙亥

《清仁宗实录》中关于进剿白莲教的上谕

这首诗，最后两联——“言多迎合身家重，事总因循习染深。克己省愆惟自责，形端表正勉君临”，表现了嘉庆儒家“自省”的理念。仁者爱人，仁君自省，嘉庆作为一位“仁君”来说是够格的，作为一位皇帝来说是可贵的。嘉庆有很好的儒学修养，他的文学、诗歌、书法、文章都是可以的。这一点比明朝的正德、嘉靖、万历、天启等皇帝都好。举两个小例子：

(1) 大理寺卿杨怿会受召对。时值盛暑，怿会掀帘见嘉庆摇扇挥汗；进入，跪拜。嘉庆把扇子放在一边，不复用。询问甚详。良久热甚，“上汗出如雨，卒不用扇”。

御用绣花团扇

(2) 嘉庆二十二年（1817年），普免天下钱粮，各省欢腾。安徽民欠银300万两，巡抚姚祖同怀疑上报数字不实，令府、道、州、县削减十分之四，各地苦之。上闻，朱批云：“损上益下，朕之愿也。存心刻薄，有伤政体。”姚大惭，以原册600里加急报京。

明朝的皇帝说不出这样的话，也作不出这样的诗。清朝皇帝不同于明朝皇帝，没有昏君，没有顽君，也没有暴君。嘉庆皇帝更不是贪暴之君、昏庸之君。但是，嘉庆皇帝胸中没有大格局，掌上没有大手笔。嘉庆不可能认识、也不可能改革社会存在的根本性的弊病，特别是制度性的弊病。

嘉庆的悲剧在于：认为天下的问题都是由于和珅不好、百官不好造成的，而没有从自身找责任，也没有从制度挖根源。其结果是，滋生百官腐败、和珅现象的

嘉庆祭日朝服

制度土壤没有被铲除，因而这种现象也就无法根除。嘉庆在25年的皇帝生涯中，虽一件一件地解决乾隆盛世留下的危机，却又一步一步地陷入更深的危机。乾隆朝盛世下的危机，到嘉庆朝更加深重。到他的接班人道光皇帝时，则陷入内外交困、四面楚歌的境地！

相关阅读书目推荐

（1）阎崇年：《清朝十二帝·嘉庆皇帝》，故宫出版社，2012年

（2）关文发：《嘉庆帝》，吉林文史出版社，1993年

（3）张玉芬主编：《清朝通史·嘉庆朝》，紫禁城出版社，2003年

（4）杜家骥、李然编著：《嘉庆事典》，紫禁城出版社。2010年

附录一：和珅二十大罪状

朕于乾隆六十年九月初三日，蒙皇考册封皇太子，尚未宣布谕旨，而和珅于初二日，即在朕前先递如意，漏泄机密，居然以拥戴为功。其大罪一。

上年正月，皇考在圆明园召见和珅，伊竟骑马直进左门，过正大光明殿，至寿山口，无父无君，莫此为甚。其大罪二。

又因腿疾，乘坐椅轿，抬入大内，肩舆直入神武门，众目共睹，毫无忌惮。其大罪三。

并将出宫女子，娶为次妻，罔顾廉耻。其大罪四。

自剿办教匪以来，皇考盼望军书，刻萦宵旰。乃和珅于各路军营递到奏报，任意延搁，有心欺蔽，以致军务日久未竣。其大罪五。

皇考圣躬不豫时，和珅毫无忧戚。每进见后，出向外廷人员叙说，谈笑如常，丧心病狂。其大罪六。

昨冬皇考力疾披章，批谕字画，间有未真之处。和珅胆敢口称"不如撕去，竟另行拟旨"。其大罪七。

前奉皇考谕旨，令伊管理吏部、刑部事务，嗣因军需销算，伊系熟手，是以又谕令兼理户部题奏报销事件。伊竟将户部事务一人把持，变更成例，不许部臣参议一字。其大罪八。

上年十二月内，奎舒奏报循化、贵德二厅，贼番聚众千余，抢夺达赖喇嘛商人、牛只，杀伤二命，在青海肆劫一案，和珅竟将原奏驳回，隐匿不办，全不以边务为事。其大罪九。

皇考升遐后，朕谕令蒙古王公未出痘者，不必来京。和珅不遵谕旨，令已、未出痘者，俱不必来京。全不顾国家抚绥外藩之意，其居心实不可问。其大罪十。

大学士苏凌阿，两耳重听，衰迈难堪，因系伊弟和琳姻亲，竟隐匿不奏；侍郎吴省兰、李潢，太仆寺卿李光云，皆曾在伊家教读，并保列卿阶，兼任学政。其大罪十一。

军机处记名人员，和珅任意撤去。种种专擅，不可枚举。其大罪十二。

昨将和珅家产查抄，所盖楠木房屋，僭侈逾制，其多宝阁及隔段式样，皆仿照宁寿宫制度。其园寓点缀，竟与圆明园蓬岛、瑶台无异，不知是何肺肠！其大罪十三。

蓟州坟茔，居然设立享殿，开置隧道，附近居民有“和陵”之称。其大罪十四。

家内所藏珍宝，内珍珠手串竟有二百余串，较之大内多至数倍，并有大珠，较御用冠顶尤大。其大罪十五。

又宝石顶并非伊应戴之物，所藏真宝石顶有数十余个，而整块大宝石不计其数，且有内府所无者。其大罪十六。

家内银两及衣服等件，数逾千万。其大罪十七。

且有夹墙藏金二万六千余两，私库藏金六千余两，地窖内并有埋藏银两百余万。其大罪十八。

附近通州、蓟州地方，均有当铺、钱店，查计资本，又不下十余万。以首辅大臣，与小民争利。其大罪十九。

伊家人刘全，不过下贱家奴，而查抄赀产，竟至二十余万，并有大珠及珍珠手串。若非纵令需索，何得如此丰饶！其大罪二十。

(以上见《清仁宗睿皇帝实录》嘉庆四年正月甲戌)

此外，查出：和珅取租房一千零一间半，取租地一千二百六十六顷等。又步军统领巡捕营在和珅私宅供役者千余人，和珅令奏事者具副本送军机处。

附录二：和珅抄产清单(和珅抄没清单数种之一)

正房一所十三层共七十八间、东房一所七层共三十八间、西房一所七层共三十三间、东西侧房共五十二间、徽式房一所共六十二间、花园一座楼台四十二所、钦赐花园一座亭台六十四所、四角更楼十二座(更夫一百二十名)、堆子房七十二间(档子兵一百八十名)、杂房六十余间。汉铜鼎一座、古铜鼎十三座、玉鼎十三座，宋砚十方、端砚七百十余方，玉磬二十架、古剑二把、大自鸣钟十架、小自鸣钟三百余架、洋表二百八十余个、玉马一匹(高一尺二寸、长四尺)、珊瑚树八株(高三尺六寸)、大东珠六十余颗(每颗重二两)、珍珠手串二百三十六串(每串十八颗)、珍珠素珠十一盘、宝石素珠一千一十盘、珊瑚系珠五十六盘、密蜡素珠十三盘、小红宝石三百八十三块、大红宝石二百八十块、蓝宝石大小四十三块、白玉观音一尊(高一尺二寸)、汉玉寿星一尊(高一尺三寸)、玛瑙罗汉十八尊(高一尺二寸)、金罗汉十八尊(高一尺三寸)、白玉九如意三百七十八支、宝石珊瑚帽顶一百三十二个、嵌玉九如意一千九百八支、嵌玉如意一千六百十支、整玉如意二百三十支、白玉大冰盘十六个、碧玉茶碗九十九个、玉汤碗一百五十三个、金碗碟三十二桌（共四千二百八十八件）、银碗碟三十二桌（共四千二百八十八件）、白玉酒杯一百二十个、水晶杯一百二十个、金镶玉箸二百副、金镶象箸二百副、赤金吐盂二百二十个、白银吐盂二百余个、赤金面盆四十三个、白银面盆五十六个、白玉鼻烟壶三百七十四个、汉玉鼻烟壶二百七十六个、镂金八宝大屏十六架、镂金八宝床四架（单夹纱帐俱全）、镂金八宝炕屏三十六架、赤金镂丝床二顶、镂金八宝炕床二十四张、嵌玉炕桌二十四张、嵌玉炕桌十六张。金玉朱翠首饰大小二万八千余件、赤金元宝一百个(每个重一千两，估银一百五十万两）、白银元宝一百个(每个重一千两)、生金沙二万余两（估银十六万两）、赤金五百八十万两（估银八千七百万两）、元宝银九百四十万两、白银五百八十三万两、苏元银三百十五万四百六千余两、洋钱五万八千元（估银四万六百两）、制钱一千五百串（折银一千五百两）、人参六百八十余斤（估银二十六万两）、当铺七十五座（估银三千万两）、银号四十二座（估银四十万两）、古玩铺十五座（估银三十万两）、玉器库两间（估银七千万两）、绸缎库四间（估银八十万两）、磁器库二间（估银一万两）、洋货库二间（五色大呢八百版、鸳鸯呢一百十五版、五色羽纱六百版、五色哔叽二百版）、皮张库二间（元狐十二张、色狐一千五百二十张、杂狐三万六千张、貂皮八百余张）、铜锡库六间（共二万六千九百三十七件）、珍馔库六间、铁梨紫檀库六间、玻璃器库一间（共八百八余件）、貂皮男衣七百十三件、貂皮女衣六百五十余件、杂皮男衣八百六件、杂色女衣四百三十六件、绵夹单纱男衣三千八百八件、绵夹单纱女衣三千一百十八件、貂帽五十四顶、貂蟒(袍)三十七件、貂褂短罩四十八件、貂靴一百二十四双、药材库二间（估银五千两）、地亩八千余顷（估银八百万两）。

旻宁个人小档案

年号：道光

姓名：爱新觉罗 · 旻宁

出生：乾隆四十七年八月初十日（1782年9月16日）

出生地：北京皇宫撷芳殿之中所

属相：虎

父亲：颙琰（嘉庆）

母亲：喜塔拉氏，孝淑睿皇后

排行：仁宗第二子

初婚：13岁结婚，配偶钮祜禄氏，为嫡福晋

配偶：20人，皇后钮祜禄氏

子女：9子，10女

即位时间：嘉庆二十五年八月二十七日（1820年10月3日）

即位年龄：39岁

在位年数：30年

卒年：道光三十年正月十四日（1850年2月25日）

享年：69岁

死亡地：圆明园慎德堂

庙号：宣宗

谥号：成皇帝

陵寝：慕陵（清西陵）

继位人：奕詝（咸丰）

最得意：林清事件鸣枪殪敌

最失意：鸦片战争失败

最不幸：母亲早故

最痛心：签订《南京条约》

最擅长：节俭

道光是中国两千年帝制史上，第一个同西方殖民者签订丧权辱国条约的皇帝。鸦片战争的失败，丧权辱国的《南京条约》的签订，道光皇帝应负主要历史责任。道光把自己的名字永远地写在中华文明史的耻辱柱上，这将为后世丧权辱国、割地赔款者戒！

道光帝旻宁

清道光帝爱新觉罗·旻宁，乾隆四十七年（1782年）生，属虎。他39岁登极，在位30年，享年69岁。

道光皇帝在清朝十二帝中，是唯一嫡子继承皇位的皇帝。清代第一个继位者皇太极，不是嫡出；皇太极的儿子福临，是第九子，母亲为庄妃；顺治的儿子康熙，是第三子，母亲佟佳氏，也是妃子；康熙的儿子雍正，是第四子，母乌雅氏，为德妃；雍正的儿子乾隆，是第四子，母钮祜禄氏，也是妃子；乾隆的儿子嘉庆，是第十五子，母魏佳氏，为皇贵妃。以上是道光皇帝的先辈，再看他的后辈：道光的儿子咸丰，是第四子，母钮祜禄氏，为贵妃；咸丰的儿子同治，是独子，母为懿贵妃；光绪、宣统都不是皇子。所以，清朝只有道光是嫡子继承皇位的皇帝。道光是嘉庆的第二子，母喜塔拉氏，生前正式册立为皇后。喜塔拉氏，副都统、内务府总管和尔经额之女。乾隆三十九年（1774年），乾隆为颙琰册喜塔拉氏为嫡福晋，这年颙琰15岁。乾隆四十七年（1782年）八月初十日，喜塔拉氏在皇宫撷芳殿生下一子，名绵宁（旻宁），就是后来的道光皇帝。嘉庆即位，册喜塔拉氏为皇后。但她没有福气，当了一年零三十七天皇后，便得病死去。这年旻宁16岁。

皇父对旻宁格外关怀、悉心教导，要他静心读书，修身养性。旻宁受到儒家教育，“经史融通，奎藻日新”，以此自诩，学而有成。他“日与诗书相砥砺”，写成《养正书屋诗文》40卷。他亲笔书写“至敬”、“存诚”、“勤学”、“改过”四个条幅，挂在屋中，以提示自己要修身养性，也是向皇父表露心迹。他曾写道：“事愈大，心愈小；情愈急，气愈和。”可见旻宁在当皇子时，就十分注意磨炼自己的性格。

皇次子绵宁《恭和御制织图诗》

旻宁32岁，也就是嘉庆十八年（1813年），发生了天理教民攻入皇宫的突发性事件。这年，旻宁随皇父巡狩木兰，因阴雨绵绵，无法围猎，奉命先期回到京师。当林清率领天理教徒攻入紫禁城冲向养心殿时，旻宁正在上书房读书，闻变后表现镇定，“急命进撒袋、鸟铳、腰刀，饬太监登垣以望”。这时，有的教民手举白旗，攀墙登殿，靠近养心门，旻宁“发鸟铳殪（打死）之，再发再殪”。旻宁在事件中，还“飞章上闻”，向皇父奏报；“严命禁城四门”，到储秀宫安抚皇母；亲

御用鸟枪

自率领侍卫到西长街一带访查。旻宁在这一事变中的表现，使他在内廷上下威望大增。或赞其智勇沉着，或誉其举措有方。嘉庆帝在回京途中得到奏报，即封旻宁为智亲王，他所使用的枪也命名为“威烈”。

尽管旻宁有出色的表现，又秘密定为储君，但在皇位继承中，仍出现风波。

鐍匣风波

嘉庆二十五年（1820年）七月十八日，嘉庆到热河秋狝，自圆明园启程。命皇次子智亲王绵宁、皇四子瑞亲王绵忻随驾。这年，嘉庆61岁，“身体丰腴，精神强固”。二十四日，嘉庆到达热河行宫，“圣躬不豫”。当天，嘉庆到城隍庙拈香，又到永佑宫行礼。二十五日，嘉庆病情严重，当夕崩逝。嘉庆暴死，死因不明。有人据皇族后人的口碑，说嘉庆死于雷击。如果此说属实，清人官私著作，不敢如实记载。嘉庆死亡的原因，可能是年逾花甲，身体肥胖，天气暑热，旅途劳顿，诱发心脑血管病而猝死。嘉庆皇帝突然驾崩，国不可一日无主，皇位继承就成为当时朝廷的头等大事。但是，旻宁继位，史有疑案。

祖制家法：皇帝立储的鐍（jué）匣，按清朝“家法”应放在乾清宫“正大光明”匾后面。雍正元年（1723年）八月十七日，雍正皇帝在乾清宫西暖阁，宣布实行“秘密立储”。皇帝立皇太子的御书匣，悬置于乾清宫“正大光明”匾额之后。在道光之前，开启“鐍匣”宣示传位密旨继位者，只有乾隆和嘉庆。乾隆叙述开启“鐍匣”的过程说：“逮皇考传位朕躬，宣示密缄，仓猝之际，朕不敢自行启封，

避暑山庄澹泊敬诚殿

召同大学士鄂尔泰、张廷玉，当面展缄敬阅。”这就是所谓“公同手启，立定大统”。由此可见，“宣示密缄”是嗣君与朝臣共同开启的。乾隆内禅皇位给嘉庆，是由乾隆亲自开启镉匣宣谕的。其经过是：乾隆三十八年（1773年），密立皇十五子颙琰（嘉庆）为皇太子，按照雍正帝立下的规矩收藏秘密立储诏书。乾隆六十年（1795年）九月初三日，乾隆在圆明园勤政殿，召集皇子皇孙、王公大臣等“将癸巳（乾隆三十八年）所定密缄嗣位皇子之名，公同阅看，立皇十五子嘉亲王颙琰为皇太子”云云。嘉庆秘密立储御书的镉匣，自然不应例外。嘉庆在避暑山庄病逝后，本应立即派大臣急驰北京，到乾清宫取下正大光明匾后的秘密立储御书。但是，当时并没有这样做。

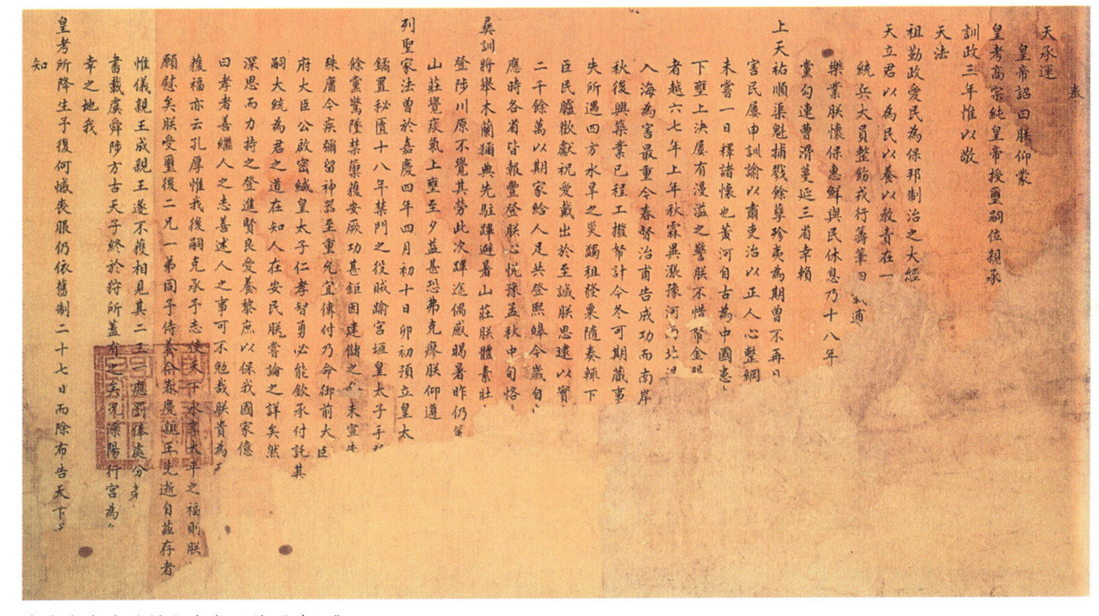

嘉庆皇帝在避暑山庄留下的“遗诏”

那么秘密立储御书收藏在何处？据包世臣所撰《戴公（均元）墓碑》文记载当时情状，镭匣御书由嘉庆随身携带。《碑文》记载：嘉庆二十五年（1820年）春，戴均元拜文渊阁大学士，晋太子太保，管理刑部。七月，戴均元和托津等随从嘉庆帝到热河秋狝，“甫驻跸，圣躬骤有疾，不豫。变出仓猝，从官多皇遽失措”。戴均元和托津督促内臣翻检皇帝遗物，最后在嘉庆皇帝近侍身边的“小金合”里找到了传位诏书。“镭匣”没有放在乾清宫“正大光明”匾之后，“镭匣”开启时也没有储君等在场，这是违背清室“家法”的。于是有的学者认为：“‘镭匣’随嘉庆带往避暑山庄的记载，实难征信。”此为历史疑云之一。

宗室建议：嘉庆刚断气，总管内务府大臣禧恩，建议由旻宁继位。禧恩，宗室，满洲正蓝旗，睿亲王淳颖之子。这里要补充一句，就是睿亲王多尔衮没有儿子，其弟多铎的儿子多尔博过继给多尔衮，袭睿亲王。多尔衮被革王爵、撤庙享后，多尔博又归宗多铎后。乾隆给多尔衮平反，恢复多尔衮睿亲王封号，多尔博仍为多尔衮的继承者。其时多尔博已死多年，命他的五世孙淳颖袭睿亲王爵。睿亲王淳颖是嘉庆惩治和珅所依靠的重要亲信和得力大臣，他的儿子禧恩，初入宫为头等侍卫，继升为御前侍卫，后升为内务府大臣。嘉庆二十五年（1820年）七月，禧恩作为内务府大臣，随嘉庆皇帝车驾到避暑山庄。《清史稿·宗室禧恩传》记载："仁宗崩于热河避暑山庄，事出仓猝，禧恩以内廷扈从，建议宣宗有定乱勋，当继位。枢臣托津、戴均元等犹豫。禧恩抗论，众不能夺。会得秘匮朱谕，乃偕诸臣，奉宣宗即位。"禧恩出身宗室，地位重要，影响亦大，其建议没有得到军机大臣托津、戴均元等认同。这说明，奉旻宁嗣位一事在当时似曾经过一场激烈的争论。禧恩建议旻宁继位表明：嘉庆生前并未就嗣位之事在大臣中公布，禧恩建议时也未公启鐍匣。否则，托津、戴钧元等不会"犹豫"而不表态。所谓"公启鐍匣，宣示御书"之说，存在矛盾，大可存疑。禧恩只是内务府大臣，按照"家法"，他没有资格"建议旻宁继位"，可是他又为什么违背"家法"而这样"建议"？此为历史疑云之二。

太后懿旨：孝和睿皇后传懿旨让旻宁嗣位。嘉庆先后有两位皇后，第一位是

孝淑睿皇后谥册

孝淑睿皇后，喜塔拉氏，为道光的生母，她只当了一年多的皇后就病死；第二位皇后是孝和睿皇后，钮祜禄氏，她生下两个儿子——皇三子绵恺和皇四子绵忻，但她对旻宁倍加照顾，彼此关系很好。孝和睿皇后并不知嘉庆皇帝密诏鐍匣在什么地方，她应当也不知道“秘密立储”所立的皇太子是谁。然而，当她在北京皇宫惊悉嘉庆崩于热河行宫噩耗时，便发出懿旨：“今哀遘（gòu）升遐，嗣位尤为重大。皇次子智亲王，仁孝聪睿，英武端醇，现随行在，自当上膺付托，抚驭黎元。但恐仓卒之中，大行皇帝未及明谕，而皇次子秉性谦冲，素所深知。为此特降懿旨，传谕留京王大臣，驰寄皇次子，即正尊位。以慰大行皇帝在天之灵，以顺天下臣民之望。”这个皇太后懿旨，对于旻宁嗣位，关系极为重要。旻宁在热河接奉懿旨时，伏地叩头，感恩不尽！后来所有正史均只记载了避暑山庄公启鐍匣之事。道光复奏皇太后文曰：“子臣（旻宁）跪奏：本月二十五日，皇父圣躬不豫，至戌刻大渐……维时御前大臣、军机大臣、内务府大臣，恭启鐍匣，有皇父御书：嘉庆四年四月初十日卯初，立皇太子（旻宁）朱谕一纸。该大臣等，合词请遵大行皇帝成命，以宗社为重，继承大统。子臣逊让，至再至三。该大臣等，固请不已。本日（二十九日），恭奉懿旨，子臣即正尊位。皇父、皇母，恩慈

恭慈皇太后（孝和睿皇后）徽号玉册

深厚，子臣伏地叩头，感悚不能言喻……谨将镝匣所藏皇父朱谕，恭呈懿览，谨缮折复奏，恭谢慈恩。七月二十九日。”当年康熙继位，是孝庄太后的意思，但是用顺治遗诏名义宣布的，而不是用皇太后“懿旨”的名义。这里产生了问题：皇太后指令旻宁继位违背“祖制”、“家法”，如果懿旨同遗诏发生矛盾怎么办？此为历史疑云之三。

朝臣态度：《清史稿·托津传》记载：“仁宗崩于热河避暑山庄，事出仓猝，托津偕大学士戴均元，手启镝盒，奉宣宗即位。”托津，为满洲富察氏，自嘉庆十年（1805年）开始任军机大臣，又任正白旗领侍卫内大臣、东阁大学士，可谓枢密老臣、朝廷重臣。《清史稿·戴均元传》也记载：“从扈热河，甫驻跸，帝不豫，向夕大渐。均元与大学士托津督内侍检御箧，得小金盒，启镝，宣示御书立宣宗为皇太子，奉嗣尊位，然后发丧。”戴均元，乾隆进士，官协办大学士、军机大臣、上书房总师傅。这两条记载，同《清史稿·宗室禧恩传》记载不一致。包世臣所撰《戴公（均元）墓碑》文，记载当时寻找并开启镝匣的情状：在嘉庆临终时，由托津、戴均元督促太监，翻箱倒匮，寻觅镝匣，最后由近侍于身间找出小金盒。而前引《清史稿·宗室禧恩传》所载，禧恩建议立旻宁，托津、戴均元均犹豫，则并无其事。托津、戴均元开启金盒时，也没有见记载当事人旻宁在场。人们对此事的真伪产生怀疑。此为历史疑云之四。

实录记载：嘉庆秘密立储朱谕密旨缄藏在“镝匣”内。《清仁宗实录》载：“上（嘉庆）疾大渐，召御前大臣赛冲阿、索特纳木多布斋，军机大臣托津、戴均元、卢荫溥、文孚，总管内务府大臣禧恩、和世泰，公启镝匣，宣示御书：嘉庆四年四月初十日卯初，立皇太子□□（旻宁）。”《清仁宗实录》是道光继位之后修纂的。《清宣宗实录》也记载：“仁宗疾大渐，召御前大臣赛冲阿、索特纳木多布斋，军机大臣托津、戴均元、卢荫溥、文孚，总管内务府大臣禧恩、和世泰，公启镝匣，宣示御书：嘉庆四年四月初十日卯初，立皇太子□□（旻宁）朱谕一纸。戌刻，仁宗崩……扈从诸臣，遵奉朱笔遗旨，请上即正尊位。上号恸仆地，良久方起。”《清宣宗实录》是咸丰修的，不会同他父皇纂修的《清仁宗实录》相违背。以上两个“实录”总算把这件事作了自圆其说。在相关的档案中，“公启鐍匣”为“公启密缄”。据此，当嘉庆病危时，临终前召戴均元、托津、禧恩等八大臣，“公启鐍匣”，立旻宁为皇太子。然而，这同前面《清史稿·宗室禧恩传》的记载相矛盾。此为历史疑云之五。

由上看出，旻宁继位，得到以禧恩为代表的宗室之建议和认同，又得到皇太后的中宫懿旨和皇弟瑞亲王绵忻的赞同，最主要是有军机大臣等开启鐍匣的御书圣旨。旻宁继位，皇太后与瑞亲王绵忻、宗室禧恩、军机大臣等达成共识，和平过渡。但是，在官私记载中，前后矛盾，彼此抵牾，仍给人们留下重重迷雾。

八月二十二日，嘉庆帝的灵柩从避暑山庄运回到北京，在乾清宫停放。先是，嘉庆暴卒，事前毫无准备，避暑山庄没有准备棺木。旻宁命速送“梓宫”来热河，嘉庆遗体在避暑山庄入殓，由承德运往北京。旻宁跟随灵柩而行，并已开始处理政务。八月二十七日，旻宁正式即位于太和殿，颁诏天下，成为清朝入关后的第六代皇帝。

道光执政30年，做了不少事情。他在惩治贪污、整顿吏治、治河通漕、清厘盐政、开通海运等方面，也有或多或少的成绩。道光一生中最大的政绩，是平息

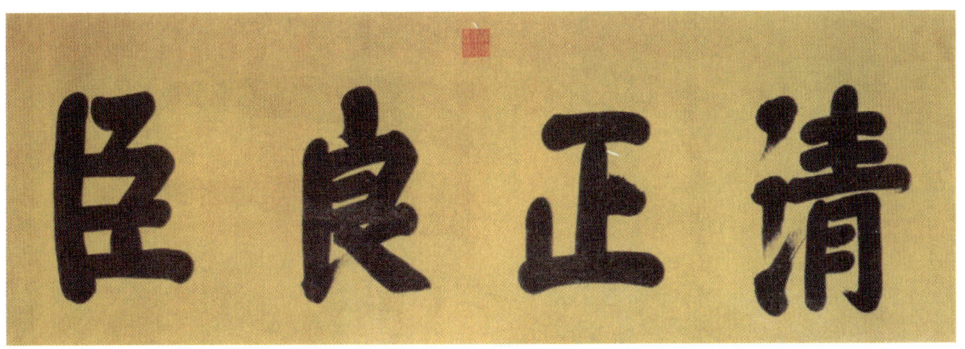

道光御笔“清正良臣”

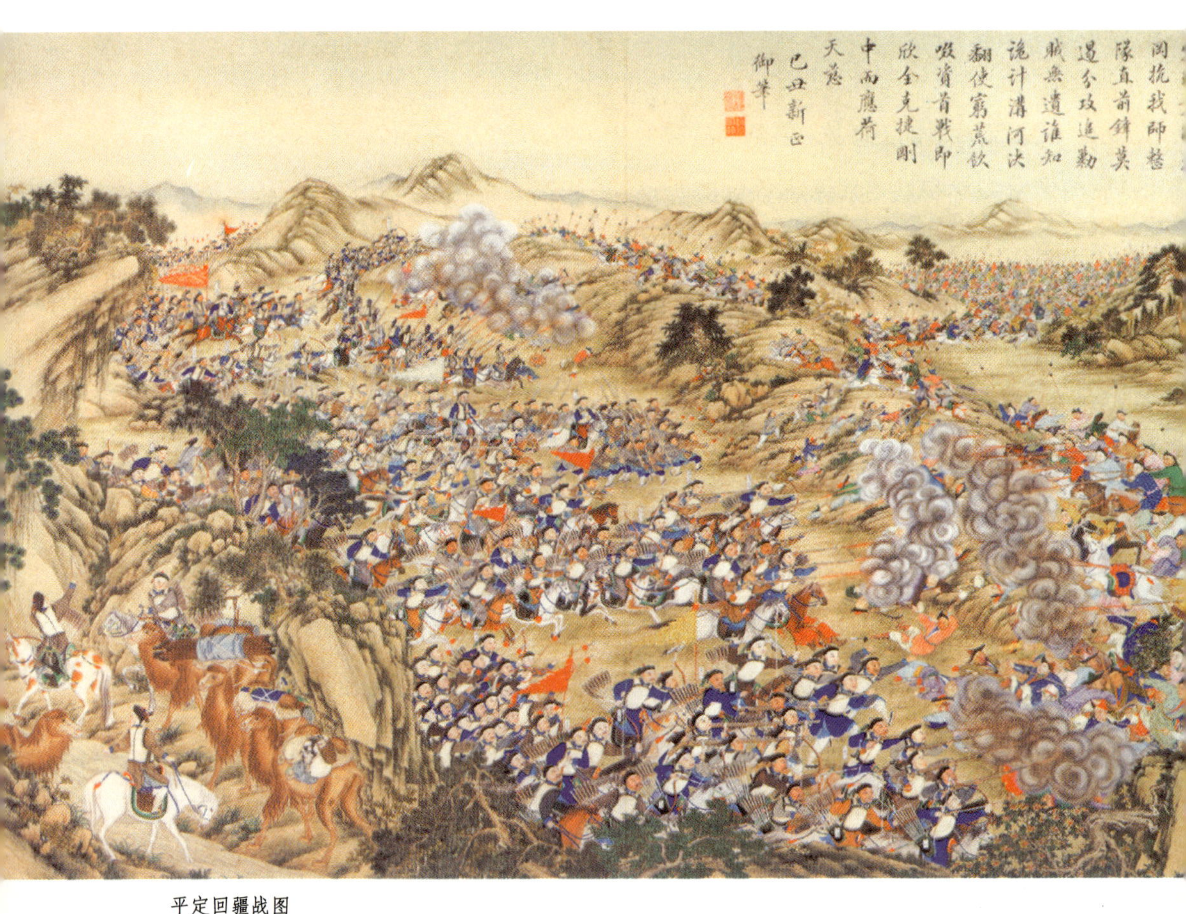
閧抗我師整
隊直前鋒莫
遏分攻進勦
賊無遺誰知
詭計溝河決
翻使窮荒飲
啜資首戰即
欣全克捷剛
中而應荷
天慈
己丑新正
御筆

平定回疆战图

回部张格尔的骚乱，巩固了新疆。道光30年的皇帝生涯，算是勤政，也算是节俭。他自诩道："自御极至今，凡批览章奏，引对臣工，旰食宵衣，三十年如一日，不敢自暇自逸。"野史说道光穿带补丁的裤子，于是大臣们仿效，也"缀一圆绸膝间"。节俭，对于一位皇帝来说，是难能可贵的。但是，评价一位君主、一位政治家，主要看他在历史潮流中，是站在前面，还是落在后面；看他在国家与民族利益上，是维护国家主权与民族尊严，还是丧失国家主权与民族尊严。道光皇帝禁烟运动失败，鸦片战争失败，签订丧权辱国的《南京条约》，他要承担相应的历史责任。

道光"虚心实行"玺

关于鸦片战争，中学教科书里讲得很详细。下面我们对鸦片烽火做点思考。

鸦片烽火

鸦片战争是道光朝历史、是清朝历史、也是中国历史上一个划时代的大事件。这方面的书籍文章很多，历史教科书也讲得很多。但有两个问题值得思考：鸦片战争清朝失败是必然还是偶然？鸦片战争失败的主要历史责任者是穆彰阿还是道光帝？

道光继位后，来不及处理鸦片问题，而是先着手解决最为紧迫的三件事情：第一件是调整中枢机构大员，将嘉庆时的重臣大学士托津、戴均元等换掉，组成包括曹振镛、穆彰阿等在内的新的朝廷班子；第二件是治理河漕；第三件是道光八年（1828年），平定新疆张格尔叛乱。然而，西北烽火刚熄，东南硝烟又起。

鸦片流入，由来已久。道光皇帝的皇曾祖父雍正开始禁烟，皇祖父乾隆下令

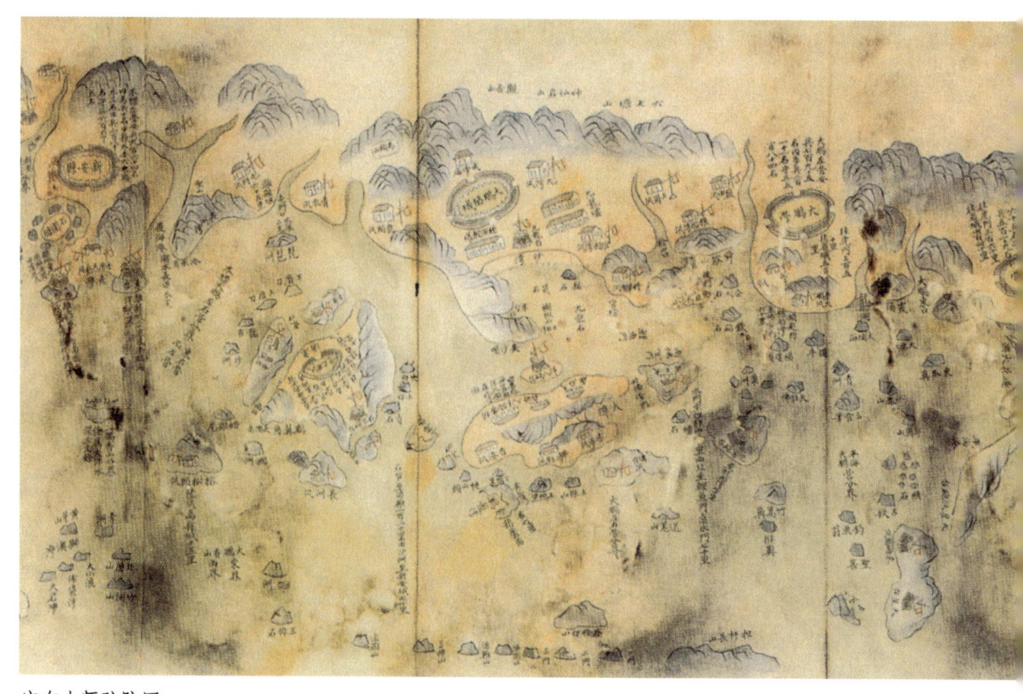

广东水师驻防图

禁烟，皇父嘉庆也屡令禁烟，但收效甚微，且愈演愈烈。雍正时每年走私进口鸦片200箱，乾隆时增至1000箱，嘉庆间又增至4000箱。道光开始禁烟，遇到很大阻力。鸦片走私，更加嚣张，年突破30000箱，流失白银3000万两。这时朝臣对禁烟政策主要有两派：以许乃济为首的弛禁派和以林则徐为首的严禁派。朝廷大臣发生两派观点并不奇怪，问题是道光皇帝如何决策。当年康熙皇帝，在是不是要平定三藩、是不是要统一台湾、是不是要反击沙俄侵略、是不是要亲征噶尔丹等重大问题上，都面临不同的意见。康熙的英明在于：他判断并支持朝臣的正确意见，而且支持到底，绝不动摇，直至胜利。

道光皇帝开始决定支持林则徐严禁鸦片的主张，派他为钦差大臣、两广总督，到广州禁烟。

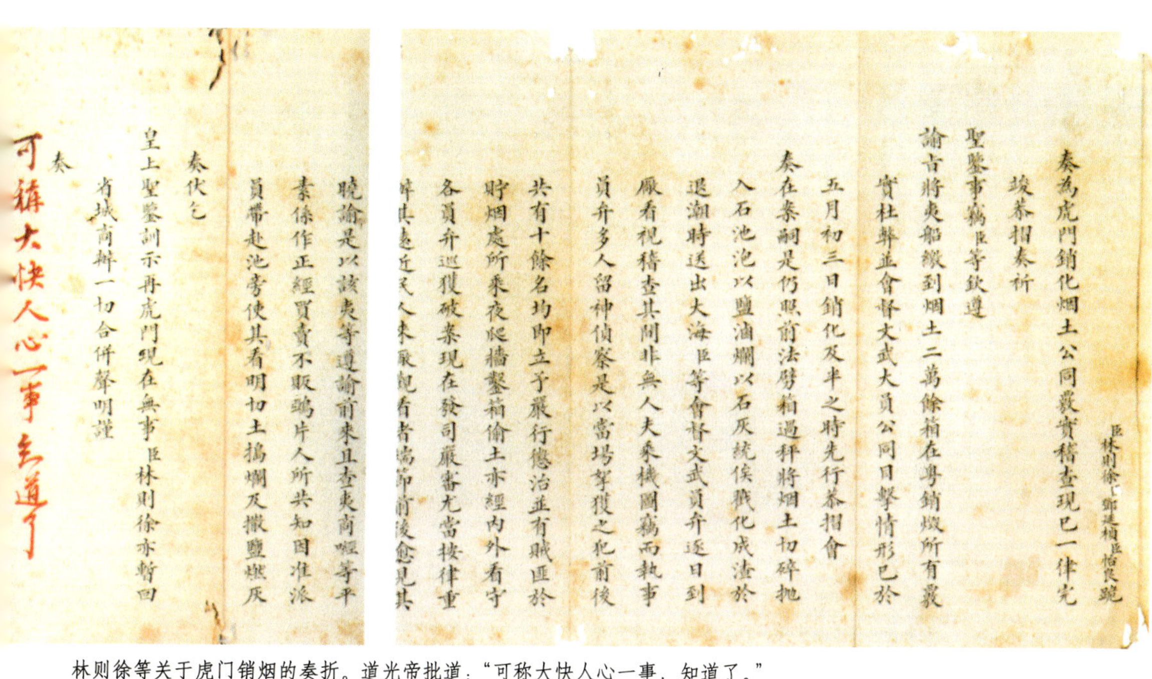

臣林則徐 臣鄧廷楨 臣怡良 跪

奏為虎門銷化烟土公同覈實稽查現已一律完
竣恭摺奏祈
聖鑒事竊臣等欽遵
諭旨將夷船繳到烟土二萬餘箱在粵銷燬所有覈
實杜弊並會督文武大員公同目擊情形已於
五月初三日銷化及半之時先行恭摺會
奏在案嗣是仍照前法劈箱過秤將烟土切碎拋
入石池泡以鹽滷繼以石灰統俟戳化成渣於
退潮時送出大海臣等會督文武員弁逐日到
廠看視稽查其間非無人夫乘機圖竊而執事
員弁多人留神偵察是以當場拏獲之犯前後
共有十餘名均即立予嚴行懲治並有賊匪於
貯烟處所乘夜爬牆鑿箱偷土亦經內外看守
各員弁巡獲破案現在發司嚴審尤當按律重
辦其遠近民人來廠觀看者端節前後愈見其
曉諭是以該夷等遵諭前來且查夷商㖿等平
素係作正經買賣不販鴉片人所共知因准派
員帶赴池旁使其看明切土搗爛及撒鹽燃灰
奏伏乞
皇上聖鑒訓示再虎門現在無事臣林則徐亦暫回
省城商辦一切合併聲明謹
奏

可稱大快人心一事
知道了

林则徐等关于虎门销烟的奏折。道光帝批道："可称大快人心一事，知道了。"

林则徐坚称："若鸦片一日未绝，本大臣一日不回！"林则徐严禁鸦片，必然损害一些人的不法利益，也必然损害英国殖民者的不法利益，因而定然遭到他们的反抗。道光皇帝作为一朝君主、一个政治家，他应该看到或预见到这一点。对英国殖民者可能由此而产生的反应——政治的、军事的、外交的、贸易的，预先采取防范措施。但是，他没有做到这一点。结果，鸦片战争兵败，签订了丧权辱国的《南京条约》。

清朝失败，以下两点，值得思考：

首先，鸦片战争中清朝的失败是必然还是偶然？

不错，当时英国的确比较先进，处于资本主义上升时期，而清朝经济落后、君主专制、吏治腐败、军备废弛。"落后就要挨打"，这是事物的普遍性。但事物

林则徐像

还有特殊性，要对具体历史事件进行具体历史分析。中英鸦片战争，从战略和战术两个方面，可做如下思考：

从战略来说：

一则，国力——道光时清朝人口4万万，俨然是东方一个大国，英国当时还没有成为“日不没国”；且英国跨越重洋，长驱远袭，以动对静，以劳对逸。清朝有可能打败英国的侵略。

二则，军事——英国进攻，而清朝防御；英国兵少，而清军兵多；英国后方太远，而清朝在本土作战。

三则，民心——英国是侵略的一方，清朝是反侵略的一方，并得到国民的支持。林则徐、邓廷桢发出告示：“如果英夷兵船进入内河，许以人人持刀痛杀。”

邓廷桢像

从战术来说：

一则，兵力——1840年6月，由英国全权代表懿律统带的侵略军4000人，乘舰船40余艘到达澳门。这支军队，数量有限，只要认真抵抗，完全可以取得胜利。

二则，后方——当时欧亚交通艰难，英军战线太长。7月初，侵略军进犯厦门，遭到邓廷桢率福建军民抗击，就北驶浙江定海，定海总兵葛云飞等壮烈牺牲，定海失陷。这时，清朝也只是小的失利。8月，英国派船到白河口投书，向清政府直接恫吓。清军在总体上完全占有优势。

三则，武器——当时英军使用的武器，海军虽用蒸汽机装备，但很多还是帆船；陆军虽使用后膛装弹的火枪和火炮，比清军稍先进一些，但并不像后来差距

虎门炮台火药缸

拉得那么大。

弱胜强、少胜多的例子，历史上是很多的。道光皇帝的祖先，当年萨尔浒之战、松锦之战，八旗军都是以弱胜强、以少胜多的。在外国，1894年（光绪二十年），埃塞俄比亚国王孟尼利克二世，号召军民抵抗意大利的侵略。经过两年军民奋战，打败意军侵略，迫使其在和约上签字，承认埃塞俄比亚是独立的国家。

所以，从战略、战术分析，清朝有可能打胜这一仗，但清朝却打败了。

历史责任

其次，鸦片战争失败的主要历史责任，是在穆彰阿还是在道光帝？

认识鸦片战争失败原因有一个过程。开始一些人认为责任在严禁派与主战派，其代表是林则徐。道光皇帝罢了林则徐的官，并将他遣戍新疆伊犁。后来一些人认为责任在弛禁派和主和派，其代表是穆彰阿、琦善等。应当说，后者的认识比前者进了一步，但还有深入探讨的空间。下面对朝廷军机大臣和大学士的构成做一个分析：

道光二十年（1840年），朝廷的军机大臣有：穆彰阿、潘世恩、王鼎、隆文、何汝霖5人，大学士有穆彰阿、潘世恩、琦善、王鼎、伊里布（差往浙江）、汤金钊6人。在京的军机大臣和大学士共7人，其中军机大臣兼大学士的有：穆彰阿、潘世恩、王鼎3人。其中潘世恩状元出身，遇事退让，仅为“伴食”而已。这三个人，穆彰阿为领班军机大臣、首辅大学士，潘世恩是穆彰阿的阿附者，琦善是大学士兼直隶总督，后署两广总督。所以，朝廷实际分为两派：以穆彰阿等为一派，王鼎等为另一派。因此，主和派的代表是穆彰阿，主战派的代表是王鼎。下面对穆彰阿和王鼎分别说一下。

先说穆彰阿一方：

《清史稿·穆彰阿传》记载：穆彰阿，满洲镶蓝旗人，嘉庆进士，任内务府大臣、直上书房、翰林院掌院学士、大学士、军机大臣。“穆彰阿当国，主和议，为海内所丛诟。上既厌兵，从其策，终道光朝，恩眷不衰。”穆彰阿是揣摩道光皇帝的心理，观察道光皇帝的意向，才主张和议的。《清史稿·穆彰阿传》明确记载：“穆彰阿窥帝意移，乃赞和议，罢则徐，以琦善代之。”

以上就是说：第一，穆彰阿主和是窥伺道光皇帝旨意而秉承的；第二，因为道光主和，穆彰阿乃跟着赞成主和，这里的主从关系不能颠倒；第三，罢免林则徐是穆彰阿根据道光皇帝意图行事的。像林则徐这样的封疆大吏，没有道光的“谕旨”，穆彰阿再专权也是扳不倒的；第四，琦善身任文渊阁大学士、直隶总督，其替代林则徐，没有道光皇帝谕准同样也是不能的。在大敌当前之时，林则徐被斥责、革职并谪戍伊犁，这和当年崇祯皇帝在皇太极兵临北京城下逮捕并事后凌迟袁崇焕一样，都是“自毁长城”！历史的悲剧又一次重演。总之，穆彰阿窥出道光之所思，说出道光之所欲言，做出道光之所欲为，所以穆彰阿始终得到道光的支持与信任。因此，鸦片战争失败的历史责任，主要应由道光皇帝来负。

道光过于无知。道光皇帝问道：“英吉利至新疆各部，有旱路可通？”这是早在康熙时候已经解决的常识问题。道光皇帝对西方的政治、经济、军事、地理一无所知，却无知者无畏，对英国的坚船利炮，依然不屑一顾！

道光过于无勇。他如有当年努尔哈赤亲自指挥萨尔浒大战的精神，有皇太极抱病亲自指挥松锦大战的意志，有康熙三次亲征噶尔丹的气魄，率军御驾亲征，调动天下“勤王”，等侵略军在天津大沽登岸后聚而歼之，这场战争是不会打输的，当然也不会有《南京条约》之耻。

由上可见，穆彰阿、琦善是体会道光的旨意、按照道光意旨行事的。穆彰阿卖国、误国，最后的总根源是道光皇帝。

再说王鼎一方：

《清史稿·王鼎传》记载：王鼎，陕西蒲城人。少年家贫，学习勤奋，性耿直，尚气节。到北京参加礼部考试，大学士王杰与王鼎同族，打算帮助他，他却不愿求助。王杰说：“观子品概，他日名位，必继吾后。”嘉庆元年（1796年），考中进士，选庶吉士，后授户部尚书。回疆事平，因赞画有功，绘像紫光阁。又受命清理长芦盐政积欠银900万两。后管刑部，直上书房，拜东阁大学士。王鼎官拜大学士、军机大臣后，受命河南治河。时黄河在河南祥符决口，他初到开封，见四面汪洋，城墙将旦夕塌圮。王鼎“躬率吏卒巡护，获无恙。洎（jì）工兴，亲驻工次，倦则寝肩舆中”。这项河工用银600万两，而前此马营、仪封工程用银1675万两。

在鸦片战争期间，大学士、军机大臣王鼎，演出了一场“尸谏”的悲壮史剧。说到“尸谏”，人们会想起“史鱼尸谏”的故事：史鱼为春秋时期卫国的大夫，以正直敢谏而著名。史鱼是一位智者，他说：“富而能臣，必免于难”、“骄而不亡者，未之有也”！史鱼谏卫灵公斥退弥子瑕，而用蘧（Qú）伯玉。他为了引起卫灵公的重视，采用了“尸谏”。所以，《论语·卫灵公》曰：“直哉史鱼！邦有道如矢，邦无道如矢！”王鼎就是史鱼一类的直臣。《清史稿·王鼎传》记载：

> 自禁烟事起，英吉利兵犯沿海，鼎力主战。至和议将成，林则徐以罪谴。鼎

愤甚，还朝争之力，宣宗慰劳之，命休沐养疴。越数日，自草遗疏，劾大学士穆彰阿误国。闭户自缢，冀以尸谏。军机章京陈孚恩，穆彰阿党也，灭其疏，别具以闻。……鼎清操绝俗，生平不受请托，亦不请托于人。卒之日，家无余赀。

“王鼎尸谏”与穆彰阿得势，这是道光皇帝的两面镜子，它反映出：“君子消沉，小人猖獗。”道光皇帝在位时期，清朝的危机更加严重。道光虽有“恭俭之德，宽仁之量”，却不能采纳忠言，不能在关键时刻做出正确决定，所以，“国步之濒，肇端于此”。孟森先生认为：“宣宗之庸暗，亦为清朝入关以来所未有。”

从此，西方侵略者用武力打开了中国的大门。道光是中国两千年帝制史上，第一个同西方殖民者签订丧权辱国条约的皇帝。鸦片战争的失败，丧权辱国的《南京条约》的签订，道光皇帝应负主要历史责任。

香港开埠图

道光把自己的名字永远地写在中华文明史的耻辱柱上，这将为后世丧权辱国、割地赔款者戒！

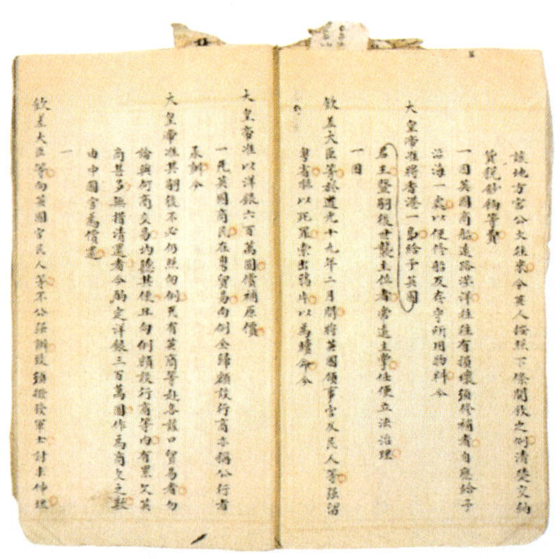

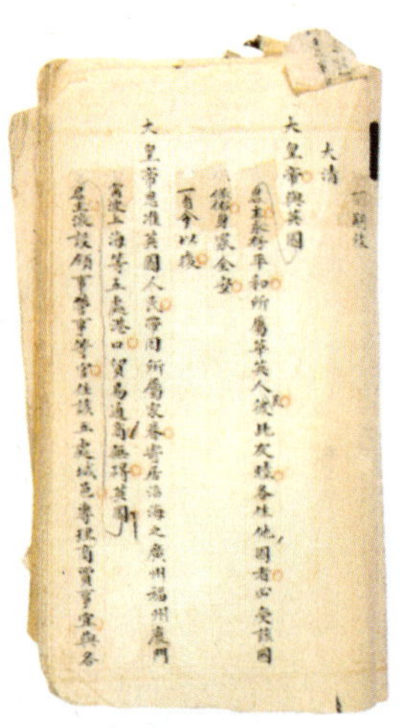

中英《南京条约》抄本（局部）

相关阅读书目推荐

（1）阎崇年：《清朝十二帝·道光皇帝》，故宫出版社，2012年

（2）孙文范等：《道光帝》，吉林文史出版社，1993年

（3）喻大华主编：《清朝通史·道光朝》，紫禁城出版社，2003年

（4）余新忠编著：《道光事典》，紫禁城出版社，2010年

奕詝个人小档案

年号： 咸丰

姓名： 爱新觉罗·奕詝

出生： 道光十一年六月初九日
（1831年7月17日）

出生地： 北京圆明园澄静斋

属相： 兔

父亲： 旻宁（道光）

母亲： 钮祜禄氏，孝全成皇后

排行： 宣宗第四子

初婚： 16岁结婚，配偶萨克达氏，
为嫡福晋

配偶： 16人，皇后萨克达氏等

子女： 2子，1女

即位时间： 道光三十年正月二十六日
（1850年3月9日）

即位年龄： 20岁

在位年数： 11年

卒年： 咸丰十一年七月十七日
（1861年8月22日）

享年： 31岁

死亡地： 承德避暑山庄烟波致爽殿

庙号： 文宗

谥号： 显皇帝

陵寝： 定陵（清东陵）

继位人： 载淳（同治）

最得意： 运用智巧登上皇位

最失意： 英法联军攻入北京

最不幸： 签订《北京条约》

最痛心： 圆明园被焚掠

最擅长： 听戏

咸丰的年号，是企望天下丰衣足食的意思。这在当时只能是个不切实际的幻想。咸丰皇帝面临着内忧外患、国将不国的严重局面，而他却无胆识、无远略、无才能、无作为。咸丰11年的皇帝生活，最明显的三个特点就是“错”、“错”、“错”！咸丰皇帝第一错是错坐上皇帝宝座，第二错是错逃离皇都北京，第三错是错定了顾命大臣。咸丰做了11年的皇帝，显然是个历史的误会。

咸丰帝奕詝

奕詝（zhǔ）是清朝最后一位通过秘密立储继位的皇帝。他20岁登极，在位11年，享年31岁。年号咸丰，“咸”是普遍的意思，“丰”是富足的意思，“咸丰”是天下丰衣足食的意思。可是在当时，所谓“天下丰衣足食”，只能是个不切实际的幻想。咸丰皇帝面临着内忧外患、国将不国的严重局面，而他却无胆识、无远略、无才能、无作为。咸丰做了11年的皇帝，显然是个历史的误会。

陆游曾经在《钗头凤》中这样感叹差错凄惨的爱情：

> 红酥手，黄縢酒，满城春色宫墙柳。东风恶，欢情薄，一怀愁绪，几年离索。错！错！错！

陆游在这首《钗头凤》里，连续用了三个“错”字——错！错！错！这三个“错”字，借用在咸丰皇帝奕詝身上，竟或有几分贴切。咸丰11年的皇帝生活，最明显的三个特点就是：“错”、“错”、“错”！咸丰皇帝第一错是错坐上皇帝宝座，第二错是英法联军入侵时错逃离皇都北京，第三错是临终之前错定了顾命八大臣。

下面讲咸丰皇帝的第一错。

错坐了皇帝宝座

道光皇帝共有9个儿子：他立储时，长子奕纬（已死）、二子奕纲（已死）、三子奕继（已死）、四子奕詝（16岁）、五子奕誴（16岁，出继）、六子奕䜣（15岁）、七子奕譞（7岁）、八子奕詥（3岁）、九子奕譓（2岁），其中奕纬、奕纲、奕继早逝，奕誴又过继给了惇亲王绵恺。道光二十六年（1846年），道光帝已是65岁的老人，这年奕詝16岁，奕䜣15岁，其余的儿子都是7岁以下的孩子。这就意味着有条件、有能力竞争帝位者，只有奕詝和奕䜣两兄弟。

奕詝的生母为孝全成皇后钮祜禄氏，二等侍卫颐龄之女，家境寒素。她入宫之初，封为嫔。但她聪慧漂亮，妩媚动人，很讨道光皇帝的喜欢，晋封为贵妃。道光十一年（1831年）六月，她在圆明园湛静斋生下奕詝（咸丰），这年她22岁，正是花样的年华。钮祜禄贵妃生子奕詝两年后，皇后佟佳氏病死。她时来运转，晋封为皇贵妃，统摄六宫之事。又过了一年，被册为皇后。月盈则亏，宠极则衰。钮祜禄氏虽身为皇后，但渐因色衰而爱弛，抑郁寡欢，得了大病。道光二十年（1840年）正月病死，年33岁。奕詝当时只有10岁。

奕詝生母过世后，受静贵妃抚育。静贵妃，姓博尔济吉特氏，刑部员外郎花郎阿之女。她初为静贵人，后晋为贵妃。静贵妃生有三个儿子：皇二子奕纲、皇三子奕继和皇六子奕䜣。前面说过，奕纲和奕继已死，静贵妃膝下只有皇六子奕䜣。奕䜣比奕詝小一岁。静贵妃便将失去生母的奕詝收在膝下抚育。奕詝孝敬静贵妃如同生母，视奕䜣如同胞弟。而同奕詝争夺皇储最有力者，就是他视作同胞的皇六弟奕䜣。

奕詝与奕䜣，他们俩都受静贵妃抚养。道光在连丧三位皇后——孝穆成皇后、孝慎成皇后、孝全成皇后的悲伤之余，没有再册立皇后。便册静贵妃为皇贵

孝全成皇后像

静妃像

妃，摄六宫事。奕詝与奕訢小兄弟俩，都在上书房读书，年龄相近，关系密切，并无嫌猜。不过，奕詝读书比奕訢早一年。奕詝6岁开始读书，师傅为杜受田。

杜受田，山东滨州人。父，嘉庆进士，官至礼部侍郎。受田，道光三年（1823年）进士，会试第一，选庶吉士，授编修。十五年（1835年），入直上书房，教奕詝读书，后升为上书房总师傅。杜受田师傅教导奕詝，尽心尽力，倾注心血。史载："受田朝夕教诲，必以正道，历十余年。"奕詝为皇子时，从猎南苑，驰逐群兽，坠马伤股。经上驷院正骨医士治疗，留下残疾，行动不便。他小时候还得过天花，脸上留下麻子。

奕訢也在上书房读书，但较奕詝聪明，师傅是卓秉恬。史书说："与文宗同在书房，肄武事"，"集花枪法二十八势，曰'棣华协力'；刀法十八式，曰'宝锷宣威'"。皇父道光以"白虹刀"宝刀赐给奕訢。奕訢身体很好，头脑聪明，书文不错，武功也好，还有所发明和创造。道光晚年，立储大事，犹豫不定：皇四子奕詝，"长且贤"，年龄最大，又很仁孝；皇六子奕訢，虽为庶出，但家法传嗣，不分嫡庶，而且"天资颖异"，能文能武。随着他们年龄渐大，皇储争夺，暗藏机关。

道光帝秘密立储的故事，野史笔记和民间传说，多种多样，绘声绘色。

一说：追思亡后而施恩其子。奕詝的生母孝全成皇后，由贵妃晋升为皇后不久，就突然死去。有一首《清宫词》写她暴死，事多隐秘。传说道光帝十分悲痛，决定不立其他妃嫔的儿子，而立皇后生的儿子奕詝，以此告慰孝全成皇后的亡灵。

二说：欲立奕訢而改立奕詝。传说道光皇帝宠爱奕訢的生母静皇贵妃，所以曾写好谕旨，要立奕訢。但书写时被太监窥见，最后一笔特别长，猜想写的是"訢"字，而不是"詝"字。这件事传了出去，道光帝很不高兴，便改立为奕詝。

以上虽属传说，却说明一个道理，就是道光应该立奕訢，而不该立奕詝，咸丰错坐了皇帝的宝座。

据野史记载：道光晚年，身体衰病。一日，召皇四子与皇六子入对，将藉以决定储位。两位皇子都请教自己的师傅，问询如何应对。奕䜣师傅卓秉恬说：“皇父如有垂询，当知无不言，言无不尽。”奕詝师傅杜受田则对奕詝说：“阿哥如条陈时政，知识不敌六阿哥。惟有一策：皇上若自言老病，将不久于此位，阿哥就伏地流涕，以表孺慕之诚而已。”他们两兄弟都照着自己师傅说的做了。道光对皇四子奕詝的话很高兴，谓皇四子仁孝，储位遂定。

《清史稿·杜受田传》记载同上面类似的故事：

> 至宣宗晚年，以文宗长且贤，欲付大业，犹未决。会校猎南苑，诸皇子皆从，恭亲王奕䜣获禽最多，文宗未发一矢。问之，对曰：“时方春，鸟兽孳育，不忍伤生，以干天和。”宣宗大悦，曰：“此真帝者之言！”立储遂密定，受田辅导之力也。

上文中的宣宗是道光帝，文宗就是后来的咸丰帝。这就是《清史稿·杜受田传》所载“藏拙示仁”的故事。

以上故事，说明奕詝突出“仁”与“孝”。这是道光立奕詝为皇太子的重要原因。由此可以看出：道光帝选择皇太子的主要标准是所谓的“德”。本来皇太子的选择，应当是“德才兼备”，道光选择皇太子的时候，没有“德”、“才”兼顾，而是偏重“德”。后来的事实证明，咸丰帝奕詝遇到大事时缺乏远略、胆识，而是退缩、逃避，证明他在“德”的方面也是有欠缺的。

皇六子奕訢封為親王
皇四子奕詝立為皇太子

道光皇帝的建储秘诏

道光二十六年（1846年）六月，

銀燭朝天紫陌長禁城春色曉蒼蒼千條弱柳垂青瑣百囀流鶯繞
建章劍珮聲隨玉墀步衣冠身惹御鑪香共沐恩波鳳池上朝朝染
翰侍君王（早朝大明宮呈兩省寮友　賈至）五夜漏聲催曉箭九重春色醉仙桃旌旗日暖
龍蛇動宮殿風微燕雀高朝罷香烟攜滿袖詩成珠玉在揮毫欲知
世掌絲綸美池上于今有鳳毛（奉和賈舍人早朝大明宮　杜甫）絳幘雞人報曉籌尚衣方
進翠雲裘九天閶闔開宮殿萬國衣冠拜冕旒日色纔臨仙掌動香
煙欲傍袞龍浮朝罷須裁五色詔珮聲歸到鳳池頭（同前　王維）雞鳴紫陌
曙光寒鶯囀皇州春色闌金闕曉鐘開萬戶玉階仙仗擁千官花迎
劒珮星初落柳拂旌旗露未乾獨有鳳凰池上客陽春一曲和皆難
（同前　岑參）道光庚戌孟春七日　皇四子書

咸丰为皇子时的《楷书唐人诗》

道光帝密立储位，将皇四子奕詝名字书写密封于鐍匣。三十年（1850年）正月十四日，道光帝病危，急召宗人府宗令载铨，御前大臣载垣、端华、僧格林沁，军机大臣穆彰阿、赛冲阿、何如霖、陈孚恩、季芝昌，总管内务府大臣文庆，公启鐍匣，宣示建储朱谕："皇四子奕詝，著立为皇太子。尔王大臣等，何待朕言，其同心赞辅，总以国计民生为重，无恤其他。特谕。"道光正式宣布：立皇四子奕詝为皇太子，并封皇六子奕䜣为恭亲王。当日午时，道光帝崩于圆明园。

奕詝即位，改明年为咸丰元年（1851年）。奕詝做了皇帝，其御名要避讳。道光二十六年（1846年）三月，谕旨："以二名不偏讳，将来继体承绪者，上一字仍旧，无庸改避，亦无庸缺笔；其下一字应如何缺笔之处，临时酌定，以是著为令典。"于是，命"将御名上一字仍旧书写，毋庸改避，下一字著缺写末一笔"，就是将"詝"字讳写成"讠亡"字。以前所刻印的书籍，都不需改避。

道光身后留下的宝座，应当由奕䜣坐。皇六子奕䜣论德论行，以文以武，在道光诸皇子中是最优秀的。结果却被奕詝错坐了皇帝的宝座。当然，这个历史责任不在咸丰，而在道光，或者说在"秘密立储制度"。咸丰错坐了皇位，不仅给自己带来了悲剧，而且给民族和国家带来了悲剧。

下面讲咸丰皇帝第二错，英法联军入侵时错逃离皇都北京。

错离了皇都北京

咸丰登极之后，面临"内忧"与"外患"两大难题："内忧"——太平天国占领南京；"外患"——英法联军入侵北京。他被困扰11年，并无一日安宁。

咸丰对内碰到的最大难题，是太平天国的兴起。道光三十年（1850年）正月，奕詝告祭天地，即皇帝位。当年十二月，便发生太平天国起义。洪秀全在38岁生日这一天，即十二月初十日（1851年1月11日），于广西桂平县金田村起义，建号"太平天国"。咸丰元年（1851年），太平军攻占永安。咸丰二年（1852年），太

太平天国天王玉玺

平军攻克武汉。咸丰三年（1853年），太平军连克九江、安庆，攻占南京，定名为“天京”。直到同治三年（1864年），清军攻陷天京。太平军余部又奋争两年多失败。此次战火，燃遍14省之广，历时14年之久，清朝统治，受到震荡，元气大伤，根本动摇。回顾清朝统一华夏后，在中原地区有三次大规模的战争：第一次是康熙朝的吴三桂叛乱，第二次是嘉庆朝的白莲教民变，第三次则是咸、同两朝的太平天国起义。太平天国运动时间之长、地区之广、规模之大、耗银之多、死人之众、影响之深，成为有清一代中原战争之最。

咸丰对外碰到的最大难题，是英法联军入侵北京。

先是，咸丰四年（1854年），英、美、法三国向清政府提出修改《南京条约》等要求，遭到清廷拒绝。

咸丰六年（1856年），英国借口“亚罗号”事件，进犯广州，被击退。

咸丰七年（1857年）十一月，英法联军攻陷广州。两广总督叶名琛兵败，后被俘，解送印度加尔各答，死于囚禁。

咸丰、同治时期与列强签订的部分条约

咸丰八年（1858年）三月，英法联军及英、法、俄、美四国公使，抵达天津大沽口外，要求所谓“修约”。咸丰令直隶总督谭廷襄“以夷制夷”：对俄示好，对美设法羁縻，对法进行诱劝，对英严词责问。谭廷襄奉旨行事，结果没有成功。四月，英、法舰队在俄、美支持下，攻陷大沽炮台，逼近天津，清军8000余人溃败。这时，咸丰想起当年同英国签订《南京条约》的耆英，但英、法拒绝同耆英谈判。咸丰不得已派大学士桂良、吏部尚书花沙纳为钦差大臣，赴天津谈判。五月，钦差大臣桂良、花沙纳分别与英、法、俄、美等国代表，签订中英、中法、中俄、中美《天津条约》。条约样本奏上，咸丰虽然愤怒，却不得不批准。他在盛怒之下，令耆英自尽，算是找了一只替罪羊。同时，沙俄西伯利亚总督穆拉维约夫趁火打劫，兵逼瑷珲（今爱辉），约黑龙江将军奕山谈判边界事务。俄用武力迫使奕山签订中俄《瑷珲条约》，割去黑龙江以北、外兴安岭以南中国领土60万平方公里，并将乌苏里江以东40万平方公里中国领土划为所谓中俄“共管”。

咸丰九年（1859年）五月，英、法借口换约，又率军舰到大沽口。英、法舰队，进攻大沽炮台。清提督史荣椿下令开炮还击，重创英、法舰队，击沉4艘、击伤6艘，死伤400余人，重伤英舰队司令贺布。英法联军在美舰掩护下狼狈退走。咸丰见大沽获胜，尽毁《天津条约》。尔后，英、法两国都在调兵遣将，准备新的侵略。

咸丰十年（1860年）春，英军18000余人，法军7000余人，陆续开赴中国。尔后，占舟山，攻烟台。六月，英法联军再向大沽进攻。清僧格林沁率兵守大沽，而疏防北塘。僧格林沁上奏要在大沽同英法联军决战，咸丰谕旨："天下根本，不在海口，而在京师。"七月，英法联军由北塘登陆。咸丰战和不定，痛失歼敌良机。英法联军攻陷塘沽后，又攻占天津。咸丰派大学士桂良、直隶总督恒福为钦差大臣，赴天津谈判。英、法提出天津开埠、赔款等要求。桂良拟好接受条款奏报，咸丰谕先退兵、后定约。英法联军以谈判不成，向通州进军。八月，咸丰派怡亲王载垣、兵部尚书穆荫为钦差大臣，往通州议和。载垣接受英、法要求，但英、

恭亲王奕䜣

法又提出向皇帝亲递国书，被载垣拒绝，谈判破裂。载垣、穆荫拘囚英使巴夏礼等，解到北京。英法联军继续进攻，大战于通州张家湾。僧格林沁战败，退到通州八里桥。英法联军6000余人犯八里桥，僧格林沁、胜保兵再败。

英法联军进逼北京，咸丰帝让皇六弟、恭亲王奕䜣为钦差大臣，便宜行事，办理和局。咸丰心生一计：暗示大臣奏请“秋狝木兰”。初八日，咸丰以“秋狝木兰”为名，从圆明园启程奔往热河。英法联军进至北京德胜门外，二十二日（10月6日），攻占圆明园，总管园务大臣文丰投福海自尽。奕䜣奏请放还巴夏礼等。这个事件影响重大：

第一，签订中英、中法、中俄《北京条约》，又订中俄《瑷珲条约》，将黑龙江以北、外兴安岭以南中国领土60万平方公里，并将乌苏里江以东中国领土40万平方公里，割给了俄国。后来俄国又占去巴尔喀什湖以东44万平方公里土地。

第二，英、法两国索赔白银1600万两。

圆明园海晏堂铜版画

圆明园海晏堂遗址

第三，九月初五日（10月18日），英法联军焚毁圆明园，大火冲天，数日不熄。圆明园惨遭焚劫，使中华园林之瑰宝暨珍藏之文物珍品，或惨遭劫掠，或化为灰烬。

第四，英法联军侵入京师，这在中华历史上是破天荒的第一次。英法联军侵入京师，使得大清庙社震惊，圆明三园遭焚掠，京师百姓遭殃，中华文明受辱。这是中华千古未有之奇变，也是民族千古未蒙之奇辱。

遭遇殖民侵略，外国有相似的例子。在非洲，意大利曾经侵略并打败过埃塞俄比亚，签订了不平等条约。1894年（光绪二十年），意大利寻找借口，入侵埃塞俄比亚。埃塞俄比亚国王孟尼利克二世，号召军民抵抗侵略。埃塞俄比亚国王孟尼利克二世，积极备战，发布公告："我决心保卫我们的国家，给予敌人以反击，一切有力量的人都跟我来吧！”埃塞俄比亚军民空前团结，有力者出力——参军，有衣物者出衣物——捐出衣物、粮食，组成一支有11万人和40余门大炮的军队。埃塞俄比亚军民用落后武器迎击意大利军的侵略。经过两年奋战，打死打伤意军11000余人，意大利侵略者被打败了！意大利不得不乞和，签订《亚的斯亚贝巴和约》，承认埃塞俄比亚的完全独立，赔款1000万里拉。

可是，咸丰皇帝是怎样对付英法联军侵略的呢？

第一，咸丰没有下诏决战。他没有作战决心，也没有周密部署。起初，英军18000余人，法军7000余人，陆续开赴中国。咸丰皇帝没有发布诏书，动员军民，积极抵抗；也没有派军队守住天津塘沽海口。却在圆明园庆祝他的30寿辰，在正大光明殿接受百官朝贺，并在同乐园连演4天庆寿大戏。咸丰和王公大臣沉醉在园内的听戏欢乐中，英法联军却加紧了军事进攻。一个大清帝国，数以百万计官兵，难道还不如埃塞俄比亚的11万军队吗？而且，意大利到埃塞俄比亚很近，不像英、法到清朝那么远；埃塞俄比亚是个小国，不像清朝那么地大、物博、人众、兵多！

第二，咸丰没有政治韬略。咸丰战和不决，小胜即骄。打了败仗，签订《天津条约》；略获小胜，又撕毁《天津条约》；再打败仗，又拒绝妥协；施展猫伶狗俐小技，使得事态不断扩大。没有使天津谈判就地解决，而支持肃顺、载垣、穆荫一伙，将英使巴夏礼等诱擒到北京，导致事态进一步扩大。咸丰帝没有韬略，没有格局，要小把戏，玩小权术，使主动局面变成被动局面，又使被动局面更加被动。

第三，咸丰没有身守社稷。面对英法联军6000余人犯八里桥，咸丰没有动员兵民“勤王”，全力守卫京师，而是准备逃跑。当年，明成祖朱棣迁都北京，原因之一是“天子守国门”，抵御犯扰。明朝的崇祯皇帝，在社稷危难之时，既不迁都逃跑，也不巡狩围猎，而是发出“朕死无面目见祖宗”的哀叹，“自去冠冕，以发覆面”，登上煤山，自缢而死。可是，咸丰皇帝在大敌侵入之时，不尽职守，不守

玫贵妃、春贵人行乐图

国门，却带领老婆儿子、军机大臣、王公贵族，逃之夭夭，美其名曰“巡狩”。咸丰皇帝铸成了历史之大错、特错！

咸丰皇帝逃到承德避暑山庄后做了些什么？是设法挽救国家危亡，还是关怀黎民涂炭？都不是。咸丰皇帝在避暑山庄里贪女色、贪丝竹、贪美酒、贪鸦片！

一贪女色。有书记载：奕訢置兵败于不顾，携妃嫔游行园中，寄情于声色，既聊以自娱，又自我麻醉。他有所谓汉女“四春”：牡丹春、海棠春、杏花春、陀罗春。此外还眷爱“天地一家春”，就是慈禧。还有野史说咸丰养着一位民间寡妇。《野史叟闻》记载：咸丰钟情于一位寡妇曹氏，山西人，长得秀美妖艳，妩媚动人。入宫以后，帝最眷之。野史类似的记载还有：“山西籍孀妇曹氏，风流姝(shū)丽，脚甚纤小，喜欢在鞋履上缀以明珠。咸丰帝召入宫中，最为眷爱。”

二贪丝竹。咸丰爱看戏，爱唱戏，有时粉墨登场。在热河行宫，他都经常点戏、看戏。他有时指导太监演戏，如《教子》、《八扯》等戏，还演唱过《朱仙

《升平署戏曲人物》之“孙悟空”

镇》、《青石山》、《平安如意》等戏。他在热河逃难，更醉心于戏剧。他把升平署（宫廷戏班）招到承德行宫承差，亲点戏目，钦定角色。他在避暑山庄的烟波致爽殿听戏，几乎每天都要戏班承应，有时上午刚听过彩唱，中午还要传旨清唱。天暖之后，有时在“如意洲”看戏。“如意洲”有水上戏台，凭水看戏，别有情趣。薛福成《庸盦笔记》记载：咸丰帝在热河不但围猎，而且观剧。“和议刚成，即召京师升平署人员，到热河行在唱戏，使咸丰帝乐不思蜀。”

三贪美酒。咸丰贪杯，一饮即醉，一醉便闹，大耍酒风。野史记载：“文宗嗜饮，每醉必盛怒。每怒必有一二内侍或宫女遭殃，其甚则虽所宠爱者，亦遭戮辱。幸免于死者，及醒而悔，必宠爱有加，多所赏赐，以偿其苦痛。然未几而醉，则故态复萌矣。”

四贪鸦片。咸丰继位不久，违背祖训，吸上鸦片，并美其名曰“益寿如意膏”。咸丰北狩热河后，京师被英法联军侵占。他不亲率军民抗击外敌侵略，却以吸食鸦片来刺激自己、麻醉自己。

咸丰皇帝没有国君的使命感，也没有历史的责任感。咸丰皇帝在英法联军侵入北京的历史责任上，不仅有过，而且有罪。咸丰皇帝应是《北京条约》签订的直接责任者。咸丰在外敌入京、义军蜂起、社稷多难、江山危急之时，逃离皇都北京，躲在避暑山庄，而且恐惧洋人，拒不回銮返京，从而铸成他在民族、国家危难关头逃离北京的第二个大“错”！

咸丰皇帝第三错，是在临终前错误旨定顾命大臣。

错定了顾命大臣

咸丰十一年（1861年）七月十五日，咸丰帝在热河行宫病重。十六日，咸丰在烟波致爽殿寝宫，召见怡亲王载垣、郑亲王端华、御前大臣景寿、协办大学士肃顺、军机大臣穆荫、匡源、杜翰（杜受田之子）、焦祐瀛等。咸丰谕：“立皇长子

避暑山庄烟波致爽殿

载淳为皇太子。”又谕：“皇长子载淳现为皇太子，著派载垣、端华、景寿、肃顺、穆荫、匡源、杜翰、焦祐瀛，尽心辅弼，赞襄一切政务。”以上就是历史上著名的“顾命八大臣”或“赞襄政务八大臣”。载垣等请咸丰帝朱笔亲写，以昭郑重。而咸丰帝此时已经病重，不能握管，遂命廷臣承写朱谕。咸丰在病逝前，授予皇后钮祜禄氏“御赏”印章，授予皇子载淳“同道堂”印章（由懿贵妃掌管）。十七日清晨，咸丰帝病逝。

当时，朝廷的主要政治势力，可以分为三股：

第一，朝臣势力。其集中代表是顾命“赞襄政务”八大臣——载垣、端华、景寿、肃顺、穆荫、匡源、杜翰、焦祐瀛。下面把他们做个分析：

载垣：为康熙第十三子怡亲王允祥之五世孙，承袭亲王爵。道光时，任御前大臣，受顾命。咸丰继位，为宗人府宗正，领侍卫内大臣。扈从咸丰逃难到承德避暑山庄。同端华、肃顺相结，资深位重，权势日张。

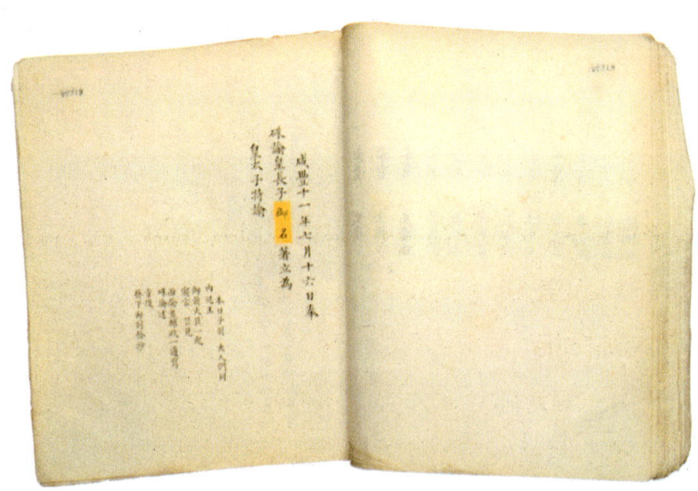

立皇长子载淳为皇太子的上谕

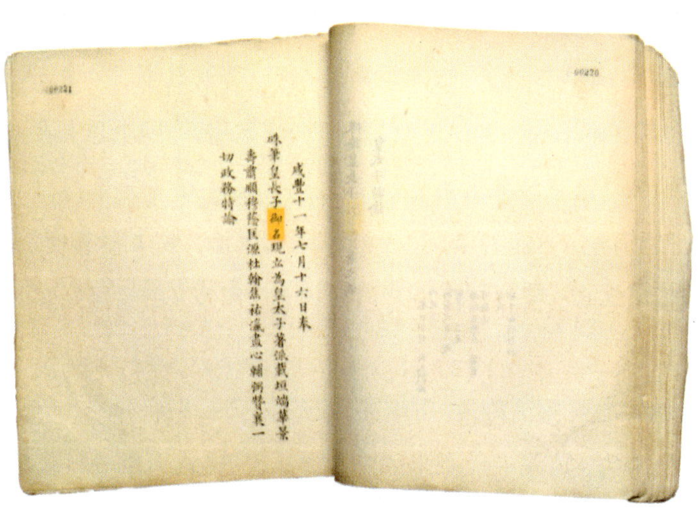

命载垣等八人赞襄一切政务的上谕

端华：清开国奠基者舒尔哈齐之子、郑亲王济尔哈朗之后，道光年间袭郑亲王爵，授御前大臣。道光帝死，受顾命。咸丰继位后，为领侍卫内大臣。扈从咸丰逃难到承德避暑山庄。端华与弟肃顺同朝用事。

肃顺：为宗室，郑亲王之后，端华之弟。道光时为散秩大臣。咸丰继位后，由护军统领、授御前侍卫。又任左都御史、理藩院尚书、都统，后任御前大臣、内务府大臣、户部尚书、大学士、署领侍卫内大臣。肃顺同其兄郑亲王端华及怡亲王载垣互相依靠，排挤异己，掌握大权。

景寿：先祖为一等诚嘉毅勇公明瑞，乾隆时进攻缅甸得胜而受封，世袭罔替。三传至景庆，死。弟景寿袭封。景寿为御前大臣，恭亲王奕䜣同母妹固伦公主额驸。

穆荫：满洲正白旗人，军机大臣、兵部尚书、国子监祭酒（非进士特旨）。到天津议和，获巴夏礼送到北京，事情闹大，改派护驾热河。

匡源：道光进士，军机大臣。

“御赏”、“同道堂”章及其宝匣

杜翰：咸丰师傅杜受田之子。因咸丰感激师傅杜受田，授其子杜翰为军机大臣。翰力驳董元醇请两宫太后垂帘听政之议，受到肃顺等赞赏。

焦祐瀛：为道光举人，军机章京、军机大臣，依附权臣肃顺，诏旨多出其手。

上述咸丰临终顾命、赞襄政务的八位大臣中，主要为两部分人：载垣、端华、肃顺、景寿四人为宗室贵族、军功贵族；穆荫、匡源、杜翰、焦祐瀛四人为军机大臣。当时军机大臣共有五人，其中文祥兼户部左侍郎（尚书为肃顺兼），因上言力阻“北狩”而被留在北京，是军机大臣中唯一被排除在赞襄政务大臣之外者。

第二，帝胤势力。咸丰死时，道光九个儿子中健在的还有五阿哥惇亲王奕誴、六阿哥恭亲王奕䜣、七阿哥醇郡王奕譞、八阿哥钟郡王奕詥、九阿哥孚郡王奕譓等。在咸丰死时恭亲王奕䜣30岁、醇郡王奕譞20岁，都年富力强。大敌当前，咸丰皇帝和军机大臣、御前大臣、内务府大臣等，多逃到避暑山庄，几乎没有一个人身临前线。恭亲王奕䜣、醇郡王奕譞都是空有爵位的闲散亲王、郡王，既不是大学士，也不是军机大臣，更不是御前大臣，却要挺身在第一线，处理那么一个乱摊子。奕䜣等本来就对咸丰登上皇位心怀不满，且被免掉军机大臣、宗人府宗令、八旗都统，要往承德奔丧又遭到拒绝，特别是他作为咸丰皇帝的血亲而未列入顾命大臣，于情于理，都不妥当。旧怨新恨，汇聚一起。况且，恭亲王奕䜣不是孤立的一个人，他同诸位兄弟——没有官职的醇郡王奕譞等联合起来，同帝后势力联合起来，同朝中顾命大臣以外的势力联合起来，成为朝中一股强大的政治势力。

第三，帝后势力。就是6岁的同治皇帝和两宫太后——东太后慈安和西太后慈禧。他们虽是孤儿寡母，在帝制时代却是皇权的核心。咸丰在临终之前，特制“御赏”、“同道堂”两颗印章，作为日后颁布诏谕的符信。就是说，奏折“经赞襄大臣拟旨缮进，俟皇太后、皇上阅后，上用‘御赏’下用‘同道堂’二印，以为凭信”。这两颗印章，“御赏”之章，为印起；“同道堂”之章，为印讫（结束）。将“御赏”章，交皇后钮祜禄氏收掌；而将“同道堂”章交皇太子载淳收掌，因载淳年幼，“同道堂”章实际上是由其生母懿贵妃掌管。咸丰的旨意是在他死后，由皇后钮祜禄氏、懿贵妃叶赫那拉氏与八大臣联合执政，避免出现八大臣专权的局面，也避免出现皇后钮祜禄氏与懿贵妃叶赫那拉氏专权的局面。皇后钮祜禄氏与懿贵妃叶赫那拉氏的实权在八大臣之上，因为她们均有对于八大臣所决策军政大事不予盖章的否决权。显然，如果皇后钮祜禄氏与懿贵妃叶赫那拉氏不加盖“御赏”和“同道堂”这两颗起、讫之章，那么八位赞襄政务大臣是发不出“诏书”和“谕旨”的，赞襄政务八大臣之议决均不能生效。相反，由内臣拟旨而不经过顾命八大臣同意，加盖“御赏”与“同道堂”两章即能生效。因此，帝后势力是朝廷中最为重要的政治势力。在对待顾命大臣的态度上，帝后一方同帝胤一方的利益是共同的，他们联合起来共同对付顾命八大臣。在朝臣、帝胤、帝后三个政治集团的政治力量对比上，显然帝胤势力与帝后势力占有优势。

赞襄政务八位大臣的共同特点是：满洲贵族（宗室贵族、军功贵族、八旗贵族）与军机大臣结合。从表面上看，这是一个权力平衡的结构，其实不然。因为咸丰没有把帝胤贵族的势力纳入到“赞襄政务”的权力系统内。比如说，用恭亲王奕䜣“摄政”、或“议政”、或“辅政”、或“赞襄”，后来情况会不一样。当时奕䜣30岁、慈禧27岁，咸丰可能吸取了睿亲王多尔衮摄政引起叔嫂、叔侄矛盾的教训。从后来慈禧一度重用奕䜣来看，这种结合是难以避免的。如果单从人数看，“赞襄政务”大臣8人；两宫太后+同治+帝胤贵族的奕䜣、奕譞才5个人，且帝、后为孤儿寡母。然而，两宫太后+同治+帝胤贵族奕䜣、奕譞、奕誴、奕譓、奕悰等，却代表两个强大政治集团、两股强大政治势力。因此，咸丰“赞襄政务”八大臣的安排，犯下一个致命的错误，就是没有将朝廷三股政治势力加以平衡，特别是咸丰对慈禧与奕䜣两人的政治潜能、对权力失衡形成的政治危局，认识不够，估计不足。其结果是：帝后势力同帝胤势力结合，发动宫廷政变即“辛酉政变”，摧毁了“赞襄政务”八大臣集团，代之以慈禧太后与恭亲王奕䜣联合主政，继而出现慈禧太后专权的局面。这是咸丰生前根本没有预料到的。赞襄政务八大臣在

"辛酉政变"中，政治力量对比不占优势，其失败根本原因就在这里。

咸丰皇帝临终前没能正确平衡主要政治力量之间的关系，导致辛酉政变的发生，从而出现皇太后"垂帘听政"的局面，影响中国历史近50年。这就铸成了咸丰皇帝的第三个大错！

圆明园惨遭焚劫

咸丰皇帝在位11年的三个错，导致的一个严重结果是：英法联军侵入北京，圆明园惨遭焚劫。

圆明园的兴修 满族皇帝定鼎北京之后，对北京的人文、地理、气候环境不大适应。多尔衮说：北京"春、秋、冬三季，犹可居止，至于夏月，溽暑难堪"。他下令在塞外兴建喀拉城。清朝皇帝定都北京后，他们既要春秋射猎，又要夏季避暑，便大兴皇家园林。康熙朝的畅春园、避暑山庄、木兰围场，雍正、乾隆朝的清漪园、圆明园，就是例证。

圆明园位于北京西北郊，在颐和园同今清华大学之间。圆明园始于康熙四十八年（1709年），康熙以明皇戚故园赐给雍亲王，赐名"圆明"。雍正继位以后，开始全面兴建圆明园。

圆明园包括圆明、长春、万春（绮春）三园，周长20里。经过康、雍、乾、嘉、道、咸六朝151年的建设，特别是康、雍、乾三朝，国家一统，民族融合，财力雄厚，府库充盈，举国上下，"升平景象"。乾隆六下江南，命将江南名园胜景摹绘图样，在圆明园内仿造。圆明园48个景区，长春园和万春园各30个景区，共有108处景区。

圆明园 在圆明三园中，规模最大，宫殿瑰丽，亭阁锦错，佳胜万千。大宫门以内，布置宗人府、内务府、内阁、军机处、六部、都察院、理藩院等机构的直房，如同皇宫。"正大光明殿"是清帝朝会听政之所。它不加雕饰，不施彩画，采

即位前的雍正

用“茅殿”意匠，以朴素自然为主。每年正月十五日，清帝在这里召见并宴请外藩蒙古王公贵族。殿左有“勤政亲贤殿”，殿的楹额为雍正题书“为君难”。乾隆引用孔子的话说：“为君难，为臣不易。”乾隆还阐发创业与守成的关系：“创拨乱之业，其功既难；守已成之基，其道不易。”并提出“安不忘危，存不忘亡”的警语。清帝在此“披省章奏，召对臣工，亭午始退”。以北，林木葱茏，峭石林立。再北为“前湖”，湖北岸正对“九州清晏”——是全园建筑的重心。再北是“后湖”。“后湖”四周，凸山凹池，叠石假山，布置巧妙，宛如天成。

“山高水长”，每年正月十五前后，皇帝在这里赏王公大臣、蒙古王公、回部

圆明园“山高水长”

及霍集占来使，朝鲜、安南（今越南）、暹罗（今泰国）、廓尔喀（今尼泊尔）等国使臣看烟火。还较射比武、演出杂技、耍龙舞狮、马戏表演。楼前架设灯棚，高6丈余，约20米。还有“抬头见喜”、“福自天来”人物灯座。楼前广场有3000人组成的舞灯队，忽而摆成“太”字、转成“平”字、“万”字、“岁”字，合起来是“太平万岁”。舞罢，则焰火大发，“其声如雷霆，火光烛半空”。据清宫档案记载，乾隆时一次放焰火、爆竹，共燃放爆竹、烟花994个。

“九州清晏”殿内悬挂康熙的训诫：“政令之设，必当远虑深谋，以防后悔，周详筹度，计及长久。不可为近名邀利之举，不可用一己偏执之见。采群言以广益，合众志以成城。”

“上下天光”，位于一座三面环水、一面环湖的小岛上。建楼阁，设亭台，登楼望去，湖面开阔，长桥修栏，蜿蜒百尺，登高俯瞰，一碧万顷，这是模仿洞庭湖的景色。

“万方安和”是中国建筑中仅见的一例。建筑物的条石基础在湖底，整个建筑孤立水中，四面环水。雍正常在这里接见臣工，休憩观鱼。取名“万方安和”，寓意天下四方安乐和平。园中建筑的几何图形，除有万字形的“万方安和”外，还有“工”字形的“清夏斋”，“口”字形的“涵秋馆”，“田”字形的“澹泊宁静”，曲尺形的“湛翠轩”等。

“同乐园”是园中最大的戏台。正月十三日到二十一日，演唱十天连台庆节大戏。奉旨入内听戏的皇子、王公、蒙古藩王、御前大臣、军机大臣、额驸及后妃内眷，每日早晚膳皆赏果盒。

“福海”位于园的东部，又叫东湖。湖岸以十岛环围，湖中有三个相连的小岛，名“蓬岛瑶台”。岛上面积虽然不大，但房屋却有百余间之多，华丽精美，妙不可言。每年中元节，七月十四日、十五日、十六日，帝皆乘船游行福海，看放河灯。水面上龙舟画舫，往来竞嬉，一片辉煌。燃放烟火的夜晚，万绿丛中，灯火齐明，宫灯摇曳，殿影晃荡，彩船映金波，诗情并画意。

长春园 有30景，建筑壮丽，风姿秀丽，独具一格。北部建筑在乾隆朝由郎世宁设计，仿意大利文艺复兴式样。圆明园内还有一群特殊的建筑，即西洋楼，建造了“谐奇趣”、“储水楼”、“养雀笼”、“万花阵”、“方外观”、“海晏堂”、“远瀛观”、“线法山”、“方河”等九处西洋式建筑，表现西方建筑艺术的特色，又融合了中国的传统手法，如积石堆山、重檐屋顶、彩色琉璃等。其中，谐奇趣，楼高三层，南面从左右两侧曲廊伸出六角楼厅。南面弧形石阶前有喷泉及水池，北面双抱石阶前也有喷泉与水池。蓄水楼在谐奇趣的西北，高两层，专供谐奇趣南北两面喷泉用水。远瀛观，建于石砌高台上，坐北朝南，汉白玉石柱上雕刻着精美花纹。石龛式的大水法，紧靠在远瀛观台基之下，有半圆形水池。池中有铜鹿一只，作向南奔跑之势，东西各有铜狗五只，水由口中喷出，射向铜鹿，称为“十狗逐鹿”。大水法（人造喷泉）对面，有石制宝座屏风，称“观水法”，是皇帝观赏水法的地方。

万春园（绮春园） 有“天地一家春”等30景，自然生动，纤巧玲珑。它们出

“天地一家春”烫样

入水面，变化丰富，比起圆明园来，建筑精巧，更为自然。

总的说来，三园布局，水景为主，借山环水，水陆交错，规模宏大，设计精巧，景色绮丽，宛如仙境，是个幽美的园林杰作。处处是园林，处处是建筑。这就是“建筑中有园林，园林中有建筑”的意境。圆明园被誉为“万园之园”，闪烁着中华五千年文明的灿烂光辉。

圆明园是北京紫禁城外第二个皇宫。清朝最著名的皇家园林有三个：避暑山庄、圆明园、颐和园。避暑山庄主要在康熙、乾隆朝；颐和园（清漪园）主要在乾隆、光绪朝；圆明园则是在康熙、雍正、乾隆、嘉庆、道光、咸丰六朝。雍正以来，清帝在园内居住已经成了一种宫廷风尚。皇帝每年正月郊祭礼毕，就移居圆明园（除有的皇帝夏天到避暑山庄和木兰围场外），直到冬至大祀前夕才回到皇宫。从康熙到咸丰6代皇帝，死在皇宫内的只有乾隆1人。圆明园具有宫廷、民族、园林、文化、艺术等多元价值。

圆明园的价值　中华文化有自己不同于西方文化的特点：方块汉字、土木建筑、书画、陶瓷、戏曲、园林艺术等。圆明园则是将中华这六大文化精华汇聚于一园，展现了中华五千年文明的精粹，具有极高的历史价值、文化价值与艺术价值。

中国的园林艺术，特别是皇家园林艺术，经过自商朝以来近3000年的发展，到清朝达到皇家园林艺术的顶峰，圆明园就是其典型。圆明园集中南北园林艺术的优长，其中仿照江南名景的有：仿杭州西湖景致“平湖秋月”、“三潭印月”、“断桥残雪”、“苏堤春晓”、“雷峰夕照”、“曲院风荷”、“柳浪闻莺”、“南屏晚钟”，连名称也是从杭州搬过来的；仿海宁陈氏“安澜园”；仿宁波“天一阁”而建筑的“文源阁”，内藏《四库全书》和《古今图书集成》各一部。按照前人诗画意境“牧童遥指杏花村”的“杏花春馆”，按照《桃花源记》境界而建造的“武陵春色”，按照李白“两水夹明镜”诗境而建造的“夹镜鸣琴”，以及按照李思训画意而建造的“蓬岛瑶台”等，造型奇特，变化万千。

乾隆帝在《圆明园后记》中写道："规模之宏敞，丘壑之幽深，风土草木之清佳，高楼邃室之具备，亦可称观止。实天宝地灵之区，帝王豫游之地，无以逾此。"法国大作家雨果在《致巴特勒上尉书信》中赞美圆明园说："在世界的一隅，存在着人类的一大奇迹，这个奇迹就是圆明园。艺术有两种渊源：一为理念艺术——从中产生欧洲艺术；一为幻想艺术——从中产生东方艺术。圆明园属于

乾隆皇帝在圆明园

幻想艺术。一个近乎超人的民族所能幻想到的一切都荟集于圆明园。”他又说：圆明园“如同月宫似的仙境”，“是一个令人震惊、无可比拟的杰作”。

圆明园不仅是一所辉煌的宫殿、园林，而且也是收藏丰富、琳琅满目的艺术博物馆。圆明园的建筑装饰极其奢侈华贵。嘉庆朝所修的“省耕别墅”、“竹园”、“接秀山房”的门窗屏罩等装修，全用紫檀制成，还镶嵌珍宝。装饰方法是以金、银、宝石、珍珠、珊瑚、翡翠、水晶、玛瑙、玳瑁、青金石、绿松石、螺钿、象牙等刻作山石、楼阁、花木、虫鸟、人物等花饰，镶嵌在紫檀、漆器上。此外，康乾之际画院中西洋画师意大利人郎世宁、法兰西人王致诚等，又设计出西洋式的建筑装饰图案和壁画，以及西式门窗、隔扇、栏杆、桥梁之类。室内之陈设均为贵重木材制成的桌、椅、床、几，墙壁饰以精美之壁纸，悬挂着历代名人的书法、绘画。珠玉、瓷器、铜炉、漆雕、珐琅、水晶、珊瑚、玛瑙、翡翠，镇国之宝，精品纷呈。所用幔、帐、垫、褥，俱是上等的绣缎云锦，华丽光彩，体现了物产之丰富与人工之灵巧。园中的文源阁是专为珍藏《四库全书》而建的藏书楼。园中还贮存着1792年英国马戛尔尼使团访华时赠送的许多礼品，包括天文仪器、地球仪、乐器、车辆、枪炮、船只模型、钟表、毡毯等。其中有“布腊尼大利翁”一座，是一假天馆，亦即天象厅。周长约一丈，高一丈五尺。“所载日月星辰同地球之象，俱自能行动，效法天地之转运，十分相似……此件系通晓天文生多年用心、推想而成，从古迄今所未有，巧妙独绝。”（《梁肯堂奏呈英使原禀贡单》）

海晏堂是圆明园中最大的西洋楼。地面水池两侧，各排六只兽首人身的铜像，它们是：十二生肖（鼠、牛、虎、兔、龙、蛇、马、羊、猴、鸡、狗、猪），分别代表十二时辰，组成一个大的时钟。由代表这一时辰的铜兽口中喷水，正午则十二铜兽同时喷水。其中仅一个铜制猴头就价值千万，那么，圆明园的文物价值是无法用金钱统计的。

圆明园的焚劫　分作入侵、焚劫、影响三个方面叙述。

其一，入侵。咸丰十年六月初九日（1860年7月26日），咸丰帝30岁寿辰。咸丰

西洋楼夯土遗址

帝御圆明园正大光明殿，受百官朝贺。在圆明园的同乐园，连续演出4天庆寿大戏，令王公大臣等入内听戏。一片歌舞升平景象。

六月十五日（8月1日），英法联军舰队陆续抵达大沽口外。随之从北塘偷袭登陆，然后向北京侵入。

八月二十二日（10月6日），英法联军侵入北京城外，自朝阳门外，沿着城墙，自北而西，午间占领德胜门外小关。清守将率残部抵抗，僧格林沁败逃，胜保受伤坠马。英法侵略军直扑圆明园。法侵略军先行，午后掠过海淀，傍晚至圆明园大宫门。在出入贤良门，圆明园技勇太监20余人英勇抵抗，首领太监任亮（字明亭）等以身殉职。1983年，清华大学建筑工地上出土一块石碑。碑文记载："勇哉明亭，遇难不恐。念食厚禄，必要作忠。奋力直前，寡弗敌众。殉难身故，忠勇可风。"晚7时许，法军占领圆明园。法国公使葛罗、法军司令孟托邦，入踞正大光明殿。总管园务大臣文丰投福海自尽，常嫔受惊吓死。圆明园建于和平盛世，没有紫禁城那样的高墙深池，也没有强固防御体系，所以不堪打击，一攻即破。

其二，焚劫。八月二十三日（10月7日）上午，英法联军四头目会于正大光明殿，“合议分派园内之珍物”。英、法官兵入园后，开始抢劫，疯狂肆虐，文物珍宝，惨遭洗劫。

九月初四日（10月17日），一个参与劫掠的英国书记写道：“联军司令部正式下令，可以自由劫掠。于是，英、法军官与士兵疯狂抢夺，每个人都是腰囊累累，满载而归。这时全园秩序大乱。法国兵驻扎园前，法人手持木棒，遇珍贵可携者则攫而争夺，遇珍贵不可携者如铜器、瓷器、楠木等物则以棒击毁，必至粉碎而后快。”为掩盖其劫掠罪行，侵略者竟想出放火灭迹的毒谋。英侵略军司令额尔金说：“只有焚毁圆明园一法，最为可行。”当天，侵略军下达放火焚烧圆明园的命令。

九月初五日（10月18日），英国公使额尔金、英军司令格兰特派马队三四千人闯入圆明园。他们以“正大光明殿”为指挥部，派兵四处纵火，全园一片火海。第二天下午，将正大光明殿及大宫门区放火焚毁。大火燃烧，浓烟冲天，三昼夜不熄，圆明三园珍宝，化为一片灰烬。据目睹者记述，当时是黑烟弥漫，掩蔽天日，万千火舌，往外喷发，火声若吼，草木萧瑟，悲戚之状，惨不可言。纵火兽兵，在火光中，东奔西窜，形同鬼魅。据格赫《我们是怎样占领北京的》记载：“所有庙宇、宫殿、

舍卫城遗址

古远建筑，被视为举国神圣庄严之物，其中收藏着历代富有皇家风味和精华的物品，都付之一炬了。”园内十六七万平方米宫殿园林建筑，仅存蓬岛瑶台、海岳开襟和双鹤斋三个景群，以及二三十座殿阁亭廊等。同日，清漪园（颐和园）、静明园（玉泉山）、静宜园（香山）也遭大劫。后来虽在同治年间有部分修复与重建，终因国势日益衰微，只得半途而废。当时园子还有个大致眉目，等到庚子年（1900年）八国联军侵占时，园内的建筑与文物又被焚掠一空。同治、光绪二朝修葺保留的少数劫余建筑，又遭焚毁，荡然无存。

法军翻译官德里松在《翻译官手记》中描绘英、法侵略军抢劫圆明园情景时说：“他们全都闹哄哄地蜂拥而上，扑向这一堆无价之宝。他们用各种语言呼喊着，争先恐后，相互扭打，跌跌撞撞，摔倒又爬起，赌咒着，辱骂着，叫喊着，各自都带走了自己的战利品，向四面八方跑去。”他又说：“在走到安定门时，法国军队只有一辆车辆，也就是将军的车辆，载着帐篷和军用箱。而当军队开拔时，不知道为什么竟然出现了大批满载着的车辆，单是这支车队也得十足地走上一小时。至于英国人的行李车队，那更长得出奇。这一支神佑式的车队足足有两法里之长。”

英、法侵略者焚劫圆明园的暴行，遭到世界文明舆论的谴责。1861年11月25日，法国大文学家雨果在谈到圆明园时说：“我们教堂的所有财富加起来也无法和这一东方巨大的、且又漂亮的博物馆相比较。”他又说：“有一天，两个强盗闯进了圆明园。一个强盗大肆掠劫，另一个强盗纵火焚烧。”他痛斥道：“一个胜利者装满了他的口袋，另一个看见了就塞满了他的箱子。然后，他们手挽着手，哈哈大笑着回到了欧洲。这就是这两个强盗的历史。”

其三，影响。圆明园惨遭焚劫，是中国自北宋千年以来，中华文化遭受的最为严重的文化浩劫。圆明园惨遭焚劫，不仅是中华文明的一场劫难，而且是世界文明的一场劫难。

第一，圆明园惨遭焚毁，使清朝精心经营151年，耗费举国无数人力、财力、

近年重修的黄花阵

物力、智慧的盖世无双的皇家园林——圆明园，化为一片灰烬。

第二，圆明园惨遭劫掠，使中华五千年积累的文物——字画、典籍、珍宝、古玩、金银、瓷器、珍珠、绸缎、钟鼎被抢掠一空。

第三，清廷受到沉重打击，震撼朝野，大伤元气，加剧社会矛盾，更快走向衰落。

第四，圆明园惨遭焚劫，在中华民族各族人民的记忆中，留下巨大的创伤。这将激发中国人民的爱国热情，更加热爱自己的祖国、更加牢记自己的历史。

圆明园这座宏伟雅丽的皇家园林及其陈设的国宝惨遭浩劫，剩下一片废墟，供人凭吊，令人叹息。今国家图书馆文津街分馆楼前的华表一对、中山公园的兰亭八柱，以及圆明园残址，记录下的帝国主义强盗的侵略罪行，是永远洗刷不掉的。

咸丰皇帝铸下的大错，英、法侵略者的暴行，将永远载录史册。圆明园被焚劫，加速咸丰死亡。咸丰死后，他年仅6岁的独子载淳继位。

相关阅读书目推荐

（1）阎崇年：《清朝十二帝·咸丰皇帝》，故宫出版社，2012年

（2）徐立亭：《咸丰同治帝》，吉林文史出版社，1993年

（3）马东玉主编：《清朝通史·咸丰同治朝》，紫禁城出版社，2003年

（4）庄吉发编著：《咸丰事典》，紫禁城出版社，2010年

载淳个人小档案

年号：同治

姓名：爱新觉罗 · 载淳

出生：咸丰六年三月二十三日（1856年4月27日）

出生地：北京皇宫储秀宫

属相：龙

父亲：奕詝（咸丰）

母亲：叶赫那拉氏，后尊为孝钦显皇后

排行：文宗第一子

初婚：16岁结婚，配偶阿鲁特氏，为皇后

配偶：5人，皇后阿鲁特氏

子女：无

即位时间：咸丰十一年十月初九日（1861年11月11日）

即位年龄：6岁

在位年数：13年

卒年：同治十三年十二月初五日（1875年1月12日）

享年：19岁

死亡地：紫禁城养心殿

庙号：穆宗

谥号：毅皇帝

陵寝：惠陵（清东陵）

继位人：载湉（光绪）

最得意：兴办维新诸事

最失意：父亲早故

最不幸：身后皇后自尽

最痛心：无子女

最擅长：戏要

同治是一位顽童皇帝。同治年间，机遇难得：内处“太平军”与“义和团”两大社会动荡之间，外处英法联军与八国联军两次入侵之间。太后垂帘，亲王议政，宫府一体，尚能协和，推行新政，略见成效，然青年离世，而“未竟所施”。

同治帝载淳

同治帝载淳，6岁登极，在位13年，19岁病死。年号初定为“祺祥”。“辛酉政变”后，改年号为同治，当时两宫皇太后垂帘听政，意为共同治国。

同治十二年（1873年），同治皇帝亲政，十三年（1874年）死去，实际亲政只有1年多。同治6岁继承皇位之后，对他影响最大的两个人，一个是他的生母慈禧皇太后，另一个是他的皇叔父恭亲王奕䜣。这种关系很像顺治皇帝同孝庄太后、皇叔睿亲王多尔衮的关系，但有两点不同：一是，当年孝庄太后是在后台懿训辅政，而慈禧太后是在前台垂帘听政；二是，当年睿亲王多尔衮摄政7年就病死，而恭亲王奕䜣做议政王直到同治死。关于同治与叔父恭亲王的关系，我们将结合历史事件的叙述展示。先说同治皇帝与母亲慈禧太后的关系。

慈禧的地位很特殊，辛酉政变后开了皇太后“垂帘听政”的先河。慈禧皇太后是同治的第一位老师，又一直掌握着朝政大权。慈禧掌控同治、光绪两代皇帝而成为中国近代史上朝廷权力的中心，长达48年之久。因此，讲同治不能不先讲慈禧，而讲慈禧不能不先了解慈禧的身世。

慈禧身世

同治的母亲慈禧太后，由于她的特殊地位、身份、影响与作用，对其身世，有多种异说。尤其是慈禧的出生地，可谓众说纷纭。除北京说之外，还有五种说法：(1) 甘肃兰州，(2) 浙江乍浦，(3) 内蒙古呼和浩特，(4) 安徽芜湖，(5) 山西长治。

慈禧像

慈禧出身于满洲镶蓝旗（后抬入满洲镶黄旗）一个官宦世家。慈禧的曾祖父吉朗阿，曾在户部任员外郎，遗下银两亏空，离开人世。祖父景瑞，在刑部山东司任郎中，相当于现在部里的一个司局长。在道光二十七年（1847年）时，因没能按时退赔其父吉朗阿在户部任职时的亏空银两而被革职。外祖父惠显，在山西归化城当副都统。父亲名叫惠征，在吏部任笔帖式，是一个相当于人事部秘书、翻译的八品文官，后屡有升迁。根据清宫档案《内阁京察册》（清政府对京官三年一次的考察记录）记载：慈禧的父亲惠征，在道光十一年（1831年）时是笔帖式，道光十四年（1834年）考察被定为吏部二等笔帖式。十九年（1839年）时是八品笔帖式。道光二十三年（1843年）再次考察定为吏部一等笔帖式。二十六年（1846年）调任吏部文选司主事。二十八年（1848年）、二十九年（1849年）因为考察成绩又是一等，受到皇帝接见，被外放道府一级的官职。同年四月，任山西归绥道。咸丰二年（1852年），调任安徽徽（徽州府）宁（宁国府）池（池州府）太（太平府）广（广德州）道的道员(驻芜湖)。

从慈禧之父惠征的履历看，他曾先后在北京、山西、安徽等地任职。那么，慈禧出生在何处？

关于慈禧的出生地几乎没有留下任何文献记载，因为谁也没有料到几十年后这个普通官宦之家的女子，会成为执掌大清国朝政近半个世纪的圣母皇太后。近几年，北京的学者从清宫档案中找到了新的史料，就是清朝皇帝选秀女的名单，这在档案中叫做“排单”。其中有咸丰五年（1855年）慈禧的亲妹妹被选为秀女的记录。慈禧的这位妹妹后来成了醇郡王奕譞的嫡福晋，光绪皇帝的生母。“排单”上明确记载：此女属满洲镶蓝旗，姓叶赫那拉氏，父亲名叫惠征，最高官职做到正四品的道员。一些学者主要根据这份“排单”认定，咸丰五年之前，慈禧的娘家住在北京西单牌楼北劈柴（辟才）胡同。所以，这里应该是慈禧太后的出生地。按照京师八旗分城居住的规定，乾隆三十五年（1770年），镶蓝旗满洲都统衙门在阜成门内华嘉寺胡同；到民国初年，镶蓝旗满洲都统衙门旧地在阜成门内华嘉寺胡同14号。劈柴胡同距华嘉寺胡同很近。慈禧的父亲属于满洲镶蓝旗，应当住在劈柴胡同一带。

此外，还有人认为慈禧出生在北京东城方家园(今大方家胡同)。《清朝的皇帝》记述：“慈禧母家在东城方家园，父官至安徽徽宁池太广道，时当道光末年，洪杨起事，惠征守土无方，革职留任，旋即病殁，遗妻一、子女各二，慈禧居长。”有书说：“恭亲王曾慷慨言之：‘大清天下亡于方家园！’”注云：“方家园在京师东北角，为慈禧母家所在地。”慈禧之弟照祥，袭承恩公。《翁同龢日记》同治九年（1870年）八月十七日记载了慈禧母亲发丧一事：“昨日照公（照祥）母夫人出殡，涂车刍灵之盛，盖自来所未有，倾城出观，几若狂矣！沿途祭棚络绎，每座千金，廷臣往吊者皆有籍，李侍郎（军机大臣、户部侍郎李鸿藻）未往，颇忤意旨。”

丁燕石先生考证：慈禧生下儿子载淳后，咸丰六年（1856年）三月，咸丰帝赐给慈禧娘家西直门内新街口二条胡同路北官房一所，共66间。这应当是慈禧娘家后来的住所；同治五年十二月初五日（1867年1月10日），慈禧太后以同治帝的名义，将方家园入官房屋赏给她的胞弟照祥居住。慈禧娘家又搬到方家园新居。所以，方家园也不是慈禧太后的出生地。

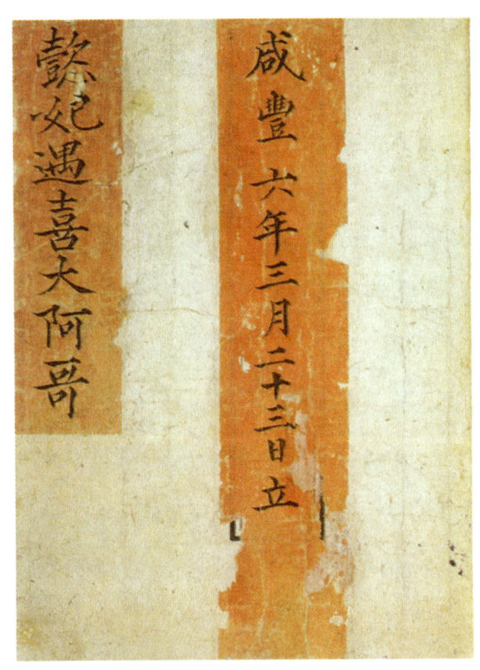
懿妃（慈禧）遇喜档案

慈禧入宫之前的具体住址至今没有解决，慈禧入宫时选秀女的“排单”至今也没有发现，所以慈禧的出生地点以及身世仍存在着如下五种异说。

第一，慈禧出生在甘肃兰州说。是根据慈禧的父亲惠征曾任过甘肃布政使衙门的笔帖式。传说慈禧出生在当年他父亲住过的兰州八旗马坊门（今永昌路179号院）。但是，经过专家查阅文献、档案，发现惠征虽然做过笔帖式，但其地点是在北京的吏部衙门，而不是在兰州的布政使衙门。

第二，慈禧出生在浙江乍浦说。是根据慈禧的父亲惠征曾在浙江乍浦做官。《人民日报》曾发表一篇小文，题目是：《史界新发现——慈禧生于浙江乍浦》。这篇文章说：慈禧的父亲惠征，在清道光十五年至十八年（1835～1838年）间，曾在浙江乍浦做过正六品的武官骁骑校，而慈禧正是在这段时间出生的，所以她的出生地在浙江乍浦。这篇文章又说：在现今乍浦的老人当中，仍然流传着关于慈禧幼年的传说。当时的规定，京官每三年进行一次考核。学者查阅清朝考核官员的档案记载：这时的惠征被考核为吏部二等笔帖式，三年后又被作为吏部笔帖式进行考试，可见这时惠征在北京做吏部笔帖式，为八品文官。所以，这种说法值得怀疑：其一，惠征不能同时既在北京做官又在浙江做官；其二，官职也不对，在京师是文官，在浙江是武官；其三，品级也不合。

第三，慈禧出生在安徽芜湖说。是根据慈禧的父亲惠征曾做过安徽徽宁池太广道的道员，道员衙署在芜湖，因此说她出生在芜湖。慈禧既然生长在南方，便善于演唱江南小曲，由此得到咸丰帝的宠幸。一些小说、影视多是这么说的。电影《火烧圆明园》中有一个情节，兰贵人（就是后来的慈禧）在圆明园"桐荫深处"唱一曲缠绵小曲，咸丰皇帝听得如醉如痴，从此博得宠爱。显然，不能以慈禧擅唱南方小曲，孤立地作为她出生在南方的证据。就像北方人会唱黄梅戏，不能以此证明出生在安徽一样。根据历史记载：惠征当徽宁池太广道员是在咸丰二年（1852年）二月，正式上任是在同年七月。而慈禧已经在咸丰元年（1851年）入宫，被封为兰贵人；档案中还保存有兰贵人受到赏赐的赏单。可见慈禧不会是生于安徽芜湖。

第四，慈禧出生在今内蒙古自治区呼和浩特说。是根据慈禧的父亲惠征曾任过山西归（化）绥（远）道的道员。清代的绥远城，今为内蒙古自治区呼和浩特市，这种说法又称为内蒙古说。慈禧的父亲惠征当年曾任山西归绥道，道署在归化城（在今呼和浩特市）。据说在呼和浩特市有一条落凤街，慈禧就出生于落凤街的道员住宅里，甚至传说慈禧小时候常到归化城河边玩耍。但文献记载，道光二十九年（1849年），惠征任山西归绥道道员时，慈禧已经15岁，所以说慈禧不可能出生于归化城。不过，慈禧可能随父惠征在归化城住过。慈禧的外祖父惠显，从道光十一年至十七年（1831~1837年），在归化城做官，当过副都统。慈禧可能在外祖父家住过。以上就成为慈禧出生于今呼和浩特说的一个历史的影子。慈禧的母亲不可能从北京回娘家生孩子，因为这在当时既路途遥远，也不合礼法。所以，慈禧不大可能出生在今内蒙古自治区呼和浩特市。

第五，慈禧出生在今山西长治说。这是近年来的一种新说法。此说认为慈禧不是满洲人，生父也不是惠征。今山西长治当地传说：慈禧原是山西省潞安府（今长治市）长治县西坡村王增昌的女儿，名叫王小慊，4岁时因家道贫寒，被卖给上秦村宋四元家，改姓宋，名龄娥。到了11岁，宋家遭到不幸，她又被转卖给潞安府（今长治市）知府惠征做丫头。一次，惠征夫人富察氏发现龄娥两脚各长一个瘊子，认为她有福相，就收她作干女儿，改姓叶赫那拉氏，取名玉兰。后来玉兰被选入宫，成了兰贵妃。说慈禧是王家的女儿，当地提出的根据是：(1) 王姓家谱从乾隆五十九年（1794年），一直续谱到现代。王氏家谱上更写着："王小慊后来成为慈禧太后。"但是，这份家谱不是原家谱，是后来重抄的。(2) 当地还传说：在西坡村外边的山脚下，还有据说是慈禧生母的坟。坟前有碑，原来是木牌，后来竖立石碑。说慈禧是宋家的女儿，当地提出的根据是：(1) 在上秦村里至今保存着一处娘娘院，被认为是慈禧入宫前住过的院落。(2) 在宋家的炕上曾刨出了当年慈禧给宋家写的家信等，据说她娘家六代侄孙还保存着这封信。(3) 在上秦村居住的宋家老人说："慈禧太后是咱家的。"为此，宋家曾联名写信，要求政府调查澄清这件事。上面的传说，有文有物，具体生动。长治地方众口一词，画押证明，说慈禧是长治人。长治市还为此专门成立"慈禧童年研究会”。上述动人的传说，真是太传奇了。经专家考证，在这段时间，历任潞安府的知府共有七个人，但是没有惠征。既然惠征没有在山西潞安府做过官，那么慈禧怎会在潞安被卖到惠征家呢？

总之，不管慈禧生长在哪里，她都是出身于官宦家庭。再加上慈禧在咸丰身边的政治阅历，使她具有一般女子所没有的远见、胆识、机智、谋略和手腕。慈禧在咸丰皇帝死后，帝后集团与帝胤集团结合，发动宫廷政变，摧毁“赞襄政务”八大臣集团。这场政变发生在咸丰十一年（1861年）即农历辛酉年，所以史称“辛酉政变”。

辛酉政变

同治继承皇位后，在位的13年间，主要发生了四件大事：第一件是即位当年发生的辛酉政变；第二件是清军攻占南京，太平天国失败。大家对此很熟悉，就不讲了；第三件是同治新政；第四件是重修圆明园。下面讲辛酉政变。

在上文提到，咸丰皇帝的第三错，是临终前错定了顾命大臣。它的一个直接

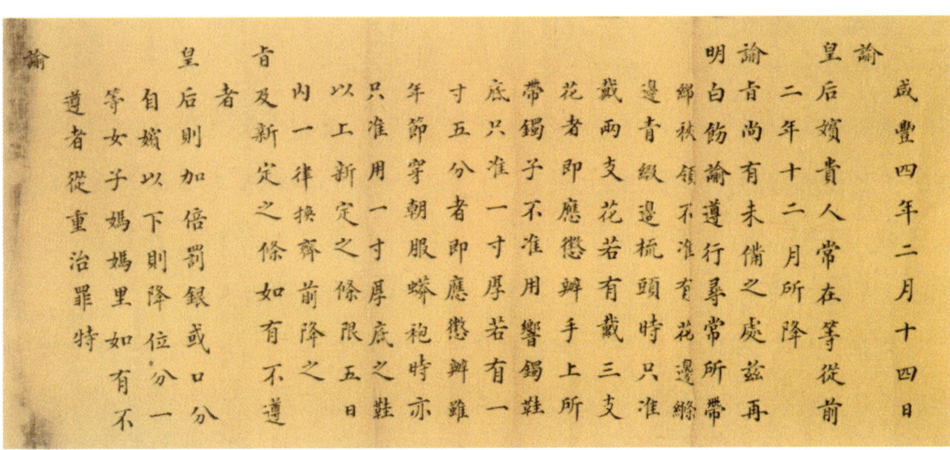
咸豐四年二月十四日
諭
皇后嬪貴人常在等從前
二年十二月所降
諭旨尚有未備之處茲再
明白飭諭遵行尋常所帶
綁秋領不准有花邊縧
邊青緞邊梳頭時只准
戴兩支花若有戴三支
花者即應懲辦手上所
帶鐲子不准用響鐲鞋
底只准一寸厚若有一
寸五分者即應懲辦雖
年節穿朝服蟒袍時亦
只准用一寸厚底之鞋
以上新定之條限五日
內一律換齊前降之
旨及新定之條如有不遵
者
皇后則加倍罰銀或口分
自嬪以下則降位分一
等女子媽媽里如有不
遵者從重治罪特
諭

咸丰皇帝《谕后妃》贴落

后果是引发了“辛酉政变”。

当时，朝廷主要分为三股政治势力：其一是顾命大臣势力，其二是帝胤势力，其三是帝后势力。三股政治势力的核心是同治皇帝，哪股政治势力能够同帝后势力相结合，它就会增加胜利的可能性。

当时朝廷大臣实际上分为两部分：一半在承德，另一半在北京。即：前者是以肃顺为首的“承德集团”，后者是以奕䜣为首的“北京集团”。在北京的大臣，又发生了分化，一部分倾向于顾命大臣势力，大部分则倾向于帝胤和帝后势力。从而出现错综复杂的局面。“承德集团”随驾，主要人物有赞襄政务八大臣：载垣、端华、景寿、肃顺和军机大臣穆荫、匡源、杜翰、焦祐瀛等。“北京集团”以恭亲王奕䜣为首，其支持者为五兄惇亲王奕誴、七弟醇郡王奕譞、八弟钟郡王奕詥、九弟孚郡王奕譓，还有军机大臣文祥、桂良、宝鋆（jūn）等人。

文祥，满洲正红旗人，道光进士，军机大臣。英法联军逼京师，咸丰帝决定巡幸热河。文祥“以动摇人心，有关大局，且塞外无险可扼，力持不可”，而被留守京师。军机大臣中独其一人被排除在赞襄政务大臣之外。

桂良，满洲正红旗人，为奕䜣岳父，官湖广总督、直隶总督、东阁大学士。咸丰赴热河，同奕䜣留守。

宝鋆，满洲镶白旗人，道光进士，署理户部三库事务。咸丰至热河，调帑银20万两修葺行宫，宝鋆“以国用方亟，持不可”，而受责降级。

翁心存，道光进士，入直上书房，授惠郡王读书，又授六阿哥、八阿哥读书。咸丰时任上书房总师傅，拜体仁阁大学士。对肃顺兴大狱心存不满，载垣等请褫（chǐ）其顶戴，归案讯质，被降五级，革职留任。翁心存、祁寯（jùn）藻、彭蕴章，他们都是上书房的师傅，翁、祁、彭“三人者，并与肃顺不协，先后去位”。

贾桢，山东黄县人，道光一甲二名进士，后擢侍讲，入直上书房，授皇六子奕䜣读书，后任武英殿大学士。咸丰赴热河，命桢留守，桢“日危坐天安门，阻外军不令入”。

所以，奕䜣周围这些人的特点：一是汉儒老臣多，二是正直不阿之臣多，三是对西方了解之臣多，四是力议咸丰在京主政者多，五是议和后请皇帝回銮者多，六是官员年富力强者多。以奕䜣为首的“北京集团”，得到两宫皇太后与同治皇帝的支持。

以上两个朝廷集团，咸丰承德断气之日，便是开始较量之时。

政变过程

七月

十七日，咸丰帝死。他临终前做了三件事：(1) 立皇长子载淳为皇太子。(2) 命御前大臣载垣、端华、景寿，大学士肃顺和军机大臣穆荫、匡源、杜翰、焦祐瀛八人为赞襄政务大臣，八大臣控制了政局。(3) 授予皇后钮祜禄氏“御赏”印章，授予皇子载淳“同道堂”印章（由慈禧掌管）。顾命大臣拟旨后要盖“御赏”和“同道堂”印章。八大臣同两宫太后发生矛盾。

青玉“慈禧皇太后之宝”

咸豐十一年七月十八日内閣奉
上諭朕缵承大統
母后皇后應尊為
皇太后
聖母應尊為
皇太后所有應行典禮該衙門敬謹查例具奏欽此

尊母后皇后、圣母皇后为皇太后的上谕

十八日，大行皇帝入殓后，以同治皇帝名义，尊皇后钮祜禄氏为皇太后即母后皇太后，尊懿贵妃那拉氏（生母）为皇太后即圣母皇太后。

八月

初一日，恭亲王奕䜣获准赶到承德避暑山庄叩谒咸丰的梓宫。《我的前半生》记载：相传奕䜣化妆成萨满，在行宫见了两宫皇太后，密定计，旋返京，做部署。奕䜣获准同两宫太后会面约2个小时。奕䜣在热河滞留6天，尽量在肃顺等面前表现出平和的姿态，麻痹了顾命大臣。两宫太后与恭亲王奕䜣，破釜沉舟，死中求生，睿智果断，抢夺先机，外柔内刚，配合默契。恭亲王奕䜣同两宫太后密商决策与步骤后，返回北京，准备政变。此时，咸丰皇帝刚驾崩13天。

初五日，醇郡王奕譞为正黄旗汉军都统，掌握实际的军事权力。

初六日，御史董元醇上请太后权理朝政、简亲王一二人辅弼的奏折。

初七日，准兵部侍郎胜保到避暑山庄。胜保在下达谕旨不许各地统兵大臣赴承德祭奠后，奏请到承德哭奠，并率兵经河间、雄县一带兼程北上。

十一日，就御史董元醇奏折所请，两宫皇太后召见八大臣。肃顺等以咸丰遗诏和祖制无皇太后垂帘听政故事，拟旨驳斥。两宫皇太后与八位赞襄政务大臣激烈辩论。八大臣“哓哓置辩，已无人臣礼”。《越缦堂国事日记》记载：肃顺等人恣意咆哮，“声震殿陛，天子惊怖，至于涕泣，遗溺后衣”，小皇帝吓得尿了裤子。两宫太后不让，载垣、端华等负气不视事，相持愈日，卒如所拟。八大臣想先答应两宫太后，把难题拖一下，回到北京再说。

十八日，宣布咸丰灵柩于九月二十三起灵驾，二十九日到京。

九月

初一日，同治上母后皇太后为慈安皇太后、圣母皇太后为慈禧皇太后徽号。

初四日，郑亲王端华署理行在步军统领，醇郡王奕譞任步军统领。先是，两宫太后召见顾命大臣时，提出端华兼职太多，端华说我只做行在步军统领；慈禧说那就命奕譞做步军统领。奕譞做步军统领，就掌握了京师卫戍的军权。不久，奕譞又兼管善扑营事。

二十三日，大行皇帝梓宫由避暑山庄起驾。同治与两宫皇太后，奉大行皇帝梓宫，从承德启程返京师。两宫太后和同治只陪了灵驾一天，就以皇帝年龄小、两太后为年轻妇道人家为借口，从小道赶回北京。

二十九日，同治奉两宫太后回到北京皇宫。因为下雨，道路泥泞，灵驾行进迟缓。同治奉两宫皇太后间道疾行，比灵驾提前4天到京。两宫皇太后到京后，即在大内召见恭亲王奕䜣等。

三十日，发动政变。同治与两宫皇太后，宣布在承德预先由醇郡王奕譞缮就之谕旨，宣布载垣等罪状：

(1)“上年海疆不靖，京师戒严，总由在事之王大臣等筹划乖张所致。载垣等不能尽心和议，徒以诱惑英国使臣以塞己责，以致失信于各国，淀园被扰。我皇考巡幸热河，实圣心万不得已之苦衷也！”就是将英法联军入侵北京、圆明园被焚掠、皇都百姓受惊、咸丰皇帝出巡的政治责任全扣到载垣等八大臣头上。

(2) 以擅改谕旨、力阻垂帘罪，解载垣、端华、肃顺、景寿任，穆荫、匡源、杜翰、焦祐瀛退出军机。《清史稿·肃顺传》记载：此前，“肃顺方护文宗梓宫在途，命睿亲王仁寿、醇郡王奕譞往逮，遇诸密云，夜就行馆捕之。咆哮不服，械系。下宗人府狱，见载垣、端华已先在”。《清穆宗毅皇帝实录》记载：“以醇郡王奕譞管善扑营事。”这可能同奕譞逮捕肃顺事有关。

十月

初一日，命恭亲王奕䜣为议政王、军机大臣。随之，军机大臣文祥奏请两宫皇太后垂帘听政。《清史稿·文祥传》记载：“十月，回銮，（文祥）偕王大臣疏请两宫皇太后垂帘听政。”命大学士桂良、户部尚书沈兆霖、侍郎宝鋆、文祥为军机大臣。

初三日，大行皇帝梓宫至京。

初五日，从大学士周祖培疏言“怡亲王载垣等拟定‘祺祥’年号，意义重复，请更正”，诏改“祺祥”为“同治”。“同治”含义可做四种诠释：一是两宫同治，二是两宫与亲贵同治，三是两宫与载淳同治，四是两宫、载淳与亲贵同治。

初六日，诏赐载垣、端华在宗人府空室自尽，肃顺处斩，褫景寿、穆荫、匡源、杜翰、焦祐瀛职，穆荫发往军台效力。据记载：“将行刑，肃顺肆口大骂，其悖逆之声，皆为人臣子所不忍闻。又不肯跪，刽子手以大铁柄敲之，乃跪下，盖两胫已折矣。遂斩之。”

咸丰十一年十月初六日内阁奉

将载垣等即行治罪的上谕

初九日，载淳在太和殿即皇帝位。

二十六日，礼亲王世铎遵旨会议并上《垂帘章程》。懿旨：依议。于是，皇太后垂帘听政之举，舆论已经造势，章程亦已制定。

十一月

初一日，同治奉慈安皇太后、慈禧皇太后御养心殿垂帘听政。垂帘听政之所设在大内养心殿东间，同治帝御座后设一黄幔（初为黄屏），慈安皇太后与慈禧皇太后并坐其后。恭亲王奕䜣立于左，醇亲王奕譞立于右。引见大臣时，吏部堂官递绿头笺，恭亲王奕䜣接后，呈放在御案上。皇太后垂帘听政，且成为一代典制，这在中国历史上，既是空前的，也是绝后的。在这里附带说一点，慈禧本来没有文化，但她注重学习。两宫太后命南书房、上书房师傅编纂《治平宝鉴》，作为给两宫太后的教科书，仿照经筵之例，派翁同龢等定期进讲。后来慈禧也能批阅奏章，但常有语句不通和错别字之处。

这次政变，因载淳登极后拟定年号为祺祥，故史称“祺祥政变”；这年为辛酉年，又称“辛酉政变”；因政变

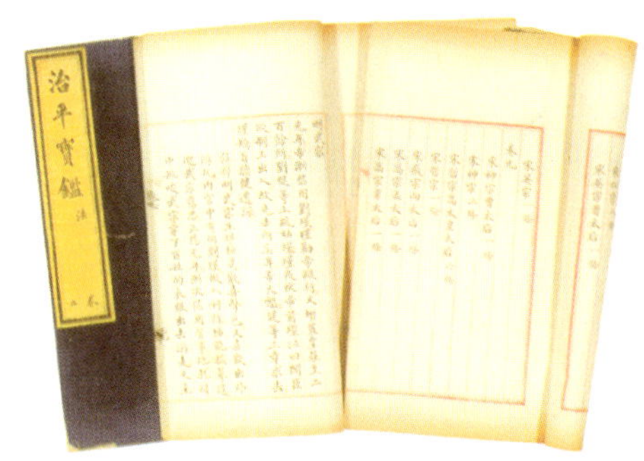

《治平宝鉴》书影

慈安太后便服像

发生在北京，又称为“北京政变”。其时，“辛酉政变”的三个主要人物——慈安皇太后25岁，慈禧皇太后27岁，恭亲王奕䜣30岁。

“辛酉政变”取胜的直接原因是：

第一，两宫皇太后和恭亲王奕䜣，抓住并利用官民对英法联军入侵北京、火烧圆明园的强烈不满，对“承德集团”不顾民族、国家危亡而逃到避暑山庄的不满，而把全部历史责任都加到顾命八大臣头上。也把咸丰皇帝到承德的责任加到他们头上。从而两宫皇太后和恭亲王奕䜣取得政治上的主动，争取了官心、军心、旗心、民心，顾命八大臣则成了替罪羊。

第二，两宫皇太后和恭亲王奕䜣，利用了顾命大臣对慈禧与奕䜣的力量估计过低而产生的麻痹思想，又利用了帝后虽是孤儿寡母，却掌握“御赏”、“同道堂”两枚印章——顾命大臣虽可拟旨不加盖这两枚印章却不能生效，两宫太后与奕䜣可由大臣拟旨加盖这两枚印章便能生效的有利条件。

第三，两宫皇太后和恭亲王奕䜣，抢占先机，先发制人，没有随大行皇帝灵柩同行，摆脱了顾命大臣的控制与监视，并从间道提前返回，利用自七月十七日咸丰死，到咸丰灵柩运到皇宫，其间74天的充分时间，进行政变准备。原定九月二十三日起灵驾二十九日到京，因下雨道路泥泞，而迟至十月初三日到京，比原计划晚了4天。两宫太后于二十九日到京，三十日政变，时间整整差了3天。这为她们准备政变提供了时间与空间，打了一个时间差与空间差。

第四，两宫皇太后和恭亲王奕䜣，意识到并预感到：这是他们生死存亡的历史关键时刻，唯一的出路就是拼个鱼死网破。慈禧曾风闻咸丰帝生前肃顺等建议他仿照汉武帝杀其母留其子的“钩弋夫人”故事，免得日后皇太后专权。这个故事，《汉书·外戚传上》记载：汉武帝宠幸钩弋夫人赵婕妤，欲立其子，以“年稚母少，恐女主颛（zhuān）恣乱国家”，赵婕妤遭汉武帝谴责而死。汉武帝临终前，立赵婕妤子为皇太子，以大司马、大将军霍光辅少主，是为汉昭帝。但是，咸丰帝没有像汉武帝那样做，而是用“御赏”和“同道堂”两枚印章来平衡顾命大臣、两宫太后之间的关系，并加以控制。结果，这两枚印章被两宫太后所利用，打破了初始的权力平衡结构。

“辛酉政变”是君权与相权的一次大的冲突，表现了两宫皇太后和恭亲王奕䜣的聪明才智。它的重大结果，是清朝体制的一大改变。经过“辛酉政变”，否定“赞襄政务”大臣，而由慈安皇太后与慈禧皇太后垂帘听政，这是重大的改制。“辛酉政变”后，恭亲王奕䜣为议政王，这是当年睿亲王多尔衮辅政的再现。但有一点不同：既由帝胤贵族担任议政王、军机大臣，又由两宫太后垂帘听政。这样皇权出现二元：议政王奕䜣总揽朝政，皇太后总裁懿定。这个体制最大的特征是皇太后与奕䜣联合主政，后来逐渐演变为慈禧独揽朝政的局面。随之产生一个制度：领班军机大臣由亲贵担任，军机大臣满洲两人、汉人两人。在同治朝，大体维持了这种五人军机结构的局面。

“辛酉政变”就满洲贵族而言，主要是宗室贵族同帝胤贵族的矛盾与拼杀。两宫皇太后特别是慈禧皇太后，主要利用和依靠帝胤贵族，打击宗室贵族，取得了胜利。

同治皇帝登极大典时穿用的小朝袍

同治皇帝登极大典时穿用的小朝靴

同治皇帝在辛酉政变后，内有两宫皇太后垂帘听政，外有议政王奕䜣主政，从而开始了同治新政。

同治朝新政

同治朝遇上了难得的历史机遇：在国内处于“太平天国”与“义和团”两次重大社会动荡之间，在国际处于英法联军与八国联军两次入侵之间，如同处在两次大风暴中间的缓冲期。同治之前的道光、咸丰，之后的光绪、宣统，都没有这样的有利条件。这就给同治朝实行新政提供了难得的机遇。日本明治维新也

养心殿垂帘听政处

正在此时。两宫太后垂帘听政、议政王奕䜣主持政务，互相配合，推行新政。在奕䜣集团的主持下，新政的主要措施是：成立总理衙门、设立同文馆、办新式学校、派人出洋、办厂开矿、修筑铁路等，实行学习西方近代化举措，开始走向开放、进步。

（一）设立总理衙门。全称为总理各国通商事务衙门，一般称作“总理各国事务衙门”，于咸丰十年十二月初十日（1861年1月20日）正式批准成立。它的实际职能是总揽新政的中央政府机构，是面对世界局势、完全创新的机构。它不仅掌管清廷与各国间的外交事务，而且包括对外贸易、海关税务、边疆防务、海军建设、新式工矿业，以及建新式学校、兴修铁路、矿务等，实际上它相当于清廷的内阁兼外交部。这是两千年来第一个专门处理外事的中央机构。总理衙门由亲王一人总领，实为首席大臣，其他大臣从军机大臣、大学士、尚书、侍郎等中指派充任。下设独立公所，计有英、法、俄、美和海防五股等机构。其中，俄国股，办理

总理各国事务衙门

俄、日两国外交事务；英国股，兼理奥地利交涉事务；美国股，掌办对美、德、秘鲁、意大利、瑞典、挪威、比利时、丹麦、葡萄牙各国交涉事务；法国股，办理法国、荷兰、西班牙、巴西各国交涉事务；后设海防股，掌管南北洋海防等。总理各国事务衙门的主旨是，办理同西方关系事务，创办近代化事业，它的出现是中国走向近代化的一个标志。随之，设立驻外使领馆。

（二）出洋考察。西方国家两次破门而入，清朝才被迫开门而出。中国走向世界，世界也走向中国。汉、唐盛世时，中国没有人走出过亚洲，法显和玄奘“取经”的“西天”，是印度而不是欧洲。明朝的郑和下西洋也没有到欧洲。清朝向西洋考察，开始于同治五年(1866年)。这年的春天，总税务司赫德要回国结婚，向奕䜣请六个月假，顺便建议清政府派人到西方去考察。这正合奕䜣的心意，于是上奏请派员出国考察并获准，从而有了清政府派斌椿等人走出国门的破天荒事件。

斌椿，《清史稿》无传，旗人。当时官员们对出国考察都不愿去，也不敢去，而63岁的斌椿报名应征。亲朋故旧以“云风险涛”相劝止，甚至有人以苏武被扣匈奴相告诫，但他决心亲自一试。斌椿是既受政府派遣，又为政府官员中赴西欧考察的“东土西来第一人”。同治五年(1866年)正月二十一日，斌椿率3名同文馆的学生及自己的儿子广英(为照顾其父同行)，离京从上海乘轮船出洋，经过一个月零八天的航程，到达法国马赛。他在欧洲游历110多天，访问了法、英、荷兰、丹麦、瑞典、芬兰、俄国、普鲁士、挪威、比利时等国，于九月十八日回到北京。斌椿写出《乘槎笔记》，第一次记录下亲眼所见诸如火车、轮船、电报、电梯、机器印刷、蒸汽机、摄影、起重机、抽水机、显微镜、幻灯机、纺织厂、兵工厂等。还第一次参观并记述了欧洲博览会、芭蕾舞、大英博物馆、国家议院、近代报社、高等学院，以及法国的凡尔赛宫、凯旋门等。他看到了西方近代的科技与文明。

（三）培养洋务人才。开办外国语学校、实业学堂、近代军事学校、派遣留学生等。同治朝新式学校最早者是京师同文馆。从京师八旗子弟中选出10名学

京师同文馆

生，教员则由英国教士包尔腾担任。同文馆除了聘请洋人教授外语外，还请徐树琳教授儒家经典。当时的工薪，汉文教员年薪100两，外国教师年薪1000两。同文馆学生膳食、文具全由政府承担，每月另发10两津贴。月课合格者奖银32两，季考合格者奖银48两，岁试及格者奖励72两。若三次考试都及格，共得奖银152两，加上每月津贴，每年得银272两。后奕䜣请在同文馆开设“天文”、“算学”馆，“采西学”、“制洋器”，引起了京师内外的轩然大波。有人说：学“西技”是“舍本求末”，讲“气节”才是“强根固本”。也有人认为：设立同文馆将使中国传统丧失，令中国官员士子向外人学习技艺，不仅是一大耻辱，而且将使中国“变而从夷”。京师流传出一副对联：“鬼计本多端，使小朝廷设同文馆；军机无远略，诱佳弟子拜异类师”。于是传称奕䜣为“鬼子六”。前门外墙壁上出现“揭帖”，上写“未同而言，斯文将丧”。此帖里嵌着“同文”二字，讽刺设立同文馆，中国将丧失传统文明。候补直隶知州杨廷熙呈递条陈道：“西学”乃“西洋数千年魍魅魍

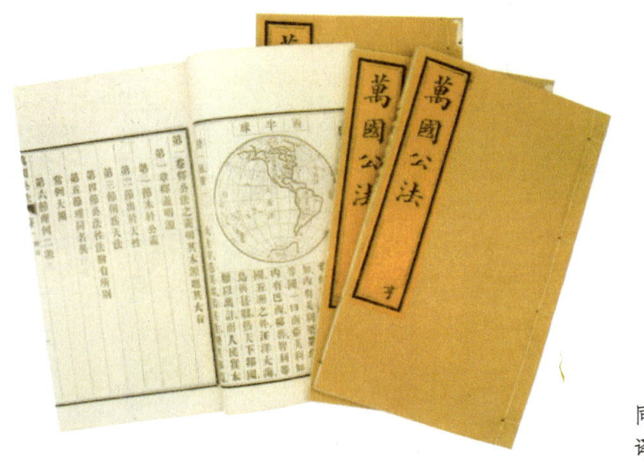

同文馆总教习、美国传教士丁韪良翻译的《万国公法》书影

魍横恣中原”之学，请洋人为教员将使“忠义之气自此消”，“廉耻之道自此丧”。有人将当年春旱，渲染为“天道示警”，攻击是奕䜣等人倡行“西学”而致，乃纷纷上折，要求同文馆停止招考。更严重的是，大学士、同治皇帝的师傅倭仁也上书反对。他认为：“立国之道，尚礼义不尚权谋；根本之图，在人心不在技艺。”又说：“古往今来未闻有恃术数而能起衰振弱者。”认为不必向外国学，以中国之大，“必有精其术者”。奕䜣等递上驳斥倭仁的奏折：仅尚空谈，不切时务，中国将愈益落后。英、法皆小国，却几次打败中国，所恃者正是科学技术。朝廷一味因循敷衍，才一败再败。并请倭仁保举“精其术者”。倭仁保举不出人才，只好退让。由于两宫皇太后态度明朗，使攻击同文馆招生之风被压下去。然而同文馆的招生受到很大影响，原报名者98人，但参加考试者仅有72名，其中30人是为了有优厚奖学金而报考。半年后只余下10名学员尚能跟上学业，遂与原来在馆的八旗子弟合为一班。后在上海、广州也开设了类似的学校，招收满、汉子弟入学，只开设外语课，请美国人做教师。同文馆后来聘请美国人丁韪（wěi）良为总教习，开设化学、数学、天文、物理、国际法、外国史地、医学、生理学、政治经济学等

课程，毕业年限改为8年，至此同文馆初具一所综合性高等学府之规模。同文馆作为第一所近代学堂开办起来之后，带动了其他近代学校的出现。该校在光绪二十八年(1902年)并入京师大学堂。它培养了一大批通“西学”的人才，其中仅驻外公使就培养出28人。

同治朝开设的新式学校，还有江南制造局附设的机械学堂、福州船政局附设的船政学堂等。福州船政学堂又称“求是堂艺局”，是同治五年(1866年)由左宗棠主持福州船政局时附设。这所学校是近代较早开设的一所以学习自然科学为主的新式学校，同时又有军事学校的性质，以培养海军和造船人才为目的之一。

(四) 派留学生出国。同治十一年(1872年)，首批30名“幼童”奔赴美国留学，史称“幼童出洋”。同治年间，留学之风兴起，与容闳 (hóng) 分不开。容闳

首批赴美留学幼童

容闳的耶鲁大学毕业照

(1828~1912年)，广东香山南屋村（今珠海南屏镇）人，道光二十一年(1841年)入澳门马礼逊预备学堂读书，家长想让他学成后做买办。后该校教员、美国人布朗回美国时，容闳随他去了美国，成为近代早期留学生之一。他在美国先读中学，后入耶鲁大学，攻读4年，于咸丰四年(1854年)获该校文学学士学位后回国。同治九年(1870年)，曾国藩任直隶总督，容闳为其幕僚和译员。他多次向曾国藩建议派遣留学生出国学习。同年，清政府批准了曾国藩等上奏派留学生的章程，决定派遣120名十二三岁幼童去美国留学，学习期限为15年，在上海成立留学出洋局管理此事。后以陈兰彬、容闳为正副委员，常驻美国，经管留学生事务。幼童留学生年龄一般在12~16岁，出国前在上海培训。因为当时风气未开，招生工作极难进行，幼童父母都不愿把孩子送到遥远的大洋彼岸去。如詹天佑，他的邻居在香港做事，向其父介绍留学招生一事，并劝他送詹天佑报名。但其父要儿子走科举正途，而不愿意出去留学。这位邻居再三说明去美国留学比科举进士有出息，并提出如果詹天佑去美国留学，就把女儿许配给他，他父亲才愿送子出国。当时詹天佑才12岁。后来詹天佑学成回国，修京张铁路，建滦河大桥，成绩斐然，称著于世。幼童先受预备班半年教育，学习简单的英语，了解美国情况。学校要求极严格，学习差的经常受体罚，幼童们都很努力，完成了预期学业。同治十一年(1872年)夏，经过考试选拔，第一批幼童30名，在上海乘轮船出洋。从同治十一年到光绪元年(1875年)，每年出国一批，每批30人，共有四批120人赴美国留学。幼童们到了美国，成为美国新闻中的轰动事件，美国总统还接见了他们。中国留学生给美国人留下“聪明能干，彬彬有礼”的印象，并说他们是“中国的荣誉”。容闳提出并把他们分别安排在美国平民家庭中生活。美国的教师、医生、绅士们纷纷把中国幼童领到自己家中，每个家庭对幼童都关怀备至，为他们提供较好的吃住条件，关心他们的学习和生活。他们成为中西文化交流的桥梁。

但是，清政府派往美国监督留学的官员陈兰彬等，以留学生学运动、学跳舞，不穿长袍马褂而穿西服，不行跪拜礼而行握手礼，甚至于有的学生剪了辫子等，认为“他们纵能学成归国，非特无益于国家，亦且有害于社会”，向清廷建议将留美学生撤回。总理衙门大臣奕䜣虽是要求实行新政的人，他对留学生违背“祖训”却接受不了，便奏请于光绪七年(1881年)五月，“将出洋学生一律调回”。留美学生自同治十一年(1872年)首批出洋，至光绪七年（1881年）撤回，最长者达9年。出国时的12～16岁的少年，归来时已是20多岁的青年。他们在美国虽未完成计划的学业，但都受到西方的教育。这些留学归国的青年，后来逐步成为中国政界、军界、学界、工商界等方面的知名人物和科技骨干，为中国近代建设做出了贡献。据不完全统计：从事行政和外交者24人，其中成为领事、代办者12人，外交次长、公使2人，成为总长者1人，内阁总理1人；加入海军者20人，其中成为海军将领者14人；从事教育者5人，其中成为大学校长者2人；从事实业者30人，其中成为工矿负责人者9人、工程师6人、铁路局长3人等。

（五）洋务求强。曾国藩、李鸿章、左宗棠等在上海、南京、福州相继办起了

曾国藩像

近代军工厂，多聘请洋员充当技术指导。这就是所谓的“洋务运动”，它包括举办新式军用工业，编练新式军队，加强国防建设等，其宗旨是“求强”与“求富”。奕䜣强调学习“西学”，制造“西器”。他认为，“采西学”、“制洋器”早在清初康熙大帝时就进行过了，如今再搞是发扬光大祖制和传统。

咸丰十一年(1861年)十一月，安庆军械所办成，并很快仿制出一批洋枪洋炮。曾国藩集合起湘军军官、幕僚试看演射。后膛枪、开花炮的威力、射程、射速、准确度、杀伤力比起鸟枪、抬枪和土炮的确强多了。湘军和幕僚拍手称赞，曾国藩兴奋不已。

海军建设，主要还是向外国购舰。19世纪70年代，由李鸿章主持向英国购买的军舰有“龙骧”、“虎威”、“飞霆”、“策电”、“镇东”、“镇西”、“镇南”、“镇北”等炮艇。19世纪80年代，德国的军火和造船工业有了突出的发展，李鸿章转向德国订购战舰。

同治三年（1864年），清政府开办大型兵工厂，计有江南制造局、金陵制造局、福州船政局、天津机器局、西安机器局等20余个。而规模大、有典型性的为江南、金陵、福州、天津、汉阳等几个兵工厂。

江南制造总局，是曾国藩与李鸿章共同创办的一个规模最大的军事工业。同治四年（1865年），李鸿章委托海关道员丁日昌买下设在虹口的美商旗记铁工厂，把上海、苏州两个洋炮局搬至上海高昌庙，成立了大型军事工业制造局。同治六年（1867年），曾国藩主张在该厂制造轮船，又在上海海关拨出两成关税，为造船经费之用。此后，工厂逐年扩充，计有洋枪厂、洋炮厂、炮弹厂、火药厂、轮船

江南制造总局制炮厂

厂、炼钢厂、子弹厂、水雷厂，并设有学校和翻译馆，其规模较为宏大。同治七年（1868年），造船厂造出了第一艘轮船，取名“惠吉”，至中法战争前共制出15艘军舰，最大者为2800吨，小者只有数百吨。

金陵制造局，同治四年（1865年）李鸿章任两江总督时把马格里主持的苏州洋炮局迁到南京雨花台，并加以扩充，更名为金陵制造局，主要制造大炮和弹药。到光绪初年，该厂计有三个机器厂，还有火药、火箭、水雷等工厂，规模也很大。

福州船政局，设于同治五年（1866年），是闽浙总督左宗棠创设的造船厂。该厂所聘洋员分别任监督和副监督。该厂由炼钢厂、船厂和学堂三部分组成。工厂尚未建成，左宗棠被调往西北统摄军事，该局由福州船政大臣沈葆桢接办。同治八年（1869年），该局造出第一艘轮船，取名“万年青”，到同治十三年（1874年），共造出轮船15艘。此后外籍工匠全部撤走，由船政学堂的毕业生接管技术工作。到甲午战前，又造轮船20艘。中法战争前制造的轮船质量较差，全为木壳船，直到光绪十年（1884年）才能制造铁甲舰，但其造船技术一直未见提高，同英、德等国所制的铁甲舰和巡洋舰皆无法相比，中法战争之前所造的军舰，多数毁于中法马尾之战中。

江南制造局、金陵制造局、天津机器局，皆为李鸿章直接控制，这三个军事工业统称为“北洋三局”。

这些军事工业的出现，引进了先进的科学技术和大机器生产，对吸收西方先进科学技术和科技人才培养，起到了积极的作用。

重修圆明园之争

同治十二年（1873年）正月，同治帝亲政，时年18岁。他亲政时，诏“恪遵慈训”，就是要遵守圣母慈禧太后的懿旨。他亲政后也办了些事，如在西苑紫光阁

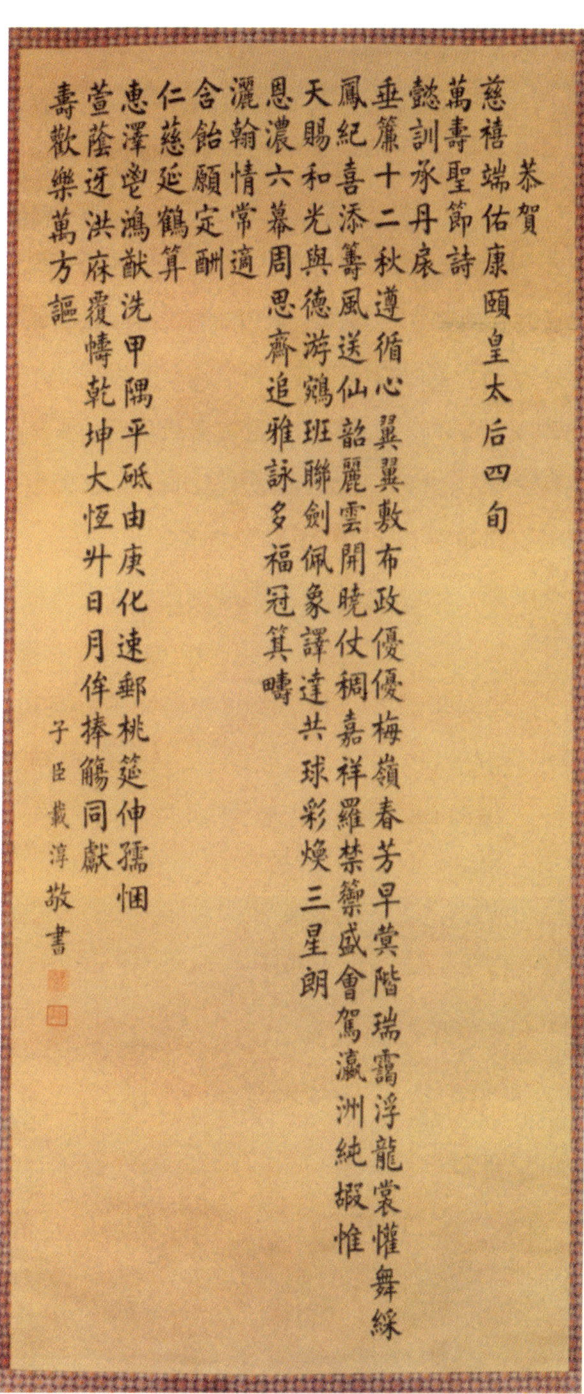

同治皇帝
《恭贺慈禧皇太后四旬万寿圣节诗》

会见日本国大使副岛种臣、俄国大使倭良嘎里、美国大使镂斐迪、英国大使威妥玛、法国大使热福理、荷兰国大使费果荪，并接受他们呈递国书。同治亲政只有一年多的时间，他亲自主持经办的一件大事就是重修圆明园。

慈禧退帘后，想到宫外游冶愉悦，回忆起当年的圆明园生活，她懿旨重修圆明园。这是重大的工程，至少要花几千万两白银。九月，同治帝发布上谕：兴修圆明园以为两宫太后居住和皇帝听政之所，让王公以下京内外大小官员量力捐修。恭亲王奕䜣不好完全拒绝，报效银2万两，指令户部先拨银2万两。拨款之后，朝廷震动。接着百官疏奏，反对重修圆明园。御史沈淮疏请缓修圆明园工程。同治览奏大怒，立即召见沈淮，严词申责。接着御史游百川再上疏谏阻，同治又下谕将游百川革职。经过一段时间的准备，十三年（1874年）正月，圆明园重修工程正大光明殿、天地一家春（原慈禧住处）等处先后开工。四月，同治视察圆明园，慈禧亲自看取图样，应修殿宇不下3000余间。七月初六日，发生广东商人李光昭自称"圆明园李监督"，借购修园木料诈骗白银30万两的事件，引起朝臣反对。同治帝仍不理睬，继续其工程。七月十八日，恭亲王奕䜣、大学士文祥等10人（3位

圆明园"勤政亲贤"殿烫样

亲王郡王、3位御前大臣、3位军机大臣、1位师傅）联衔疏奏，请停止圆明园工程："宜培养元气，以固根本；不应虚糜帑糈（xǔ），为此不急之务。"同治帝与十重臣几番面对面地辩论，他明知错误，仍不悔改。当大家一再反对时，同治帝准备发上谕，以十大臣"朋比为奸，谋为不轨"的罪名，宣布将十大臣革职。两宫太后见事情闹大，只好出面调解。据吴汝纶日记载：召见时"两宫垂涕于上，皇上长跪于下。谓十年以来，无恭邸何以有今日？皇上少未更事，昨谕著即撤销云云"。其结果是：革十大臣职的上谕没有发布，重修圆明园改为修葺三海。在奕䜣等谏阻下，同治说："我停工何如！尔等尚何哓（xiāo）舌！"二十九日，停止圆明园工程。重修圆明园工程是慈禧的懿旨，奕䜣等的谏阻，触怒了慈禧。三十日，同治帝上谕："著革去亲王世袭罔替，降为郡王。"此次补盖、添建、粘修、揭瓦后基本成形的殿阁亭榭等100座500间。八月初一日，同治发出上谕："朕奉慈安端裕康庆皇太后、慈禧端佑康颐皇太后懿旨：皇帝昨经降旨，将恭亲王革去亲王世爵罔替，降为郡王……著加恩赏还亲王世爵罔替"云云。谕修葺西苑三海工程。

十二月，同治帝死于养心殿。他的死因，是个疑案。

同治死因疑案

同治6岁到14岁期间，每天应景做皇帝，到养心殿摆样子，两宫皇太后垂帘听政。他还要抽出半天时间，到弘德殿读书。同治从小没有得到严父的教育，母后皇太后与圣母皇太后都没有文化，不得教育皇子读书的要领。她们常在重华宫漱芳斋办事、传膳、听戏，没有给同治以文化的熏陶。同治贪玩，不爱读书，"见书即怕"，不好学习，没有长进。他的师傅教他学习看奏折，他"精神极散"；听讲奏折，也极不用心。他的伴读奕详、奕询，本意在陪同读书、互相激励、彼此切磋，实际上往往代其受过，起到"杀鸡吓猴"的作用。在课堂上，"无精神则

少年同治帝写字像

倦，有精神则嬉笑”，实在是一个顽皮的学生。同治到十七八岁的时候，“折奏未能读”，连“在内背《大学》皆不能熟”。

就其个人来说，同治皇帝出生在帝王之家，享受着“普天之下莫非王土，率土之滨莫非王臣”的独尊荣光，过着“钟鸣鼎食”的生活，没有兄弟竞争便顺利地登上皇帝宝座，这是他人生的喜剧。但是，同治也有人生的悲剧——他短暂的19年就有六大不幸：幼年丧父是为第一大不幸！童年担当社稷重任而不能享受正常童真快乐是为第二大不幸！同圣母皇太后关系不好是为第三大不幸！婚姻不如意是为第四大不幸！无子无女是为第五大不幸！19岁便早亡是为第六大不幸！下面简单说一下他的后妃。

同治有一后三妃，其中皇后的人选：慈安皇太后喜欢侍讲崇绮的女儿阿鲁特氏，慈禧皇太后则喜欢员外郎凤秀的女儿富察氏。两宫太后，意见不一，要同

同治孝哲毅皇后像

治自选。同治选定蒙古正蓝旗崇绮的女儿阿鲁特氏。于是奉两宫皇太后懿旨，同治十一年（1872年）九月，册立阿鲁特氏为皇后，同治17岁，皇后19岁。又册富察氏为慧妃。

皇后的祖父为大学士、军机大臣赛尚阿，外祖父是郑亲王端华。皇后的父亲崇绮，是有清一代唯一的“蒙古状元”，也是有清一代满洲、蒙古以汉文获翰林院修撰的第一人。满蒙士林，以其为荣。同治九年（1870年），选侍讲，后充日讲起居注官，再调盛京将军。义和团事起，崇绮同朝廷勋贵多人信仰，事败之后，随荣禄走保定，住居莲池书院，自缢而死。崇绮妻，瓜尔佳氏，在京师陷落时，阖门死难。《清史稿·崇绮传附崇绮妻传》记载：“崇绮妻，瓜尔佳氏，先于京师陷时，预掘深坑，率子、散秩大臣葆初及孙员外郎廉定，笔帖式廉容、廉密，监生廉宏，分别男女，入坑坐瘗（yì），阖门死难。”

皇后出身于官宦名门、诗书大家，自幼习书达礼，性格耿爽，不善阿谀。据记载，皇后阿鲁特氏“雍容端雅”，“美而有德”，且文才好。皇后幼年在家，崇绮亲自授课，读书聪颖，十行俱下，“后幼读书，知大义，端静婉肃，内外称贤。及正位六宫，每闻谏阻，自奉俭约，时手一编”。她被册为皇后，同治帝很喜爱她，也很敬重她，据说不久怀有身孕。慈禧皇太后不喜欢这个皇后儿媳妇，常找碴儿难为这位小皇后。慈禧不许她与同治皇帝同房，而要同治对慧妃好。同治帝不敢违抗，但他不喜欢慧妃，只好赌气独宿养心殿，生活寂寞寡欢。因为慈禧处处刁难，皇后日子过得很不舒心。同治病重，皇后护侍，也遭到慈禧的诃责。《我的前半生》记载：同治病重，皇后前去养心殿探视，二人说了些私房话，被慈禧皇太后知道。慈禧怒不可遏，闯入暖阁，“牵后发以出，且痛抶（chì）之”，并叫来太监备大杖伺候。据说皇后情急之下说了句：“媳妇是从大清门抬进来的，请太后留媳妇的体面！”慈禧一直以侧居西宫为遗憾，也为咸丰临终前没有册封自己为皇后而不满。慈禧动怒，同治被吓晕，病情加重。慈禧见状，才未对皇后动刑。

同治之死，慈禧将责任栽到皇后头上。皇后阿鲁特氏见同治皇帝死，大恸大悲，不思饮食，吞金自杀，获救得生。皇后之父崇绮，奏告慈禧皇太后。皇太后回答：“可随大行皇帝去罢！”皇帝死了，尚未入葬，称大行皇帝，就是说可以随夫殉死。崇绮将此话告诉女儿。而且慈禧不为同治立嗣，却让同治堂弟兼姨表弟载湉继承皇位，实际上是不为皇后留余地。皇后只有自尽一条路可走。光绪元年（1875年）二月，同治帝死后75天，皇后阿鲁特氏“遽尔崩逝”，年22。野史或谓：皇后阿鲁特氏怀孕，慈禧恐其生男孩，将来缵（zuǎn）承大统，自己不能垂帘听政，故逼其死。

同治生活放纵，同家庭关系不和谐有关。据说：同治既近女色，或著微服冶游。有人给他进“小说淫词，秘戏图册，帝益沉迷”。他常到崇文门外的酒肆、戏馆、花巷。野史记载：“伶人小六如、春眉，娼小凤辈，皆邀幸。”又记载同治宠幸太监杜之锡及其姐：“有奄杜之锡者，状若少女，帝幸之。之锡有姊，固金鱼池娼也。更引帝与之狎。由是溺于色，渐致忘返。”据记载：醇亲王奕谖曾经泣谏其微服出行，同治质问从哪里听来的？醇亲王怫然语塞。又召恭亲王奕䜣，问微行一事是听何人所言？答：“臣子载澂。”同治微行，沸沸扬扬，既不能轻信说其有，也不能断然说其无。

同治十三年十二月初五日，同治帝崩于皇宫养心殿。同治之死，传说颇多，主要有死于天花、死于梅毒、死于天花兼梅毒三说。

主同治死于天花说。主要是根据历史档案和《翁同龢日记》。翁的日记记载：同治于十月“二十一日，西苑着凉，今日（三十日）发疹”。十一月初二日，“闻传蟒袍补褂，圣躬有天花之喜”。又记载：“昨日治疹，申刻，始定天花也。”初九日，召见御前大臣时，“气色皆盛，头面皆灌浆泡饱满”。上谕云：“朕于本月遇有天花之喜，经惇亲王等合词吁请静心调摄”云云。经学者研究清宫历史医案《万岁爷进药用药底簿》后认为：同治帝系患天花而死。在同治得了天花以后，太医公布病情与药方，宣布同治之病为“天花之喜”。慈禧太后暨文武大臣对同治之

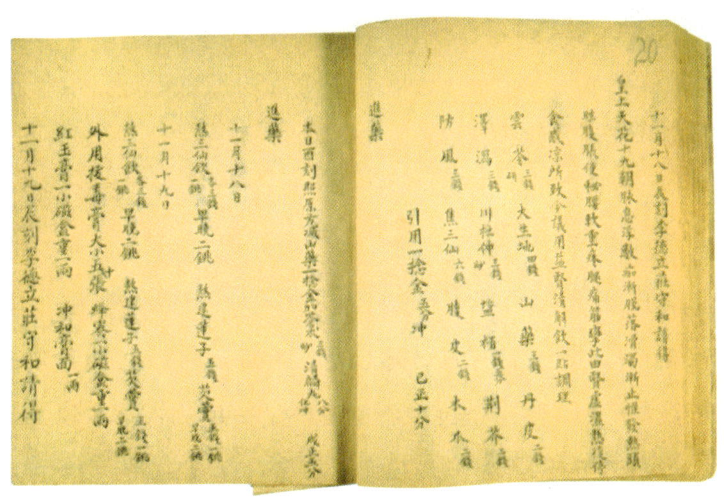

同治皇帝《患天花进药档》

病，不是积极地寻求新医药和新疗法，而是依照祖上传下的规矩，在宫内外进行“供送痘神”的活动，敬请“痘神娘娘”入皇宫养心殿供奉。宫内张挂驱邪红联，王公大臣们身穿花衣，按照“前三后四”的说法，要穿7天花衣。同治的“花衣期”延长为“前五后七”，就是可望12天度过危险期。慈禧、慈安两宫太后，还亲自到景山寿皇殿行礼，祈求祖先神灵赐福。内务府行文礼部，诸天众圣，皆加封赏。一身疮痍的同治，在皇宫求神祭祖的喧嚣中离开了人世。他死在养心殿，这里恰是他的祖先顺治被天花夺去性命的寝殿。《崇陵传信录》记载：“惠陵上仙，实系患痘，外传花柳毒者非也。”近年专家们发现了御医给同治看病的《脉案》。医学史专家对相关档案进行了认真分析，结论是：同治皇帝死于天花。

主同治死于梅毒说。也主要是根据历史档案和《翁同龢日记》，野史中也有载述。《清宫遗闻》记载，同治到私娼处，致染梅毒。《翁同龢日记》云：十一月二十三日，“晤太医李竹轩、庄某于内务府坐处，据云：脉息皆弱而无力，腰间肿处，两孔皆流脓，亦流腥水，而根盘甚大，渐流向背，外溃则口甚大，内溃则不可言，意甚为难”。二十八日又记：太医云：“腰间溃如，其口在边上，揭膏药则汁如箭激，丑刻如此，卯刻复揭，又流半盅。”二十九日再记：见“御医为他揭膏药挤脓，脓已半盅，色白而气腥，漫肿一片，腰以下皆平，色微紫，看上去病已深”。《李慈铭日记》也记载：“上旋患痈，项腹皆一，皆脓溃。”但他又说：“宫廷隔绝，其事莫能详也。”

但清宫史专家指出，清朝的典章制度是非常严格的，皇帝私自从紫禁城里出去寻花问柳，是没有什么可能性的。另一种意见却认为，同治重修圆明园计划遭百官反对而失败后，百般无聊，便在太监引导下，微服出宫，寻欢取乐。时外国人可能已知同治帝之病，如美国公使给本国政府的报告说：“同治皇帝病若以西医及科学方法诊治，决无不可医治之理，决非不治之症。”然而，同治帝是一国之君，太医开方要经过严审，出于为君者讳，是不能公布病症实情，也不能按病开方，下药不对症，医治无疗效。

主同治死于天花兼梅毒说。也主要是根据历史档案与文献资料推断。御医诊断同治的症状是：湿毒乘虚流聚，腰间红肿溃破，漫流脓水，腿痛盘挛，头颈、胳膊、膝上发出痘痈肿痛。这种看法是：同治或先患天花未愈而又染上梅毒，或先患梅毒而又染上天花，两种疾病并发，医治无效而死。

民间对于同治皇帝死因有种种说法，清朝官方则保持沉默，不予申辩。因此，同治到底是死于什么病，成了一个历史疑案。

同治死后，慈安皇太后、慈禧皇太后急召惇亲王奕誴、恭亲王奕䜣、醇亲王奕譞、孚郡王奕譓、惠郡王奕祥，贝勒载治、载澂，公奕谟，御前大臣伯彦讷谟祜、奕劻、景寿，军机大臣宝鋆、沈桂芬、李鸿藻，内务府大臣英桂、崇纶、魁龄、荣禄、明善、贵宝、文锡，直弘德殿徐桐、翁同龢、王庆祺，南书房黄钰、潘祖荫、孙诒经、徐郙、张家骧入，奉懿旨，以醇亲王之子载湉——既是同治的堂弟，又是同治的姨表弟，入继文宗（咸丰），为嗣皇帝。

同治帝的惠陵

《清史稿·穆宗本纪》论曰："冲龄即祚，母后垂帘。国运中兴，十年之间，盗贼刬（chǎn）平，中外乂安。非夫宫府一体，将相协和，何以臻兹。"同治年间，机遇难得：内处"太平军"与"义和团"两大社会动荡之间，外处英法联军与八国联军两次入侵之间。太后垂帘，亲王议政，宫府一体，尚能协和，推行新政，有一定成效。

同治寿短病故，载湉入继大统，就是光绪皇帝。

相关阅读书目推荐

（1）阎崇年：《清朝皇帝列传·同治皇帝》，紫禁城出版社，2002年

（2）徐立亭：《咸丰同治帝》，吉林文史出版社，1993年

（3）马东玉主编：《清朝通史·咸丰同治朝》，紫禁城出版社，2003年

载湉个人小档案

年号：光绪

姓名：爱新觉罗·载湉

出生：同治十年六月二十八日（1871年8月14日）

出生地：北京太平湖醇王藩邸槐荫斋

属相：羊

父亲：奕譞（醇亲王）

母亲：叶赫那拉氏

排行：宣宗第七子奕譞之第二子

初婚：19岁结婚，配偶叶赫那拉氏，为皇后

配偶：3人，皇后叶赫那拉氏

子女：无子女

即位时间：光绪元年正月二十日（1875年2月25日）

即位年龄：4岁

在位年数：34年

卒年：光绪三十四年十月二十一日（1908年11月14日）

享年：38岁

死亡地：中南海瀛台涵元殿

庙号：德宗

谥号：景皇帝

陵寝：崇陵（清西陵）

继位人：溥仪（宣统）

最得意：主持戊戌变法

最失意：甲午战争主战失败

最不幸：戊戌政变后被囚禁

最痛心：签订《马关条约》

最擅长：忍辱

光绪皇帝38年的人生历程，可以分作四个时期：从出生到4岁为醇亲王子时期，从4岁到17岁为少帝时期，从17岁到28岁为亲政时期，从28岁到38岁为“囚帝”时期。光绪是一位家事、国事双重悲剧的皇帝，虽奋志维新，却赍志以殁。

光绪帝载湉

光绪皇帝名载湉，4岁登极，在位34年，享年38岁。年号光绪，意为继承光大咸丰统绪。载湉是清朝第一位非皇子而入继大统的皇帝，是大清国的第11位皇帝。

光绪皇帝38年的人生历程，可以分作四个时期：从出生到4岁为醇亲王子时期，从4岁到17岁为少帝时期，从17岁到28岁为亲政时期，从28岁到38岁为“囚帝”时期。

下面先从载湉4岁入继大统说起。

慈禧一言定大统

同治十三年十二月初五日（1875年1月12日），同治皇帝病死。同治没有儿子，皇位由谁继承？据《清穆宗毅皇帝实录》、《光绪朝东华录》、《翁同龢日记》等

慈禧太后油画像

书记载：同治十三年十二月初五日：酉时（17～19时），同治帝崩于皇宫养心殿东暖阁。戌时（19～21时），两宫太后在养心殿西暖阁，召见惇亲王奕誴、恭亲王奕䜣等王公大臣29人，谕曰："文宗无次子，今遭此变，若承嗣年长者，实不愿；需幼者乃可教育。现在一语即定，永无更移。我二人同一心，汝等敬听。"宣布："醇亲王奕譞之子载湉，著承继文宗显皇帝为子，入承大统，为嗣皇帝。"

就是说，让醇亲王奕譞之次子、4岁的载湉入继皇位，成为大清国的第11位皇帝。诸臣奉懿旨退下，军机大臣退到军机处拟旨。一个时辰之后，“亥正（22时），请见面，递旨意，太后哭而听之”。然后，派人到醇亲王府（南府）接载湉入宫，到同治的御榻前，叩头号哭，即正皇位。

又宣布懿旨：“皇帝龙驭上宾，未有储贰，不得已以醇亲王奕譞之子载湉，承继文宗显皇帝为子，入承大统，为嗣皇帝。俟嗣皇帝生有皇子，即承继大行皇帝为嗣。”就是说，先将载湉过继给早已去世的咸丰皇帝（庙号“文宗”）为子，即皇帝位。将来载湉有了儿子，再过继给同治为嗣子。颁布这道谕旨，与吴可读尸谏的悲剧有关。吴可读，道光进士，官御史，为人耿直敢言。乌鲁木齐提督成禄滥杀平民，被告论斩。有的官员请改死缓。吴可读奏言：“请斩成禄以谢甘民，再斩臣以谢成禄。”因言语过于憨直，被降三级。光绪五年（1879年），同治奉安惠陵。吴可读自己请求送葬，夜间在蓟州废寺中自杀。怀中揣有一封遗疏，奏请让将来光绪的儿子继承同治为嗣。这件事震动朝廷上下。

慈禧为什么要选择载湉（光绪）入继皇位呢？这要从道光说起。

道光皇帝有九个儿子，长子奕纬、次子奕纲、三子奕继皆早死；第四子奕詝即咸丰皇帝；第五子奕誴过继给惇亲王绵恺（嘉庆帝第三子）为嗣，袭惇郡王，晋亲王；第六子恭亲王奕䜣任议政王、军机大臣；第七子醇郡王奕譞，同治十一年（1872年）晋亲王；第八子钟郡王奕詥，同治七年（1868年）死；第九子孚郡王奕譓。当时入继大统的可能人选应当是“溥”字辈（永、绵、奕、载、溥、毓、恒、启），道光帝曾长孙是载治之子溥伦，慈禧以其宗支疏远而不同意立溥伦。溥伦时年17岁，如立溥伦，慈禧便不能垂帘听政，那就只有在“载”字辈找。恭亲王奕䜣长子载澂（chéng）无子，第二子载滢出继。且慈禧根本不愿意立载澂、载滢，因其父为恭亲王奕䜣，若立他们中的一人，则恭亲王的权力过大，对自己不利；那就在醇亲王奕譞家里找。醇亲王奕譞有4位福晋，共生育7个儿子：第一子、第三子早殇，第二子为载湉，就是光绪皇帝。第四子为载洸、第五子为载沣（宣统皇帝的父亲）、第六子为载洵、第七子为载涛。醇郡王奕譞于咸丰十年（1860年），年19岁，奉旨同慈禧的妹妹叶赫那拉氏成婚。当时，慈禧还是懿贵妃，受咸丰帝宠爱。她曾说："入宫后，宫人以我美，咸妒我，但皆为我所制。"后又生皇子载淳，其地位更为巩固。懿贵妃在深宫之内，接触外人的机会少，能见到的男性除太监外，就是几个小叔子，即皇六弟奕䜣、皇七弟奕譞、皇八弟奕詥和皇九弟奕譓。懿贵妃有个胞妹尚待字闺中，她时常想在宗室中找个妹夫。在四位小叔子中，就年龄而言，奕䜣已结婚分府，奕詥、奕譓又偏小；就性格而言，奕䜣过于机变，奕詥较为软弱，奕譓又羞怯腼腆。懿贵妃看中皇七弟奕譞。咸丰十年（1860年），醇郡王奕譞奉旨与懿贵妃叶赫那拉氏的胞妹成婚。依例，奕譞应分府出宫，

奕譞与嫡福晋叶赫那拉氏

醇亲王府原址

受赐在宣武门内太平湖东岸建府邸（今中央音乐学院和三十四中学址）。这就是第一座醇王府，后称醇亲王府南府（光绪做皇帝后，依雍亲王府后升为雍和宫例，改为醇亲王祠；慈禧皇太后懿旨又将什刹海北岸的一座贝子府赐给醇亲王奕譞，这里又称醇亲王府北府，也就是今宋庆龄故居）。载湉就出生在这里，是醇郡王与慈禧妹妹的骨肉。

醇亲王奕譞在咸丰朝的11年间，除10岁那年因咸丰登极按例封为醇郡王之外，几乎没有受到大的晋封。咸丰病逝时，奕譞20岁。这一年，妻子的亲姐姐做了皇太后。他以姻娅至亲，而受到重用。在“辛酉政变”中，奕譞受懿旨，带侍卫、亲兵到密云半壁店，将随梓宫回京的协办大学士、赞襄政务大臣肃顺在熟睡中擒拿，押回北京后处斩。奕譞在这次政变中，为妻姐慈禧立下奇功。辛酉政变之后，醇郡王奕譞官阶迭升：封为都统、御前大臣、领侍卫内大臣、管神机营、管善扑营等。同治三年（1864年），加亲王衔。四年（1865年），命在弘德殿行走。十一年

（1872年），晋亲王。

同治帝死后，慈禧皇太后懿旨，由其外甥醇亲王奕譞之子载湉入继大统。据《清史稿·奕譞传》记载："忽蒙懿旨下降，择定嗣皇帝，仓猝昏迷，罔知所措。"尔后，"舁（yú）回家内，身战心摇，如痴如梦"。因为儿子载湉入继大统当皇帝，这是福，还是祸？事情叵测，吉凶难料。

慈禧一言定载湉（光绪）继承皇位，这是对清朝皇室祖制的重大改变。太后懿旨召见列名者有29人之多，可谓空前。这说明非皇子入承大统，为大清首次，既示郑重，又免物议。载湉继承咸丰为嗣皇帝，这实在是清朝皇储嗣立的又一次大改制：

第一，慈禧改变皇位父死子继的祖制。清太祖努尔哈赤死后由皇八子皇太极继承皇位，皇太极死后由皇九子福临（顺治）继承皇位，福临死后由皇三子玄烨（康熙）继承皇位，康熙死后由皇四子胤禛（雍正）继承皇位，雍正死后由皇四子弘历（乾隆）继承皇位，乾隆死后由皇十五子颙琰（嘉庆）继承皇位，嘉庆死后由皇次子旻宁（道光）继承皇位，道光死后由皇四子奕詝（咸丰）继承皇位，咸丰死后由皇长子载淳继承皇位，同治死后却由堂弟载湉继承皇位。

第二，慈禧改变皇位继承程序的祖制。清太祖、太宗的遗位继承人由满洲贵族会议决定，顺治、康熙用遗诏决定皇位继承人，雍正创建秘密立储制度，乾隆、嘉庆、道光、咸丰都是这样继位的，同治没有兄弟，顺利继承皇位。但是，载湉继承皇位，既不是满洲贵族会议推举，也不是用遗诏的形式决定，更不是秘密立储，而是由皇太后"一言而定"，这是没有先例的。

第三，慈禧改变幼帝由大臣辅政的祖制。幼帝继承皇位，必有大臣辅政。顺治6岁继位，由郑亲王济尔哈朗、睿亲王多尔衮先为辅政王，后为摄政王；康熙8岁继位，由索尼、苏克萨哈、遏必隆和鳌拜四大臣辅政；同治6岁继位，先由赞襄政务八大臣，后由议政王奕䜣辅政。但是，载湉4岁继位，没有辅政王、摄政王、辅政大臣、赞襄政务大臣、议政王辅政，而只有皇太后垂帘听政。载湉继承咸丰，即为咸丰的嗣皇帝，这就为皇太后垂帘听政提供了合乎仪规的辈分。如新皇帝继承同治为嗣皇帝，则应由同治皇后垂帘听政。因而，慈禧将皇权紧紧地抓在个人手中，达到了清朝极权体制的顶峰。至于奕䜣，他与慈禧有联合，也有冲突。到光绪十年（1884年），发生了“午门案”。事情的经过是：慈禧派宦官往娘家送东西，事先敬事房没有向守门护军传旨，护军阻拦，太监不服，互相殴打。太监报告慈禧，慈禧要对值班护军廷杖。有的书记载了奕䜣同慈禧的精彩对话——奕䜣说：“廷杖乃前朝虐政，不可效法。”慈禧说：“汝事事抗我，汝为谁乎？”奕䜣说：“臣是宣宗第六子！”慈禧说：“我革了你！”奕䜣说：“革了臣的王爵，革不了臣的皇子。”慈禧太后没有办法，只好让步。但慈禧从此加深了对奕䜣的怨恨，后奕䜣被解除军机大臣职务。

慈禧立载湉继承皇位，是咸丰故去13年以来，慈禧在皇位继承与亲理朝政上，继第一次垂帘听政后的第二次改变祖制。这两次改变祖制，其目的只有一个：垂帘听政，独掌朝纲。

光绪入继皇位后，从4岁到17岁的12年间，是他作为儿皇帝——少帝的时期。

光绪的少帝生活

载湉继承皇位后，按照清朝皇室的“家法”，小皇帝到了6岁，就要到上书房读书，他自然也不例外。因为光绪年龄太小，母亲又在醇亲王府不能见面，只好由他父亲醇亲王奕譞到宫里帮助照顾。醇亲王奕譞是一位知进退、明荣辱的人，也是深知慈禧的性格与为人的人。

先说醇亲王奕譞在儿子做了皇帝之后，他所做的几件事情：

第一，上《豫杜妄论》的密奏。先讲一个历史故事：明朝武宗正德皇帝（朱厚照）死后无子，由他的堂弟朱厚熜（cōng，嘉靖）继承皇位。嘉靖（朱厚熜）被从湖广安陆（今湖北钟祥）接到北京登上皇位后，演出了一场“大礼仪”的闹剧。正德的父亲、嘉靖的父亲应当怎样称谓？一些朝臣的意见是，“本生父曰兴献帝”，过继父称“皇伯父敬皇帝”；另一种意见则相反。何孟春等136人汇聚在金水桥南跪伏，撼门大哭，声震阙廷，长达两个时辰。嘉靖帝大怒，命惩治220人，其中编修王相等180余人遭到廷杖（因病创而死者17人），成为震动朝野的大事件。醇亲王奕譞提出，将来如果有人以嘉靖之说奏进，就以此奏驳斥。慈禧将此密奏留中。后来吴大澂果然有此奏，慈禧便出示醇亲王奕譞的密奏做回应。

第二，请求免去一切职务。醇亲王奕譞的官职主要有：都统、御前大臣、领侍卫内大臣、管神机营事、管善扑营事、步军统领、弘德殿行走等。他上奏“诚恳请罢一切职任”，说：“惟有哀恳矜全，许乞骸骨，为天地容一虚縻爵位之人，为宣宗成皇帝留一庸钝无才之子。”慈禧皇太后在奕譞请求下，命免除醇亲王奕譞一切职务。他仅接受亲王双俸的待遇。光绪二年(1876年)，光绪帝在毓庆宫入学，奕譞受命加以照料。

第三，日日敬敬慎慎，夜夜乾乾翼翼。奕譞住的正房名为“谦思堂”；书斋名为“退省斋”；几案上摆放“欹（qī）器”，欹器是一种“巧器”，它的特点是：“虚则欹，中则正，满则覆。”孔子曾命弟子将水注入欹器里，结果正是如此。孔子叹曰：“吁！恶有满而不覆者哉！”醇亲王奕譞将“欹器”作为座右器，上有“满招损，谦受益”的铭句。奕譞以“恭谨敬慎”四个字，作为待人处世的准则，更作为侍奉慈禧的圭臬。奕譞子女的房中，挂着他写的治家格言：

> 财也大，产也大，后来子孙祸也大。若问此理是若何？子孙钱多胆也大。天样大事都不怕，不丧身家不肯罢！

这说明奕譞警惕自己“满招损”、告诫子孙“骄招祸”，要使得自身和家庭，就像醇亲王府邸旁边的“太平湖”一样，求得一个“太平”。

次说光绪到了皇宫之后的生活。

养心殿皇帝寝宫

同治十三年十二月初六日，就是宣布载湉嗣承皇位的第二天，光绪皇帝由醇亲王府邸乘轿前往皇宫，进了午门，到养心殿。他向两宫皇太后请安，并在大行皇帝同治灵前祭奠后，便“剪发成服”，入继大统，做了皇帝。

初七日，光绪奉慈安皇太后住居在东六宫的钟粹宫，俗称慈安皇太后为“东太后”；奉慈禧皇太后住居在西六宫的长春宫，俗称慈禧皇太后为“西太后”。光绪住在养心殿。慈安皇太后与慈禧皇太后实行垂帘听政。皇帝训谕称“谕旨”，皇太后训谕称“懿旨”。

光绪元年（1875年）正月二十日，两宫皇太后懿旨光绪皇帝在太和殿举行即位大礼，并告祭天、地、庙、社。光绪皇帝继位后，到乾清宫向同治帝御容（画像）行礼，又到钟粹宫向慈安皇太后行礼，再到长春宫向慈禧皇太后行礼，复到储秀宫向嘉顺皇后（同治皇后）行礼。这时光绪皇帝才5岁，实际年龄只有3周岁半。

光绪二年（1876年）四月二十一日，光绪帝开始在毓庆宫读书。毓庆宫在东六宫东侧斋宫与奉先殿之间。师傅为署侍郎、内阁学士翁同龢和侍郎夏同善。翁同龢与夏同善为同榜进士。翁同龢主要教光绪读书，夏同善主要教光绪写仿格（写字）。御前大臣教习满语文、蒙古语文和骑射。幼年皇帝读书先有顺治，继有康熙，再有同治，他们登极时的年龄，顺治6岁、康熙8岁、同治6岁，而光绪只有4岁。所以，光绪从6岁，实际上4周岁半，开始读书。光绪刚开始就读，对环境、师傅、学习、伴读都很陌生，很不习惯。他对授读师傅感到很生疏，有时又哭又闹，还摔书本。师傅没有办法，奏告慈禧皇太后。慈禧懿旨皇帝生父奕譞到毓庆宫，照看小皇帝读书。随着岁月推移，载湉年岁渐长，逐渐习惯于读书生活。光绪读书很用功，慈禧夸赞他："实在好学，坐、立、卧皆诵书及诗。"他把读书同做国君相联系，如在《乙酉年御制文》中写道："为人上者，必先有爱民之心，而后有忧民之意。爱之深，故忧之切。忧之切，故一民饥，曰我饥之；一民寒，曰我寒之。凡民所能致者，故悉力以致之；即民所不能致者，即竭诚尽敬以致之。"这一年为光绪十一年（1885年），光绪才15岁。他很想当一位有所作为的皇帝。光绪还写了一首《围炉》诗：

帝师翁同龢

西北明积雪，万户凛严风。

惟有深宫里，金炉兽炭红。

从诗中可以看出，少年皇帝光绪胸中念边塞、心中挂庶民的心态。

光绪有父亲奕譞在毓庆宫照料自己读书，但君臣之礼，高于父子之情。奕譞“谦卑谨慎，翼翼小心”的性格，对光绪影响并不大。影响光绪性格的重要因素，主要有三：一是遗传因素。光绪的性格，更多的不是继承其父“敬谨”的因素，而是母亲一支的“桀骜”的基因。他的外祖父惠征曾因携银逃走被免官，可见其不守本分。她的姨妈慈禧太后的强悍性格更是表露鲜明。这些或对光绪皇帝的性格形成，有着先天性的影响；二是教育因素。光绪在毓庆宫长达10余年的读书学习，儒家经典，师傅熏陶，是其性格形成的教育因素；三是社会因素。光绪面临战败赔款，民族灾难，则是其性格形成的社会因素。

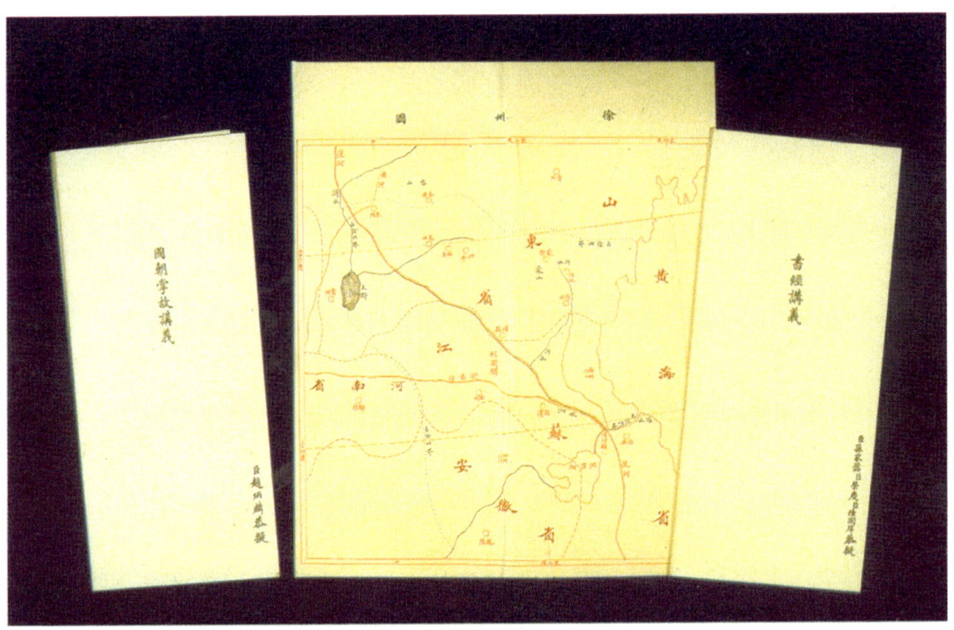

日讲官为光绪皇帝讲授经史的讲稿

光绪经过12年的少帝生活，早已到了亲政的年龄。光绪十二年（1886年）六月初十日，慈禧皇太后懿旨："前因皇帝冲龄践祚，一切用人行政，王大臣不能无所禀承，因准廷臣之请，垂帘听政。本日召见醇亲王及军机大臣、礼亲王世铎等，谕以自本年冬至大祀圜（yuán）丘为始，皇帝亲诣行礼，并著钦天监选择吉期，于明年举行亲政典礼。"光绪十三年（1887年），光绪帝开始亲理朝政。

光绪做了12年的少年天子。在这段时间里，发生了几件大事：

第一件是中法战争。光绪八年（1882年），中法战争爆发，清军恐怕"失和"而"退让"。光绪十年（1884年），法国舰队司令孤拔率领舰队驶入福建水师基地马尾军港。清军被迫迎战。同年，法军又进攻吴淞口。法军再侵犯台湾淡水、鸡笼(基隆)，台湾军务大臣刘铭传率领守军扼守淡水，击退敌军侵略。第二年初，法军在水路进攻浙江镇海，在陆路进攻镇南关（今友谊关），清军获得"镇南关大捷"。光绪十一年（1885年）四月，清朝"以胜求和"、"不败而败"，派李鸿章同法国代表在天津签订《中法新约》。

第二件是台湾建立行省。光绪十一年（1885年）九月，清朝"改福建巡抚为台湾巡抚"，正式建立台湾行省，刘铭传为第一任台湾巡抚。《清国史·刘铭传传》记载：铭传，安徽合肥人，"秉性

光绪皇帝《临颜真卿自书告》

刘省三（铭传）招抚台湾山民图

忠勇，卓著战功”。《清史稿·刘铭传传》记载：少有大志，青年从淮军，后在淮军“为诸将冠”。他建议修铁路，史称：“中国铁路之兴，实自铭传始。”中法战争期间，加巡抚衔，督办台湾军务，率军英勇抵抗法军侵略。刘铭传为第一任台湾巡抚，后在台湾筑炮台、修铁路、架电线，发展经济，安定社会。加兵部尚书衔。死后，赠太子太保，建祠祭祀。今台北市公园有郑成功、刘铭传等的塑像。电视剧《台湾首任巡抚刘铭传》，就是根据刘铭传的事迹改编的。

第三件是慈安皇太后故去。慈安太后的父亲穆扬阿官广西右江道，早故。家族不繁，较为寒落。慈安的死，《清史稿·后妃列传》载：“同治八年，内监安得

青玉“慈安端裕皇太后之宝”

海出京，山东巡抚丁宝桢以闻，（慈安）太后立命诛之。”从此，慈禧同慈安结下嫌怨。慈安的死，死得突然。《清史稿·德宗本纪》记载：光绪七年（1881年）三月“辛未（初九日），慈安皇太后不豫，壬申（初十日），崩于钟粹宫”。于是产生一种传说，慈安是被慈禧害死的。慈禧害了一场大病，据说是患“蓐（rù）劳”，医生薛福辰“说假病，下真方”，用补药，效果好。慈禧病愈，慈安知道慈禧失德，仍置酒感悟她。慈安保存着咸丰临终前给她的手谕——这份手谕的内容是，如果慈禧跋扈，就用此谕诛之。慈安把这份手谕给慈禧看了，慈禧既惊讶又感动。慈安当着慈禧的面把这份手谕烧了。数日之后，慈禧请慈安到自己所在的长春宫，并拿出点心招待。慈安有午睡醒后吃点心的习惯，就吃了点心，连说“好，好”！慈禧说这是她娘家送来的。过了几天，慈禧派人送点心给慈安，点心里放了毒药。慈安吃了慈禧派人送来的点心后，腹痛恶心，遽然死去，年45岁。慈安死后，没等娘家人来就入殓，更加引起人们的猜疑。当时慈安得的什么病？慈禧是否害死慈安？慈安是否保存手谕？宫廷诡秘，没有证据。这正给影视创作留下了想象的空间，也是学者难以解开的历史之谜。慈安病死之后，慈禧独掌大权。

主战求变两失败

光绪十三年（1887年）正月十五日，光绪皇帝在太和殿举行大典，开始亲政，颁诏天下。到光绪二十四年（1898年）八月初六日，慈禧太后重新垂帘训政，光绪被囚禁，其间12年，为光绪亲政时期。

载湉从太和殿亲政大典时起，就被慈禧掌控在手里，或被慈禧作为显示威严的权杖，或被慈禧看作御座上的玩偶。慈禧规定，每隔一日，光绪必须亲自向她奏报政务，听候训示。光绪经常披星戴月，往来奔波。遇有重大事情，更得随时请旨。名为皇帝，实则傀儡。光绪临朝亲政后，53岁的慈禧表面退居颐和园颐养天年，实际上权势依旧，仍把持着国家政务。她一方面处处限制光绪的权力，国家大事都要秉承她的懿旨去办理；另一方面又通过自己的侄女隆裕皇后及亲信太监李连英（又作莲英）等人，暗中监视光绪的行踪。光绪在宫内、宫外遇到的困局，超过了他的先祖。

光绪遇到的国际环境也与同治不一样。这时，日本经过明治维新，开始向外扩张，进攻矛头指向朝鲜和中国东北；俄国也极力向远东、向中国东北和西北扩张；英、法等西方殖民者，更从海上对中国进行新的侵略。光绪皇帝面临国际、国内局势，亲政后十年间，在政治上最大的举动是两件大事：第一是在甲午战争中"主战"，第二是在戊戌变法中"求变"。

第一，甲午战争，光绪"主战"。

在中法战争结束后，清政府成立了海军衙门。19世纪80年代末，清政府的海军有北洋、南洋、福建、广东四支水师，拥有大小70多艘军舰。其中北洋水师实力最强，拥有军舰20余艘，其主力舰皆购自英国和德国。南洋水师也有20余艘

中日甲午海战图

军舰，多系江南制造局和福州船政局制造，也有购自英国的几艘炮艇。福建水师的20艘军舰是福州船政局生产，还有几艘购自英、美的炮艇。这些拼凑的军舰，战斗能力薄弱，无力参加重大海战。90年代，世界造船技术又有新的发展，相形之下清政府的海军力量没有跟上舰船制造技术的发展。清政府从没有军舰、没有海军，到拥有四支舰队，数十艘军舰，尤其拥有实力较强的北洋舰队。同时，日本明治维新后，也建立了一支海军舰队。

日本明治维新后把侵略的矛头指向朝鲜和中国，从而爆发了中日甲午战争。光绪在这场战争中，坚决主战。清军在平壤之战、黄海之战中，都遭到失败。结果被迫签订《马关条约》，规定：割让辽东半岛、台湾、澎湖列岛及附近岛屿给日本，赔偿日本军费白银2万万两（相当于清政府3年的财政总收入）等。

这时的慈禧在做什么？在准备庆贺自己的60大寿。据文献记述：慈禧60大寿，一切筹划都仿照乾隆二十六年（1761年）皇太后70大寿庆典办理。当时为清朝的全盛时期，所谓“物产丰盈”、“富有四海”。而慈禧的60大寿，已经是今非昔比。慈禧庆寿，从头一年就开始准备。改清漪园名为颐和园，大兴土木。自皇宫到颐和园沿途布置彩棚、彩灯，备赏的饽饽850桌，用彩绸10万匹，红毡条60万尺。《藏园群书题记》载“用银至七百万两”，其中户部库银400万两，京官报效银121万两，外官报效银167万两。两淮盐商各捐银40万两。太监、宫女等也都报效银两。当时灾荒严重，北京开设粥厂，救济难民。有人不满，题写门联，贴于京城：

万寿无疆，普天同庆。

三军败绩，割地求和。

说来也算巧合。慈禧逢甲不吉利：甲戌（同治十三年），独子同治死；甲申（光绪十年），50大寿，中法战争；甲午（光绪二十年），60大寿，中日战争；甲辰（光绪三十年），70大寿，日俄战争。

第二，戊戌变法，光绪“求变”。

甲午战败，割地赔款。光绪在康有为、梁启超等人的影响下，试图维新政治，富国强兵。光绪二十四年（1898年）四月二十三日，光绪皇帝颁布《明定国是诏》，宣布变法，博采西学，推行新政，授予康有为“专折奏事”权。那些守旧的权贵重臣，害怕光绪皇帝的改革触动自己的权力与利益，纷纷投靠慈禧，并竭力挑拨他们“母子”的关系。慈禧也深恐光绪改革的成功会影响到她的独裁。这样朝廷大臣里出现了“后党”与“帝党”，双方斗争，异常激烈。光绪亲政的十年，是与慈禧进行政治和权力斗争的十年。从中日甲午战争到戊戌变法，双方矛盾日益尖锐。光绪二十四年（1898年）八月初六日，在以慈禧为首的守旧势力的反对和镇压下，变法运动最终失败。戊戌变法总共103天。康有为、梁启超出逃，谭嗣

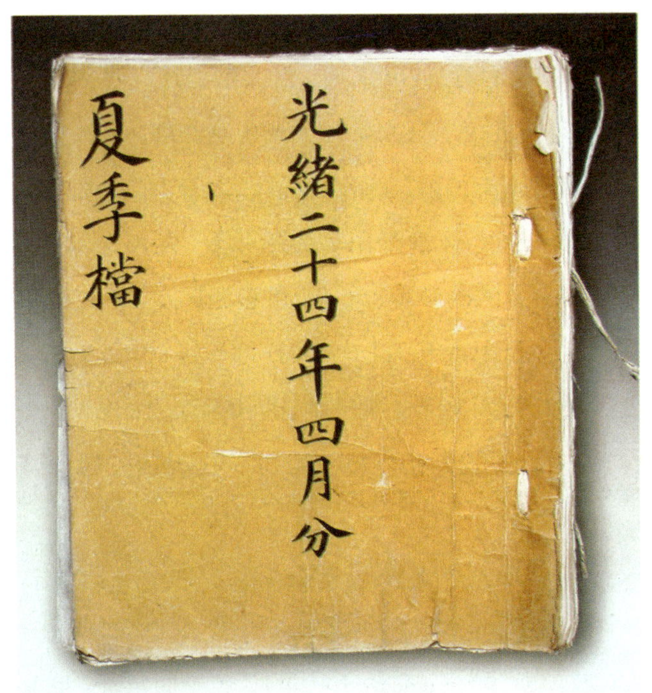

记载“明定国是诏”的光绪二十四年《夏季档》

同等“戊戌六君子”遇害。光绪也被囚禁在中南海瀛台或颐和园玉澜堂（至今还存留当时防范光绪逃走的隔墙），他的政治生涯到此结束。此后，光绪度过了十年没有人身自由的“囚帝”生活。戊戌变法失败后，慈禧又将光绪挚爱的珍妃囚在钟粹宫后北三所，并且给她立下了一条规矩，今后不许再见皇上。慈禧重新出面训政，多方凌辱折磨光绪。起初，慈禧想把光绪废掉。光绪也深知慈禧的险恶用心，日夜担惊害怕、提心吊胆，对天长叹道：“我连汉献帝都不如啊！”光绪被囚禁在瀛台，慈禧太后重新掌权。

光绪“百日维新”，初现变革生机。然而，“戊戌政变”，痛失良机。清朝皇室，自相残杀，错过维新变革的机会，丧失选择发展道路的机会。接着，义和团兴起，八国联军侵入北京，慈禧与光绪逃难。其受害者，自然是百姓、是国家、是

慈禧太后着色照

民族；而受害最烈者，则是皇室、是贵胄、是满洲。在辛亥革命中，皇清宗室，满洲贵族，成为“革命对象”。清廷拒绝维新，终遭灭顶之灾。

光绪帝与李连英

与光绪十年“囚帝”生活密切相关的人之一，就是慈禧身边的大太监李连英。

李连英是慈禧太后的贴身大太监。在李连英之前，慈禧的大太监是安得海。同治八年（1869年），安得海受慈禧派遣，乘楼船沿运河南下。曾国藩时为直隶总督，安得海过境，没有动作。安得海行至山东泰安进香，山东巡抚丁宝桢密派人跟踪追捕抓获，将其送到济南。安得海言：“我奉皇太后命，织龙衣广东，汝等自速辜耳！”有的官员长跪力谏，请耐心候旨。巡抚丁宝桢未等旨到，“弃安得海于市，支党死者二十余人，籍其辎重，得骏马三十余匹，黄金珠玉珍宝称足，皆输内务府”。先是，丁宝桢上奏朝廷，慈安太后问：“法当如何？”诸臣叩头奏：“祖制太监不得出都门，擅出者，死无赦！”丁宝桢杀了安得海，暴尸三天。慈禧对丁宝桢不仅没有怨恨、报复，反而让他升为总督。其中的原因，有人分析道：慈禧年轻守寡，传闻同安得海有男女之事。安得海暴尸三天，公示安得海的确是一个太监，从而为慈禧太后洗刷了不白之传言。

在这里补充一点。清朝汲取明亡教训，对太监严加控制。大家知道，明朝有几个大太监，如王振、刘瑾、魏忠贤等。王振鼓动明英宗亲征瓦剌，兵败土木堡，“成国公朱永等白事，皆膝行进。尚书邝埜（yě）、王佐忤振意，罚跪草中”，最后英宗兵败被俘。刘瑾，明武宗时太监，召集群臣跪在金水桥南，宣示“皆海内号忠直者”大学士刘健、尚书韩文等53人之罪。魏忠贤，大家比较熟悉。当时袁崇焕守宁远、锦州，魏忠贤派监军，位在主帅之上。这些太监，没有文化，不懂军事，却在总兵、巡抚、经略之上，指手画脚，发号施令。明军获得宁锦大捷后，魏忠贤的孙辈在襁褓中得封公侯，而前线总指挥袁崇焕仅得加衔一级、银30两。慈禧时的安得海，与明朝的太监不可同日而语。

安得海死后，李连英伺候慈禧。李连英是直隶河间府大城县人。民间传说他原是河间府一带的无赖，因私贩硝磺被关入监狱，出狱后改行做皮匠，所以被称为“皮硝李”。后他来到北京，因为会梳头，便托同乡太监沈兰玉介绍，进宫当了慈禧太后的梳头太监，并受到太后的宠信。这些传说并不完全可靠。据李连英墓志铭记载，他生于道光二十八年（1848年），比慈禧小13岁，9岁入宫。清宫档案记载他在咸丰七年（1857年），由郑亲王端华府上送进皇宫当太监。

李连英入宫后的名字叫李进喜，慈禧太后改名为连（又作莲）英。他先后在奏事处和东路景仁宫当差，直到同治三年（1864年）16岁时，才调到长春宫慈禧太后跟前。此时，太监安得海正受到慈禧太后的宠信。安得海的死，给李连英留

慈禧太后在颐和园仁寿殿前乘舆拍照。前右为大总管李连英，左为二总管崔玉贵

下深刻教训，也给他提供发展的机会。李连英是个聪明乖巧的人，很快揣摸透了慈禧的秉性和好恶，能够千方百计地讨慈禧的喜欢。他还能“事上以敬，事下以宽”，这是李连英太监人生的秘诀。

同治十三年（1874年），年仅26岁的李连英，任储秀宫首领太监。光绪五年（1879年），李连英任储秀宫四品花翎总管。随着慈禧太后大权独揽，他的声望、地位也一天天地显赫起来。李连英31岁时，已经和敬事房大总管即清宫太监总头目平起平坐了。到了光绪二十年（1894年），46岁的李连英被赏戴二品顶戴花翎。早先雍正皇帝规定太监以四品为限，慈禧太后却以自己的权势，为李连英而违反了“家法”。慈禧太后既是权欲极强、内心高傲的女人，又是感情脆弱、害怕孤寂的女人。几十年来，慈禧身边的宫女、太监换了一茬又一茬，但能善解人意的除了安得海，就是李连英。在《晚清宫廷生活见闻》中记载：每天三餐、早晚起居，慈禧太后和李连英都当面或互派太监问候。慈禧太后在中南海、颐和园居住的时候，经常找李连英，说：“连英啊，咱们遛弯去呀！”李连英便陪慈禧去散步。他俩走在前边，其余的人远距离地跟随在后面。慈禧太后有时还把李连英召到寝宫，谈些黄老长生之术，两人常常谈到深夜。李连英实际上成为慈禧晚年生活中离不开、信得过、用得上的一个“伴儿”。

慈禧太后对李连英的宠信，引起了朝廷大臣的不安。有人说：李连英权倾朝右、营私纳贿，奔走其门者，就得到高官。甚至还有人说：李连英构陷帝党及维新派。按照清制，这些指控如果属实，李连英是要被砍头的。光绪十二年（1886年）四月，直隶总督兼北洋大臣李鸿章，以北洋海军已经训练成军，奏请朝廷派大臣前来巡阅。慈禧太后就派总理海军衙门大臣醇亲王奕譞，去天津、旅顺港巡阅。奕譞是醇亲王，又是光绪的生父，因此要加派太监、御医随行。醇亲王奕譞主动要求派李连英随行，以免太后对自己猜忌。醇亲王奏请得到懿准，因为李连英代慈禧作耳目，可以通过李连英知道新建的海军、港口的实情。四月十三日，醇亲王奕譞抵达天津，李连英同奕譞、李鸿章一起乘军舰出海，先后检阅了大沽、旅顺口、威海卫、烟台等处，五月初一日回京复命。

这时朝臣不满之声鹊起。御史朱一新奏称：“我朝家法，严驭宦寺。世祖宫中立铁牌，更亿万年，昭为法守。圣母垂帘，安得海假采办出京，立置重典。”奏折批评派李连英随醇亲王视察海军。还有人说，李连英妄自尊大，结交地方，收受贿赂。实际情况如何呢？清代文人、著名维新派人士王小航说：醇亲王离开京城以后，每次接见文武官员，都让李连英作陪。他的本意在避免揽权之嫌，以李连英为他佐证。而李连英一直记着安得海的教训，每夜不住淮军为他准备的华丽行馆，只随醇亲王起居。醇亲王见客，李连英穿着朴实，侍立装烟、点烟，退归

《渤海阅师图》之“兵船悬彩”

私堂，不见外客，日夜安静，一无所扰。当时直隶、山东的一些地方官员，想巴结这位太后身边的大太监，但都大失所望。慈禧看了朱一新的奏折，找醇亲王问明情况后，命将朱一新降级。

李连英在慈禧与光绪之间采取什么态度呢？有人说他完全站在太后一边，反对变法，陷害光绪。也有人说李连英生性圆滑，两面讨好，不但慈禧太后喜欢他，光绪皇帝因为从小就受到李连英的看护，也喜欢他，叫他“谙达”（师傅），还夸他“忠心事主”。王小航曾讲述一个故事：庚子年八国联军侵入北京，慈禧率光绪和王公大臣出逃，第二年回京在保定驻跸。慈禧临时寝宫被褥铺陈洁净华美，李连英住得也不错，而光绪皇帝如何呢？李连英侍候慈禧太后睡下后，前来光绪住处探望，见光绪在灯前孤坐，无一太监值班。李连英一看，十分惊讶：

光绪皇帝竟然没有铺盖。时值隆冬季节，天寒地冻，无法入睡。李连英立即跪下，抱着光绪的腿痛哭说：“奴才们罪该万死！”并且亲自把自己住处被褥抱过来供奉给光绪帝使用。光绪回到北京以后，回忆西逃的苦楚时曾说：“若无李谙达，我活不到今天。”

光绪皇帝和慈禧太后死后，李连英办理完丧事，于宣统元年（1909年）二月初二日，离开了生活51年的皇宫。隆裕太后准其“原品休致”，就是带原薪每月60两白银退休。李连英死于宣统三年（1911年），终年64岁。李连英死后，得到清廷祭奠银1000两。北京恩济庄太监墓地修造了一座豪华的李连英墓，“文革”时被毁，现在只有李连英墓志铭的拓片保留下来。

家庭生活的悲剧

光绪皇帝生命的第四个时期是10年“囚帝”的生活。这10年他过得太苦了。国家发生不幸：八国联军侵入北京，签订《辛丑条约》；个人也发生不幸：大清国的皇帝居然做了“囚帝”。可以说，光绪皇帝的一生，政治生活是悲剧，家庭生活也是悲剧。光绪皇帝的家庭悲剧，有八个不幸：

第一，父亲。光绪的父亲是醇亲王奕譞，他和父亲的关系是君君臣臣，然后才是父父子子。乾隆和他父亲雍正就是父子关系，又是君臣关系，雍正就是君，乾隆就是臣，雍正就是父，乾隆就是子，这个关系也单纯。光绪呢，父亲是臣，他是君，他父亲在他面前跪着称臣，他父亲跟他不能和正常父子一样敞开心扉来交谈。就家庭生活来说，这种父子关系是一种悲剧。

第二，母亲。乾隆可以和他母亲一块儿吃饭，可以请安，可以陪着他母亲下江南。光绪可以吗？不可以。他母亲在醇亲王府，光绪想看看他妈妈行吗？不可以。他妈妈想要看看他，不经过特殊的手续、特殊的批准也是不可以的。见了面之后，像普通的母子关系拉拉家常，随便谈一谈可以吗？不可以。所以，作为一种家庭生活来说，这种母子关系也是一种悲剧。

第三，皇后。皇后和光绪既是夫妻，又不是普通的夫妻。皇后是慈禧的亲侄女，有些话他不敢对皇后说，怕说了以后，她报告到慈禧那儿。这种夫妻关系很难处。慈禧指定光绪和她的侄女结婚，光绪又不喜欢，作为家庭生活来说，也是一个悲剧。

第四，妃子。光绪对珍妃很喜欢，圣母太后又不喜欢。光绪对珍妃远了不是，因为他喜欢珍妃；近了也不是，因为怕皇后和慈禧不高兴。作为家庭生活来说这也是悲剧。

第五，兄弟。光绪也是普通的人，他和兄弟之间的关系不能像常人家的兄弟之间一样，他不能享受常人的兄弟手足之情。这种手足关系是一种悲剧。

第六，母后。光绪对慈禧叫“圣母皇太后”，慈禧点名让他继承皇位，又把他抚养大，应当说慈禧是他的亲人和恩人。但在政治上，慈禧又是他的仇人和敌人。这是一个矛盾，作为家庭生活来说也是悲剧。

第七，儿女。光绪没有生育儿女，身边没有子女带来的家庭欢乐。这种家庭生活，是一个悲剧。

第八，寡人。光绪长期过着一种囚徒的生活，孤苦伶仃，寂寞寡人，对他个人生活来说也是一种悲剧。

光绪作为皇帝来说，他有皇帝的地位；作为一个人来说，他的家庭生活有八种不幸。可以肯定地说，光绪的家庭生活是悲剧。

在光绪家庭生活中，除了他的生母之外，影响他最大的三个女人是：慈禧太后、隆裕皇后和珍妃。慈禧既是光绪的恩人、亲人，又是光绪的仇人、敌人。据瞿鸿禨（jī）《圣德记略》载述，慈禧对光绪也有怨气：“外间疑我母子不如初年。试思皇帝入承大统，本我亲侄；以外家言，又我亲妹之子，我岂有不爱怜者？皇帝抱入宫时才四岁，气体不充实，脐间常流湿不干，我每日亲与涤拭。”所以，光绪不听话，搞变法维新，慈禧既痛又气。光绪同慈禧的关系，贯穿在整个光绪一生中，不单独讲述；光绪同隆裕皇后和珍妃的关系，本节略作介绍。

光绪帝有一后、二妃，没有子女。这在清朝皇帝中是独特的（宣统6岁逊位另当别论）。

光绪十五年（1889年）正月二十七日，19岁的光绪皇帝举行大婚典礼。光绪的一位皇后和两位妃子都是慈禧做主选的。

光绪的皇后叶赫那拉氏，是慈禧亲弟都统桂祥的女儿，就是后来的隆裕皇太后。皇后长得不漂亮，既瘦弱，又驼背。这门亲事是慈禧皇太后懿旨给定的，光绪虽不满意，却也无奈。皇后叶赫那拉氏与光绪皇帝的婚姻，完全是政治婚姻。慈禧将自己侄女嫁给自己外甥，目的就是在宫闱椒房，探悉皇帝的内情，控制和操纵皇帝，并为而后母族秉政、太后垂帘听政做铺垫。光绪皇帝同皇后叶赫那拉氏大婚后，情不投，意不合，始终是一门不美满的婚姻。光绪死后，宣统继位，上光绪皇后徽号为"隆裕"，是为隆裕皇太后。隆裕皇太后在民国二年（1913年）正月十七日，死于太极殿。

光绪孝定景皇后像

光绪有两位妃子，一位是瑾妃，另一位是珍妃，二人同父异母，姓他他拉氏，均为侍郎长叙之女，但相貌和性格却大不相同。瑾妃相貌一般，性格柔和脆弱。后因其妹珍妃忤慈禧皇太后，被降为贵人。宣统时，尊为瑾贵妃，民国十三年（1924年）死。

瑾妃

珍妃

珍妃，初为珍嫔，晋珍妃。在影视作品中的珍妃，聪慧明敏，妩媚艳丽，机敏多情，非常感人。艺术作品把珍妃理想化，甚至于说她帮助光绪推行戊戌变法。其实，珍妃不像影视作品中那么漂亮，而且略胖，有照片为证。光绪十四年（1888年）十月，年仅13岁的珍妃与其姐瑾妃，同时被选为嫔。次年正月，姐妹二人一起入宫。光绪二十年（1894年），慈禧皇太后60大寿，宫外虽然硝烟弥漫，宫内却是歌舞升平。在这喜庆之年，宫里的人，该赏的赏，该升的升。瑾嫔与珍嫔，沾了喜气，同时晋封：姐姐为瑾妃，妹妹为珍妃。珍妃这年刚满19岁，是花样的年华。珍妃年轻热情，性格活泼，博得光绪帝的宠爱。而正宫皇后叶赫那拉氏，却引不起皇帝的情趣，甚而产生厌烦。皇后与珍妃，宫闱之内，渐起情波。隆裕皇后因失宠而生妒忌，又因妒忌而生怨恨。她利用自己统摄六宫的地位与慈禧姑侄的身份，“频频短之于慈禧”，向姑母慈禧太后告珍妃的状。珍妃的入宫，她对光绪的同情和体贴，激起了光绪对生活的热情。大婚后的数年间，光绪与珍妃共度了一段愉悦的时光。而这正是慈禧和皇后所不愿意看到的。皇后叶赫那拉氏经过长时间观察、了解，终于抓到珍妃的把柄。据《西太后遗事》记载：裕宽谋求福州将军一职，先请托于太监李连英，因李连英索银多，又以与珍妃娘家亲近关系，“乃辇金献之珍妃，俾伺便言之上前”。这件事被李连英的耳目探得，于是引起一场风波。

光绪二十年（1894年）十月二十八日清晨，光绪皇帝如同往常一样到长春宫东暖阁向慈禧皇太后下跪请安。慈禧坐在御榻上，对光绪闭目不视，也不答话。光绪跪在地上，不敢抬头，也不敢多言。皇太后同光绪帝僵持了约有一个时辰，慈禧太后才放话：“下去吧！瑾妃、珍妃的事，你不管，我可要管。不能让她们可着性子，不遵家法，干预朝政，胡作非为！”光绪莫名其妙，唯唯称是，以礼告退，回养心殿。光绪正在纳闷时，有太监跪奏：清晨，皇太后下令总管太监李连英，对瑾妃、珍妃杖责处罚。珍妃位下太监高万枝，被慈禧太后懿旨正法。珍妃的堂兄志锐被革职，发遣乌里雅苏台。至于慈禧皇太后对珍妃的严惩，有书说是“褫衣廷杖”——这对皇妃来说，是宫史前所未闻的，也是对珍妃最大的羞辱。

慈禧皇太后杖责珍妃，正史没有记载，宫廷御医档案，留下一些资料：十月二十八日，太医张仲元请得珍妃脉息，六脉沉伏，抽搐气闭，牙关紧闭，周身筋脉颤动。十一月初一日，亥刻（21～23时），太医张仲元请得珍贵人脉息，左寸关沉伏，右寸关滑数，抽搐渐止，仍觉筋惕肉颤，神识已清，惟气血未调，痰热尚连下行，以致胸膈烦闷，两肋串痛。有时恶寒发烧，周身筋脉疼痛。同日子刻（23～1时），张仲元请得珍贵人脉息，左关沉伏，右寸沉滑，抽搐又作，牙关紧闭，人事不醒，周身筋脉颤动。同一日深夜，将御医请进内宫急诊，可见珍妃病情之急重。根据上述医案，珍妃确受重杖。

银镀金珍妃册文

珍妃井

慈禧皇太后之所以重惩珍妃，其原因主要有五：

一、对光绪：甲午兵败，慈禧太后将责任推到光绪身上，觉得光绪亲政8年，胆子愈来愈大，甚至有些事情不把圣母皇太后放在眼里。慈禧太后想“杀鸡给猴看”，藉廷杖珍妃，告诫光绪：要是不听话，就给颜色看。

二、对皇后：慈禧太后觉得，皇帝结婚5年，对懿定的皇后，既不亲爱，也不敬重。皇帝一心喜欢那个珍妃，太使自己伤心。慈禧太后便借此机会，严厉惩治珍妃，给侄女出口气。

三、对珍妃：珍妃自恃长得娇俏，能说会道，深受皇帝喜爱，太后心里气不过。特别是慈禧年轻守寡，产生心理变态。见到别人甜蜜爱情，心理总是嫉妒怨恨，借个机会，惩罚珍妃。

四、对宫女：内宫应是一片“纯净乐土”，竟然有人串通外朝，卖官鬻爵。珍妃也好，太监也好，卖官之事，确被抓住。于是，慈禧皇太后惩罚珍妃，名正言顺，诫训宫女。

五、对自己：慈禧太后藉此，廷杖珍妃，舒解积愤。

慈禧皇太后“廷杖珍妃”之举，收到一石五鸟之效。

光绪二十六年（1900年）七月二十一日，八国联军入侵北京，慈禧带着光绪皇帝仓惶出逃。相传她临行前命令太监崔玉贵把珍妃推到宁寿宫外的井中害死。这件事情正史没有记载，但珍妃确实是那时死的。因为从那以后清宫档案就没有出现关于珍妃的记载。后来有个太监回忆录提到珍妃被慈禧害死的情况。珍妃之死给光绪造成极大的精神刺激，形成极大的悲苦。光绪帝过着“囚帝”的生活，心情抑郁，病情益重，死于西苑。

光绪帝死因疑案

光绪三十四年（1908年）十月二十一日，光绪皇帝死于西苑(今中南海)瀛台涵元殿。光绪自被慈禧皇太后“废黜”之后，整整过了10年的幽禁生活，长期忧闷，无处发泄，“怫郁摧伤，奄致殂落”。从清宫太医院档案选编的《慈禧光绪医方选议》一书，可以看出光绪体弱多病。该书所选有关光绪182个医方中，神经衰弱方64个，骨骼关节方22个，种子长寿方17个。光绪虽常年多病，但医药条件极好，不会突然死亡。而光绪在慈禧死去的前一天，突然崩驾。噩耗传出，朝野震惊。于是，光绪被人谋害致死的说法，随之流传开来。

光绪帝的死因，主要有两说：一说是患病正常死亡；二说是被人下毒致死。

光绪正常病死说。有人认为：根据光绪37岁时的病案，遗精已经将近20年，前几年每月遗精十几次，近几年每月二三次，经常是无梦不举就自行遗泄，冬天较为严重，腰、腿、肩、背经常感觉酸沉，稍遇风寒，耳鸣头疼。光绪一直身体不

瀛台涵元殿

好，体弱多病。从现代医学角度来看，光绪患有严重的神经官能症、关节炎和骨结核等疾病。这是导致光绪壮年死亡的直接病因。光绪的御医六人，每日一人轮诊，各抒己见，治法不一，也耽误了医治。

光绪三十四年（1908年）三月初九日，脉案记载：皇上肝肾阴虚，脾阳不足，气血亏损，病势严重。在治疗上不论是寒凉药，还是温燥药都不能用，处于无药可用的地步，宫中御医们束手无策。五月初十日脉案记载：调理多时，全无寸效。七月十六日，江苏名医杜钟骏看过光绪的病症说："我此次进京，以为能治好皇上的病，博得微名。今天看来，徒劳无益，不求有功，只求无错。"九月的脉案记载：病状更加复杂多变，脏腑功能已经失调。十月十七日，三名御医会诊脉案记载：光绪的病情已经出现肺炎症，及心肺衰竭的临床症状。一致认为光绪皇帝已是极度虚弱，元气大伤，病情危重。十月二十日，光绪的脉案记载：夜里，光绪开始进入弥留状态、肢体发冷、白眼上翻、牙关紧闭、神志昏迷。十月二十一日，脉案记载：光绪的脉搏似有似无，眼睛直视，张口倒气。傍晚时，光绪死。有的学者根据清宫医案记载认为：光绪帝从开始病重，一直到临终，病状逐渐加剧，既没有中毒的迹象，也没有暴死的症象，属于正常死亡。

光绪被人毒死说。这里面下毒者又分解为慈禧、李连英、袁世凯等多种说法。

其一，说慈禧临终前派人毒死光绪。《崇陵传信录》和《清稗类钞》等书里认为：慈禧太后病危期间，唯恐自己身后光绪重新执政，推翻前案，倒转局势，于是令人下毒手，将光绪害死。《我的前半生》一书载述："有一种传说，是西太后自知病将不起，她不甘心死在光绪前面，所以下了毒手。"人们普遍认为：年仅38岁的光绪，反而死在74岁的慈禧的前面，而且只差一天，这不会是巧合，而是慈禧处心积虑的谋害。

启功先生在《启功口述历史》一书中说："我曾祖遇到的、最值得一提的是这样一件事：他在任礼部尚书时正赶上西太后（慈禧）和光绪皇帝先后'驾崩'。作为主管礼仪、祭祀之事的最高官员，在西太后临终前要昼夜守候在她下榻的乐寿堂外。其他在京的、够级别的大臣也不例外。就连光绪的皇后隆裕（她是慈禧那条线上的人）也得在这边整天伺候着，连梳洗打扮都顾不上，进进出出时，大臣们也来不及向她请安，都惶惶不可终日，就等着屋里一哭，外边好举哀发丧。西太后得的是痢疾，所以从病危到弥留的时间拉得比较长。候的时间一长，大臣们都有些体力不支，便纷纷坐在台阶上，哪儿哪儿都是，情景非常狼狈。就在宣布西太后临死前，我曾祖父看见一个太监端着一个盖碗从乐寿堂出来，出于职责，就问这个太监端的是什么，太监答道：'是老佛爷赏给万岁爷的塌拉。''塌拉'在满语中是酸奶的意思。当时光绪被软禁在中南海的瀛台，之前也从没听说过他有什么急症大病，隆裕皇后也始终在慈禧这边忙活。但送后不久，就由隆裕皇后的太监小德张（张兰德）向太医院正堂宣布光绪皇帝驾崩了。接着这边屋里才哭了起来，表明太后已死，整个乐寿堂跟着哭成一片，在我曾祖父参与主持下

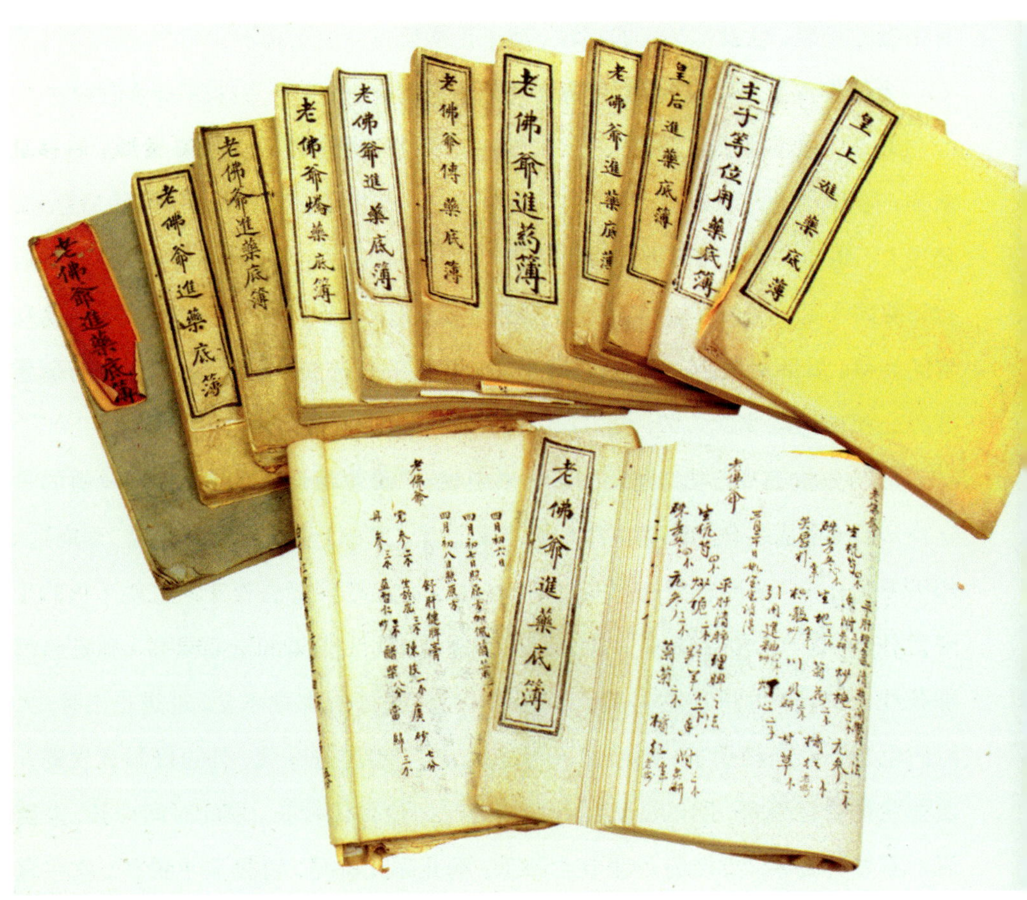
老佛爺進藥底簿
老佛爺進藥底簿
老佛爺進藥底簿
老佛爺進藥底簿
老佛爺侍藥底簿
老佛爺進藥簿
皇后進藥底簿
主子等位用藥底簿
皇上進藥底簿
老佛爺進藥底簿

慈禧、光绪进药底簿

举行哀礼。其实，谁也说不清西太后到底是什么时候死的，也许她真的挺到光绪死后，也许早就死了，只是密不发丧，只有等到宣布光绪死后才发丧。这已成了千古疑案，查太医院的任何档案也不会有真实的记载。但光绪帝在死之前，西太后曾亲赐他一碗‘塌拉’，确是我曾祖亲见亲问过的。这显然是一碗毒药。”

上引启功先生口述历史中的“乐寿堂”在颐和园，不在中南海，可能是先生口述疏忽或记录疏误。据吴空先生讲：中南海仪鸾殿被八国联军焚毁，后移址新建的仪鸾殿，为慈禧晏驾之所，今殿名为怀仁堂；原址新建的仪鸾殿，改名为海晏堂，袁世凯时改名为居仁堂，今已拆毁。

其二，说李连英毒死光绪。英国人濮兰德·白克好司的《慈禧外传》和德龄的《瀛台泣血记》等书，认为清宫大太监李连英等人，平日里仗着主子慈禧的权势，经常中伤和愚弄光绪，他们怕慈禧死后光绪重新掌权，对自己不利，就先下毒手，在慈禧将死之前，先把光绪害死。

其三，说袁世凯毒死光绪。溥仪在《我的前半生》一书中，谈到袁世凯在戊戌变法时，辜负了光绪帝的信任，在关键时刻出卖了皇上。又说：袁世凯担心一旦慈禧太后死去，光绪决不会轻饶他，所以就借进药的机会，暗中下了毒，将光绪毒死。

其四，说隆裕皇后毒死光绪。有人认为，隆裕皇后受光绪帝伤害最深，大婚之夜没有得到光绪帝的亲近，二人有夫妻之名却无其实，珍妃夺了夫君对她的爱，其性格变得歹毒。值光绪病重、慈禧临终之前，毒死光绪，免得慈禧死后，光绪废后，祭奠珍妃，追封谥号。这样，幼帝继立，自己则做太后，免去冷宫囚身之苦。于是，暗中投毒，害死光绪。

其五，说不知姓名之人毒死光绪。曾做过清宫御医的屈贵庭，在民国间杂志《逸经》上著文说：在光绪临死的前三天，他最后一次进宫为皇上看病，发现皇上本已逐渐好转的病情，突然恶化，在床上乱滚，大叫肚子疼，没过几天，光绪便死了。这位御医认为，虽不能断定是谁害死了光绪，但肯定光绪是被人暗中害死的。

清代官方文献和宫廷档案表明：光绪是病死的。但是，从光绪死的那天开始，人们就怀疑他不是正常死亡。人们总觉得他死在慈禧前面，而且只比慈禧早死了一天，这件事太奇怪了！是慈禧手下的人最后几天在药里下了什么东西？但所有这些猜疑，到今天为止，也只是猜疑，因为至今没有确凿史料证明光绪是被害死的。

下面排比正史及一些其他文献资料，可以看出光绪病情变化。光绪三十四年（1908年）十月：

初一日，光绪诣仪鸾殿，问慈禧皇太后安。《清德宗实录》记载，自癸酉至戊辰“皆如之”，就是从初一日至十六日，每天都是如此。

初二日，奉皇太后御勤政殿，日本使臣伊集院彦吉觐见。又到仪鸾殿向皇太

光绪崇陵隆恩殿内部

后问安。

初三日，到仪鸾殿，向皇太后问安。

初四日，到仪鸾殿，向皇太后问安。

初五日，到仪鸾殿，向皇太后问安。

初六日，上御紫光阁，赐达赖喇嘛宴。又到仪鸾殿，向皇太后问安。

初七日，到仪鸾殿，向皇太后问安。

初八日，到仪鸾殿，向皇太后问安。

初九日，奉慈禧皇太后“幸颐年殿，侍晚膳，至癸亥（十一日）皆如之”。

初十日，慈禧皇太后生日，光绪率百官至仪鸾殿行庆贺礼。幸颐年殿，侍太后晚膳。

十一日，到仪鸾殿问皇太后安。幸颐年殿，侍皇太后晚膳。

十二日，到仪鸾殿问皇太后安。幸颐年殿，侍皇太后晚膳。

十三日，到仪鸾殿问皇太后安。幸颐年殿，侍皇太后晚膳。

十四日，到仪鸾殿问皇太后安。幸颐年殿，侍皇太后晚膳。

十五日，到仪鸾殿问皇太后安。幸颐年殿，侍皇太后晚膳。

十六日，到仪鸾殿问皇太后安。幸颐年殿，侍皇太后晚膳。

十七日至十九日，御医屈贵庭说：他在光绪临死前三天给光绪帝看病，病情突然恶化，在御榻上乱滚，大叫肚子疼。

二十日，《清德宗实录》记载：“上不豫”，光绪帝病。懿旨：“醇亲王载沣之子溥仪，著在宫内教养，并在上书房读书。”又懿旨：“醇亲王载沣，授为摄政王。”

二十一日，“上疾增剧”，光绪帝病重。“上疾大渐”，病危。酉刻，光绪帝崩于西苑瀛台之涵元殿。

二十二日，慈禧皇太后叶赫那拉氏疾大渐，未刻，崩于仪鸾殿。

看了以上资料，光绪的死因，的确是一个历史之谜。

由光绪之死，人们联想到“三个女人和一个男人”共四条人命同慈禧的关系，这就是：慈安皇太后钮祜禄氏、同治皇后阿鲁特氏、光绪珍妃他他拉氏和光绪皇帝。这些历史疑案和难题，供大家思考，望学者研究。

光绪无子，皇嗣只能在宗室中选择。慈禧太后懿旨：“摄政王载沣之子溥仪，著入承大统，为嗣皇帝。”这就是宣统皇帝。

相关阅读书目推荐

（1）阎崇年：《清朝十二帝·光绪皇帝》，故宫出版社，2012年

（2）冯元魁：《光绪帝》，吉林文史出版社，1993年

（3）徐彻：《慈禧大传》，辽沈书社，1994年

（4）余同元主编：《清朝通史·光绪宣统朝》，紫禁城出版社，2003年

（4）刘耿生编著：《光绪事典》，紫禁城出版社，2010年

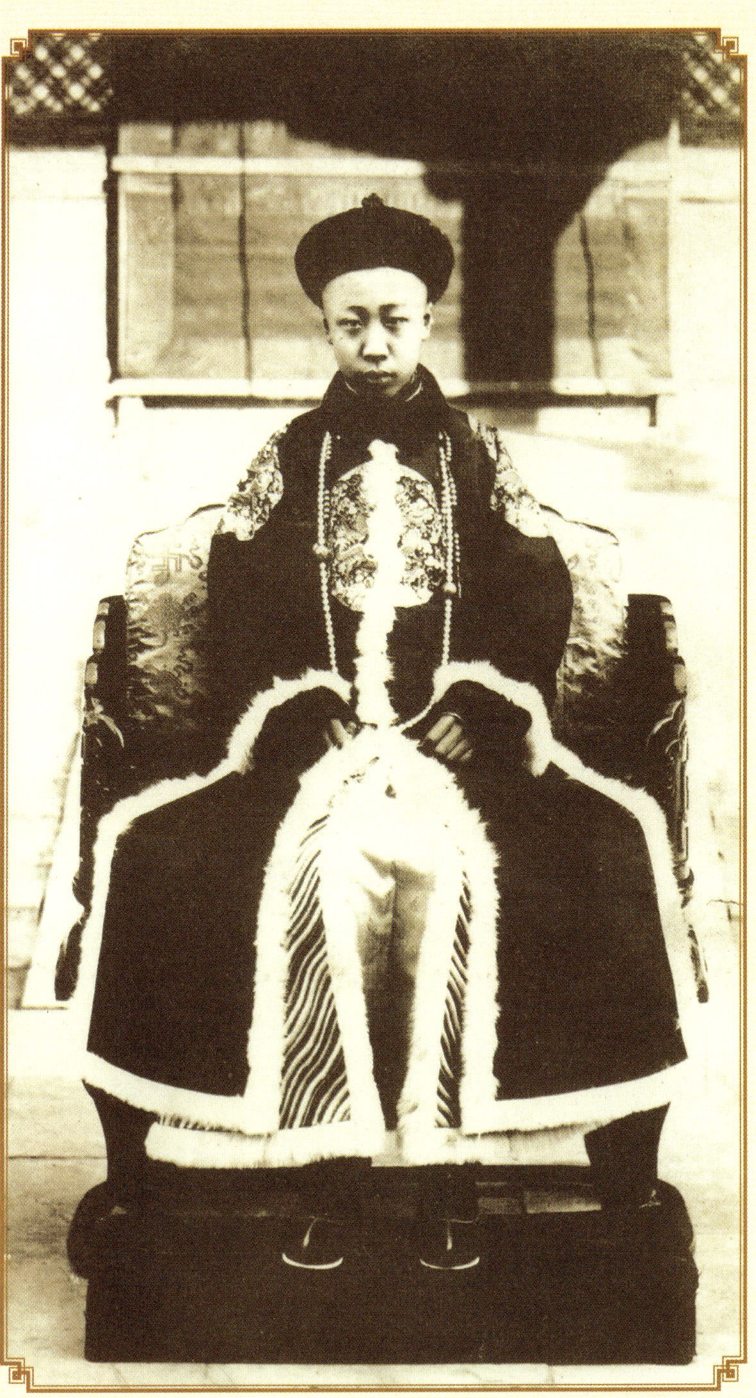

溥仪个人小档案

年号：宣统

姓名：爱新觉罗·溥仪

出生：光绪三十二年正月十四日（1906年2月7日）

出生地：北京什刹海醇王藩邸

属相：马

父亲：载沣（醇亲王）

母亲：苏完瓜尔佳氏

排行：奕𫍽第五子载沣之长子

初婚：18岁结婚，配偶郭布罗·婉容

配偶：5人

子女：无

即位时间：光绪三十四年十一月初九日（1908年12月2日）

即位年龄：3岁

退位时间：宣统三年十二月二十五日（1912年2月12日）

在位年数：3年

卒年：1967年10月17日

享年：62岁

死亡地：北京人民医院

庙号：无

谥号：无

陵寝：先葬八宝山公墓，后移葬清西陵华龙陵园

继位人：无

最得意：在紫禁城骑自行车

最失意：仓促离开紫禁城

最不幸：坐监狱15年

最痛心：无子女

最擅长：照相

宣统冲龄登极，成为大清末帝。中国自公元前221年秦始皇称皇帝以来，到1912年宣统皇帝退位，历经2132年，有349位皇帝。溥仪不仅是清朝最后一位皇帝，而且是中国历史上最后一位皇帝。溥仪退位，既是大清皇朝的终结，又是中华帝制的终结。辛亥革命与宣统退位，是中华历史上划时代的大事件。从此，共和代替帝制，民主代替君主。

宣统帝溥仪

清朝十二帝中最后一位、登极时年龄最小、在位时间最短的皇帝，是宣统帝溥仪。

对于光绪帝载湉和同治帝载淳的继承人，慈禧皇太后先后有过两个决策：第一，立溥儁（jùn）为大阿哥，继承同治皇帝，兼祧（tiāo）光绪皇帝；第二，立溥仪承继皇位，继承同治皇帝，兼祧光绪皇帝。从而演绎出同治与光绪之帝统的“立嗣—废储—再立”的戏剧性历史故事。

立嗣—废储—再立

立嗣　慈禧发动“戊戌政变”，囚禁光绪皇帝。慈禧认为：光绪从4岁进宫，自己费心抚养成人，却不听话，搞戊戌变法。慈禧很伤心，想废掉他。在光绪皇帝即位时，两宫太后曾有一个说法，等将来光绪帝载湉有了儿子，再过继给同治

慈禧太后朝服像

帝载淳为嗣。但光绪无子，同治统绪由谁来继承？废帝后，光绪又怎么处置？慈禧反复思考这两个难题。《崇陵传信录》记载：光绪二十五年（1899年）十一月二十八日，上完早朝之后，慈禧单独召见荣禄。慈禧与荣禄有一段对话：

荣禄问：传闻将有废立事，信乎？

慈禧答：无有也。事故可行乎？

荣禄答：太后行之，谁敢谓其不可者！顾上（光绪）罪不明，外国公使将起而干涉，此不可不慎也。

慈禧问：事且露，奈何？

荣禄答：无妨也，上（光绪）春秋已盛，无皇子，不如择近宗近支建为大阿哥为上嗣，兼祧穆宗，育之宫中，徐纂大统，则此举为有名矣！

慈禧曰：汝言是也。

慈禧与荣禄议立大阿哥，作为同治和光绪帝的继承人，逐步取代光绪皇帝。

由谁来做大阿哥呢？慈禧选中了载漪之子溥儁，为什么？

第一，从溥儁的父系来说，溥儁是爱新觉罗的血统。溥儁的高祖父为嘉庆帝。嘉庆帝第三子惇亲王绵恺没有儿子，以道光（旻宁）第五子奕誴过继给绵恺为后。奕誴是溥儁的祖父。奕誴第二子载漪是溥儁的父亲。载漪又过继给嘉庆帝第四子瑞亲王绵忻之子瑞郡王奕誌（原名奕约）为后，袭贝勒。后载漪晋封为端郡王（应作瑞郡王，因述旨疏误，错瑞为端，遂因之）。

第二，从溥儁的母系来说，溥儁有叶赫那拉氏的血统。《清史稿·绵忻传》记载："载漪福晋，承恩公桂祥女，太后侄女。"就是说，溥儁既是慈禧太后娘家侄

大阿哥溥儁

女的儿子，又是慈禧婆家堂侄的儿子，真是亲上加亲。近年有学者考证，《清史稿·绵忻传》的上述记载有误，溥儁的母亲不是慈禧的侄女。这个问题有待进一步考证。

15岁的溥儁处在爱新觉罗氏与叶赫那拉氏两支血缘的交叉点上，因此被慈禧选作大阿哥。光绪二十四年（1898年）戊戌政变后，光绪皇帝被囚，慈禧太后训政。二十五年（1899年）十一月二十八日，慈禧同荣禄作了上述对话后，十二月二十四日，慈禧太后懿旨，溥儁入继穆宗同治为嗣，号“大阿哥”。随后大阿哥在弘德殿读书，师傅为同治帝的岳父、承恩公、尚书崇绮和大学士徐桐。二十六年（1900年）正月初一日，溥儁恭代皇上到大高殿、奉先殿行礼。

废储　慈禧预定庚子年即光绪二十六年(1900年)举行光绪禅位典礼，改年号为“保庆”。但京师内外，议论纷纷。大学士荣禄与庆亲王奕劻（kuāng）以各国公使有异议，各种势力也反对，建议此事停止。不久，义和团事起，载漪笃信义和团，认为义和团是“义民”，不是“乱民”。五月，载漪任总理各国事务大臣。日本使馆书记杉山彬、德国驻华公使克林德被杀，义和团围攻东交民巷使馆。七月，八国联军进逼京师，慈禧太后同光绪等一行西逃，载漪、溥儁父子随驾从行。慈禧逃到大同，命载漪为军机大臣。十二月，以载漪为这次事变的祸首，夺爵位，戍新疆。二十七年（1901年），慈禧等回銮。途中，以载漪纵容义和团，获罪祖宗，其子溥儁不宜做“皇储”，宣布废除“大阿哥”名号。溥儁归宗，仍为载漪儿子。另以醇亲王奕譞第六子载洵为奕誌后。后来溥儁生活落魄，死得很惨。

这出“大阿哥”的闹剧刚收场，溥仪继位的正剧又开场。

再立　《清德宗实录》记载：光绪皇帝临终前一天，慈禧懿旨由溥仪继承皇位。慈禧皇太后又懿旨：“醇亲王载沣，授为摄政王。”醇亲王载沣之子溥仪入承皇位，承继同治皇帝为嗣，兼承光绪皇帝为嗣。后一天，慈禧皇太后叶赫那拉氏崩于西苑仪鸾殿。

慈禧为什么选择溥仪继承皇位？这要从溥仪的家世说起。

第一，溥仪祖父奕譞的嫡福晋叶赫那拉氏，为慈禧皇太后胞妹。在溥仪的曾祖父道光皇帝的儿子中，对后代影响最大的有3个人：第四子奕詝（咸丰皇帝），第六子奕䜣，第七子奕譞（光绪父亲、溥仪祖父、咸丰同父异母弟）。溥仪的祖父奕譞有四位福晋，共生7个儿子。嫡福晋叶赫那拉氏，为慈禧皇太后胞妹，生下4子：第二子载湉（光绪帝），其余3子早殇。第一侧福晋颜扎氏，去世早，无子。第二侧福晋刘佳氏，生有3子：第五子载沣、第六子载洵、第七子载涛。第三侧福晋李佳氏，无子。简单地说，奕譞嫡福晋叶赫那拉氏虽生育4个儿子，实际上只有1个存活，就是光绪皇帝。第一、第三侧福晋没有儿子。第二侧福晋刘佳氏虽生育3个儿子，但过继出去两个，家中只剩下第五子，就是溥仪的父亲载沣。就是说，奕譞7个儿子中，早殇3位，继承皇位1位(光绪帝)，过继出去2位，只留下1位，就是溥仪的父亲载沣。

第二，溥仪的母亲是慈禧的养女。奕譞过世时，载沣8岁，因醇亲王“世袭罔替”而承袭为醇亲王。载沣承袭醇亲王后，18岁开始在朝廷上效力，后任阅兵大臣。慈禧懿旨将心腹权臣荣禄之女，又是慈禧认作养女的苏完瓜尔佳氏，指配给载沣为嫡福晋。在这里，简单介绍一下溥仪的外祖父荣禄。

荣禄，苏完瓜尔佳氏，满洲正白旗人，是清开国五大臣之一费英东的后裔。荣禄曾因贪污罪，险些被肃顺处斩。后花银子买了个直隶候补道。同治初，荣禄为慈禧的亲信，任总管内务府大臣。同治帝死，光绪即位。慈禧遇到难题：将来新皇帝的儿子与新皇帝、与同治帝的关系怎样处置？对此，荣禄建言：等嗣皇帝（光绪）有子，承继同治为嗣，兼承光绪之祧。这为慈禧提供了解决上述关系的方案，很讨慈禧喜欢。光绪元年（1875年），荣禄兼步军统领，后擢工部尚书。二十年（1894年），任步军统领。疏荐袁世凯练新军。任兵部尚书、协办大学士。二十四年（1898年），兼直隶总督、军机大臣。在戊戌政变中，袁世凯出卖机密、通过荣禄奏报慈禧太后。当时任步军统领的荣禄，奉懿旨捉拿康有为与梁启超、斩谭嗣同等六君子。慈禧西逃回銮后，加太子太保，转文华殿大学士，即首席大学士。荣禄身兼将相，权倾朝野。《清史稿·荣禄传》记载："荣禄久直内廷，得太后信仗。眷顾之隆，一时无比。事无巨细，常待一言决焉。"荣禄之女，常入宫中，慈禧喜爱，认作养女。慈禧将她指配给载沣。时载沣的生母刘佳氏已为他定亲，奏告慈禧太后。慈禧坚持给载沣指婚，刘佳氏只有将儿子已订婚之福晋退亲。

载沣有两位福晋，共有4子。嫡福晋姓苏完瓜尔佳氏，名幼兰，大学士、军机大臣荣禄之女、慈禧太后之养女，光绪二十八年（1902年）与载沣完婚，生有两子——长子溥仪，次子溥杰（光绪三十三年即1907年生）。侧福晋邓佳氏，民国二年（1913年）完婚，生有2子：三子溥佴，早殇；四子溥任，后改名金友之，民国七年（1918年）生。

从上可以看出：慈禧亲手指定的三位皇位继承人——光绪帝载湉是亲胞妹的儿子，大阿哥溥儁是亲侄女的儿子，宣统帝溥仪是养女的儿子。这表明慈禧在爱新觉罗宗室中，挑选同叶赫那拉氏有关系之人，一代大清兴亡，系于懿亲宫闱！

虽然两代醇亲王家出了两个皇帝，但两代醇亲王还是谨谨慎慎，乾乾翼翼。溥杰先生在《回忆醇亲王府的生活》中写道："在慈禧和光绪的多年反目当中，在两派你死我活常年明争暗斗的既复杂又尖锐的政局中，一方面能和慈禧方面的荣禄等人诗酒往还，终于成为亲戚关系；一方面也和光绪方面的翁同龢等人以文会友地保持着相当的关系。这是我的祖父所以能够一生荣显未遭蹉跌的主要原因。"醇亲王载沣继承乃父奕譞的家风，小心谨慎，明哲保身。他的厅堂挂着楹联："有书真富贵，无事小神仙。"表明自己超然政治，读书为乐，只求平安无事。这既有真情的流露，也为做给别人看。他还在团扇上写着：

蜗牛角上争何事，石火光中寄此身。

随富随贫且随喜，不开口笑是痴人。

借布袋和尚的偈，表示自己与世无争，超然物外。但这对溥仪似乎没有多少影响。

登极—退位—复辟

溥仪短暂的皇帝生涯，经历了“登极—退位—复辟”的曲折复杂过程。这是清朝十二帝中独一无二的。

登极　慈禧皇太后于十月二十日懿旨由溥仪继承皇位。醇亲王载沣领受要溥仪入宫的懿旨后，当日傍晚，同军机大臣、内监们回府，将溥仪从醇亲王府北府迎入宫中。溥仪在《我的前半生》中回忆当时的情形：

> 光绪三十四年（1908年）旧历十月二十日的傍晚，醇王府里发生了一场大混乱。这边老福晋不等听完新就位的摄政王带回来的懿旨，先昏过去了，王府太监和妇差丫头们灌姜汁的灌姜汁，传大夫的传大夫，忙成一团；那边又传过来

两岁的溥仪在醇王府

孩子的哭叫和大人们哄劝声。摄政王手忙脚乱地跑出跑进，一会儿招呼着随他一起来的军机大臣和内监，叫人给孩子穿衣服，这时他忘掉了老福晋正昏迷不醒；一会被叫进去看老福晋，又忘掉了军机大臣还等着送未来的皇帝进宫。这样闹腾好大一阵，老福晋苏醒过来，被扶送到里面去歇了。这里未来的皇帝还在“抗旨”，连哭带打地不让内监过来抱他。内监苦笑着看军机大臣怎么吩咐，军机大臣则束手无策地等摄政王商量办法，可是摄政王只会点头，什么办法也没有。……那一场混乱，后来还亏着乳母给结束的。乳母看我哭得可怜，拿出奶来喂我，这才止住了我的哭叫。这个卓越的举动，启发了束手无策的老爷们。军机大臣和我父亲商量了一下，决定由乳母抱我一起去，到了中南海，再交内监抱我见慈禧皇太后。

溥仪从出生到3岁离开王府前，一直在祖母刘佳氏的抚育下。醇王府的府例，头生孩子过满月后离开生母归祖母抚育，第二个孩子由母亲抚育。所以，溥仪降生满月之后，就在祖母刘佳氏膝下抚育。溥仪回忆录写道：“祖母非常疼爱我的。听乳母说过，祖母每夜都要起来一两次，过来看我。她来的时候连鞋都不穿，怕木底鞋的响声惊动了我，这样看我长到三岁。”慈禧太后让溥仪进宫的懿旨，改变了溥仪一生的命运。

溥仪离府进宫，第二天光绪皇帝死。溥仪是3岁的孩童，一会儿到光绪灵前磕头哭祭，一会儿到慈禧病榻前叩头祈福。溥仪面对光绪的遗体，也面对慈禧行将入木的躯体，在惊恐、陌生、寒冷与悲哀的气氛中受着折磨。第三天，慈禧太后死。光绪灵柩停在乾清宫，慈禧灵柩停在皇极殿。两丧并祭，一片悲戚。

十一月初九日，溥仪登极大典在太和殿举行。溥仪在《我的前半生》中回忆道：

我被他们折腾了半天，加上那天天气奇冷，因此当他们把我抬到太和殿，放到又高又大的宝座上的时候，早超过了我的耐性限度。我父亲单膝侧身跪在宝座下面，双手扶我，不叫我乱动，我却挣扎着哭喊：“我不挨这儿，我要回

溥仪的生父载沣（右一）、生母瓜尔佳氏（左一）与祖母刘佳氏（右二）

家！我不挨这儿，我要回家！”父亲急得满头是汗。文武百官的三跪九叩没完没了，我的哭叫也越来越响。我父亲只好哄我说：“别哭，别哭，快完了，快完了！”

典礼结束后，文武百官窃窃私议：“怎么可以说‘快完了’呢？”“说‘要回家’可是什么意思呵？”王公大臣们，议论纷纷，垂头丧气，认为这是大清皇朝的不祥之兆。

宣统皇帝溥仪在宫内宫外，共有“三父七母”。“三位父亲”：一位是生身父亲醇亲王载沣，一位是同治皇帝（过继给同治为嗣子），再一位是光绪皇帝（过继给光绪为嗣子）。还有“七位母亲”：第一位是生身母亲瓜尔佳氏，第二位是庶母邓佳氏，第三位是同治帝瑜妃赫舍里氏，第四位是同治帝珣妃阿鲁特氏，第五位是同治帝瑨妃西林觉罗氏，第六位是光绪皇后叶赫那拉氏（隆裕太后），第七位是光绪瑾妃他他拉氏。溥仪进宫后，离开生母，便被隆裕皇太后（光绪皇后）抚养，实际上是乳母王焦氏照料，一直用乳汁喂养溥仪。宣统在母亲众多却没有母爱的环境中长大。

宣统从继位到退位，只有3年。他的年龄，从3岁长到6岁，还是个幼儿。6岁开始在毓庆宫读书，9岁开始写日记。朝廷政务，由摄政王载沣和隆裕太后执掌。这3年时间，朝廷上下，宫廷内外，大事要事，多不胜举。其中影响宣统一生最重

幼帝溥仪与摄政王载沣

大的事情，就是辛亥革命。

清朝饱受鸦片战争、第二次鸦片战争、中日甲午战争、日俄战争、英法联军侵入北京、八国联军再侵入北京，一次接一次的失败；《南京条约》、《天津条约》、《北京条约》、《瑷珲条约》、《马关条约》、《辛丑条约》，一次接一次的屈辱——“人心所向，天命可知”。人们厌恶帝制、希望共和，厌恶君主、渴望民主。孙中山发动的辛亥革命，顺应了历史的潮流，适应了人们的要求，“近慰海内厌乱望治之心，远协古圣天下为公之义”。

光绪三十一年（1905年），中国同盟会在日本东京成立，推举孙中山先生任总理，以“驱除鞑虏，恢复中华，创立民国，平均地权”为纲领。

监国摄政王宝

光绪三十二年（1906年）七月，清廷颁诏宣布“仿行宪政”。先是，诸大臣面奏请行宪政，但清廷谕旨：“大权统于朝廷”，“民智未开”，数年之后，再定期限。

光绪三十三年（1907年）四月，同盟会组织民众在广东黄冈（今饶平）、安徽安庆、浙江绍兴等地起义，均告失败。

宣统二年（1910年）正月，同盟会发动广东新军起义，失败。

宣统三年（1911年）八月十九日，同盟会组织武昌新军起义，起义军成立湖北军政府，黎元洪为都督，废除宣统年号。随之，湖南等13省纷纷响应，宣布独立，清政府迅速解体。不久，各省代表到南京会议，推选孙中山为临时大总统，决议改用公历纪元。本年为辛亥年，史称这年的鼎革之变为辛亥革命。辛亥革命结束了268年的清朝统治，也结束了中国2000多年的帝制。

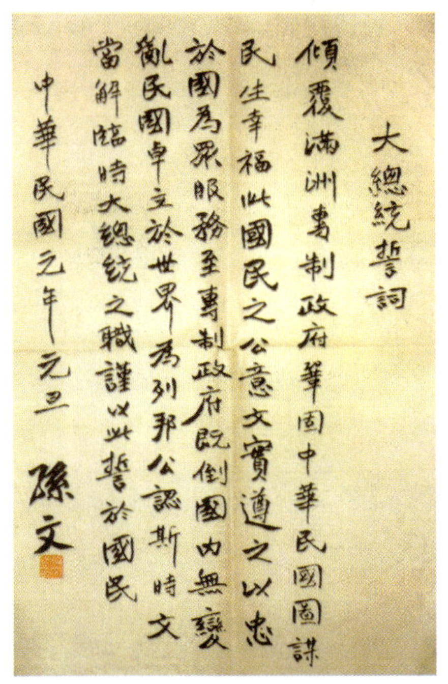
大總統誓詞

傾覆滿洲專制政府鞏固中華民國圖謀
民生幸福此國民之公意文實遵之以忠
於國為眾服務至專制政府既倒國內無變
亂民國卓立於世界為列邦公認斯時文
當解臨時大總統之職謹以此誓於國民
中華民國元年元旦
孫文

孙中山《大总统誓词》

宣统三年十一月十三日（1912年1月1日），孙中山在南京就任中华民国临时大总统，宣告中华民国成立。此间，袁世凯与孙中山秘密协商，孙中山许袁世凯继任大总统。

退位　1912年2月12日(宣统三年十二月二十五日)，以清廷的名义，颁布了宣统皇帝退位诏书。其文曰：

前因民军起事，各省响应，九夏沸腾，生灵涂炭。特命袁世凯遣员，与民军代表，讨论大局。议开国会，公决政体。两月以来，尚无确当办法。南北睽隔，彼此相持。商辍于途，士露于野。徒以国体一日不决，故民生一日不安。今全国人民心理，多倾向共和。南中各省，既倡议于前；北方诸将，亦主张于后。人心所向，天命可知。予亦何忍因一姓之尊荣，拂兆民之好恶。是用外观大势，内审舆情，特率皇帝将统治权公诸全国，定为立宪共和国体。近慰海内厌乱望治之心，远协古圣天下为公之义。袁世凯前经资政院选为总理大臣，当兹新旧代谢之际，宜有南北统一之方，即由袁世凯以全权组织临时共和政府，与民军协商统一办法。总期人民安堵，海宇乂安。仍合满、蒙、汉、回、藏五族完全领土为一大中华民国。予与皇帝得以退处宽闲，优游岁月，长受国民之优礼，亲见郅（zhì）治之告成，岂不懿欤！

上述诏文，由张謇幕僚杨廷栋捉刀。杨廷栋，清末举人，留学日本。归国后，以其知识渊博，思维敏捷，文笔流畅，而为张謇器重。杨廷栋受命起草诏文后，经张謇润色，袁世凯审阅，隆裕太后发布。《退位诏书》最后说："予与皇帝得以退处宽闲，优游岁月，长受国民之优礼，亲见郅治之告成，岂不懿欤！"一代皇朝之终结，中华2000多年帝制之终结，说得如此之轻松，如此之清雅，极致文思，颇为得体，可谓大格局，亦为大手笔。

同日，颁布《关于大清皇帝辞位之后优待条件》、《优待皇室条件》。《清宣统政纪》记载其主要内容是：

甲、关于大清皇帝宣布赞成共和国体，中华民国于大清皇帝辞位之后，优待条件如左：

一、大清皇帝辞位之后，尊号仍存不废，中华民国以待各外国君主之礼相待。

二、大清皇帝辞位之后，岁用四百万两，俟改铸新币后，改为四百万元。此款由中华民国拨用。

三、大清皇帝辞位之后，暂居宫禁，日后移居颐和园。侍卫人等，照常留用。

四、大清皇帝辞位之后，其宗庙、陵寝，永远奉祀，由中华民国酌设卫兵，妥慎保护。

五、德宗崇陵未完工程，如制妥修，其奉安典礼，仍如旧制，所有实用经费，均由中华民国支出。

六、以前宫内所用各项执事人员，可照常留用，惟以后不得再招阉人。

隆裕太后与溥仪

七、大清皇帝辞位之后，其原有之私产，由中华民国特别保护。

八、原有之禁卫军，归中华民国陆军部编制，额数俸饷，仍如其旧。

乙、关于清族待遇之条件：

一、清王公世爵，概仍其旧。

二、清皇族对于中华民国国家之公权及私权，与国民同等。

三、清皇族私产，一体保护。

四、清皇族免当兵之义务。

丙、关于满、蒙、回、藏各族待遇之条件：

今因满、蒙、回、藏各民族赞同共和，中华民国所以待遇者如左：

一、与汉人平等。

二、保护其原有之私产。

三、王公世爵，概仍其旧。

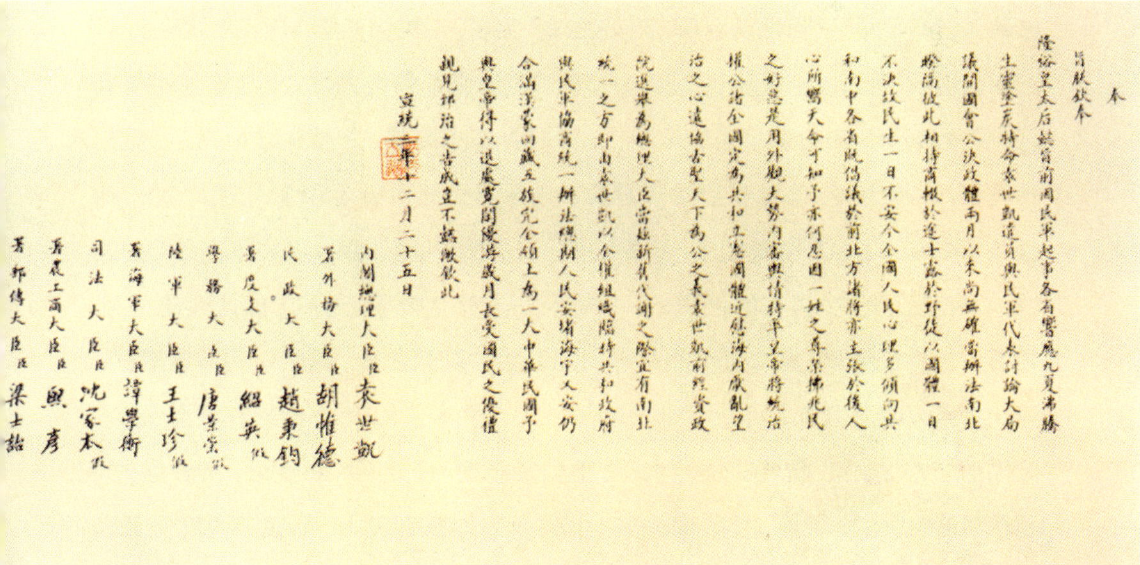
奉

旨朕欽奉

隆裕皇太后懿旨前因民軍起事各省響應九夏沸騰

生靈塗炭特命袁世凱遣員與民軍代表討論大局

議開國會公決政體兩月以來尚無確當辦法南北

睽隔彼此相持商輟於途士露於野徒以國體一日

不決故民生一日不安今全國人民心理多傾向共

和南中各省既倡議於前北方諸將亦主張於後人

心所嚮天命可知予亦何忍因一姓之尊榮拂兆民

之好惡是用外觀大勢內審輿情特率皇帝將統治

權公諸全國定為共和立憲國體近慰海內厭亂望

治之心遠協古聖天下為公之義袁世凱前經資政

院選舉為總理大臣當茲新舊代謝之際宜有南北

統一之方即由袁世凱以全權組織臨時共和政府

與民軍協商統一辦法總期人民安堵海宇乂安仍

合滿漢蒙回藏五族完全領土為一大中華民國予

與皇帝得以退處寬閒優游歲月長受國民之優禮

親見郅治之告成豈不懿歟欽此

宣統三年十二月二十五日

內閣總理大臣臣袁世凱

署外務大臣臣胡惟德

民政大臣臣趙秉鈞

署度支大臣臣紹英假

學務大臣臣唐景崇假

陸軍大臣臣王士珍假

署海軍大臣臣譚學衡

司法大臣臣沈家本假

署農工商大臣臣熙彥

署郵傳大臣臣梁士詒

清帝退位诏

四、王公中有生计过艰者，设法代筹生计。

五、先筹八旗生计，于未筹定之前，八旗兵弁（biàn）俸饷，仍旧支放。

六、从前营业、居住等限制，一律蠲除，各州县听其自由入籍。

七、满、蒙、回、藏原有之宗教，听其自由信仰。

以上条件，列为公文，由两方代表照会各国驻北京公使，转达各国政府。不过，宣统皇帝退位以后，还在寻找机会，进行复辟。

复辟 溥仪退出皇位后，上演了一出张勋兵变、宣统复辟的闹剧。

袁世凯死后，黎元洪为大总统，段祺瑞为内阁总理。黎、段意见不合，时有冲突，称“府院之争”。黎元洪召张勋率军入京相助。张勋，少孤贫，后投军。曾参加了中法之战，升至参将。光绪二十一年（1895年），参加袁世凯天津小站练兵，后升副将。三十四年（1908年），升云南提督。宣统三年（1911年），任江南提督。武昌起义时，张勋镇守南京，与起义新军激战于雨花台，战败后退守徐州。清廷任张勋为江苏巡抚兼署两江总督。袁世凯当大总统后，张勋任长江巡阅使、安徽督军。宣统退位，张勋禁止部下剪辫，以示忠于清室，被称为“辫帅”，其兵被称为“辫子军”。张勋以调解“府院之争”为名，于民国六年（1917年）五月，带3000名辫子兵入京。五月十二日（6月30日）夜，张勋等潜入故宫，与陈宝琛等会议，将复辟事告知前清宗室。五月十三日（7月1日）凌晨，张勋穿纱袍马褂，戴红顶花翎，率康有为、北京政府参谋总长兼陆军总长王士珍等50余人进入宫中。溥仪在《我的前半生》中回忆道：到养心殿，召见张勋。张勋说：“共和不合咱的国情，只有皇上复位，万民才能得救。”溥仪说：“我年龄小，当不了如此大任。”张勋给溥仪讲了康熙8岁做皇帝的故事。溥仪说：“既然如此，我就勉为其难吧！”溥仪将当天改为宣统九年五月十三日(7月1日)。溥仪连发9道上谕封官授爵：封黎元洪为一等公；授7位内阁议政大臣，他们是张勋、王士珍、陈宝琛、梁敦彦、刘廷琛、袁大化、张镇芳；授各部尚书：梁敦彦为外务部尚书、张镇芳为度支部尚书、王士珍为参谋部大臣、雷震春为陆军部尚书、朱家宝为民政部尚书；授徐世昌、康有为为弼德院正副院长；授赵尔巽等为顾问大臣；授原各省督军为总督、巡抚；授张勋兼直隶总督、北洋大臣，仍留北京；冯国璋为两江总督、南洋大臣等。十四日（7月2日），授瞿鸿禨等为大学士，补授沈曾植为学部尚书、萨镇冰为海军部尚书、劳乃宣为法部尚书、李盛铎为农工商部尚书、詹天佑为邮传部尚书、贡桑诺尔布为理藩部尚书。要求全国“遵用正朔，悬挂龙旗”。当天，北京街上出现大门挂龙旗的现象。

张勋率兵入京，溥仪第二次登极当皇帝，是为溥仪复辟或宣统复辟。这年为丁巳年，史称“丁巳复辟”。但是，历史教科书及论著文章称作“张勋复辟”，这很值得商榷。“复辟”二字：“复”，《史记·平原君列传》：“三去相，三复位。”其意思是恢复；“辟”，《尔雅·释诂》：“辟，君也。”其意思是君位。“复”与“辟”两个字合起来的意思，就是恢复君位或恢复帝位。这次宣统复辟，是由张勋统兵进京，扶持溥仪重新恢复皇位。张勋何许人也？张勋仅是一个长江巡阅使、安徽督军，相当于省军区司令。许多书文称“张勋复辟”，其有何“辟”之可“复”？实际上是张勋兵变，溥仪复辟或宣统复辟，而不是张勋复辟。

拥立溥仪复辟的辫帅张勋

然而，黎元洪拒不受命，避居日本公使馆，电令各省出师讨伐；电请冯国璋代行大总统，重新任命段祺瑞为国务总理。湖南等省督军通电反对复辟。十五日（3日），段祺瑞组织讨逆军，自任总司令，讨伐张勋。十八日（6日），冯国璋在南京就任代理大总统，任命段祺瑞为国务总理。十九日（7日），南苑航空学校派飞机向宫中投下三枚炸弹。太妃们有的钻到桌子底下，有的吓得惊叫，太监们更为惊慌，宫里乱成一团。同日，讨逆军败张勋军于廊坊。二十一日（9日），北京公使团照会清室，劝告其解除张勋武装。二十四日（12日），讨逆军进入北京，勋兵与战，兵寡失败。张勋逃到东交民巷荷兰公使馆内。溥仪的师傅和父亲替他拟好批准张勋辞职的谕旨和退位诏书。这是溥仪的第二个退位诏书，溥仪看了放声大哭。这年溥仪14岁。历时12天的张勋兵变、溥仪复辟的闹剧结束。

溥仪复辟的闹剧刚闭幕，溥仪出宫的悲剧又开场。

国民—战犯—公民

溥仪复辟的一个后果是：许多人觉得“宣统太不安分了”！留溥仪在宫中，就等于给中华民国还留着一条辫子。旧皇宫成为复辟势力的大本营。于是，引出北京政变。

执行驱逐溥仪出宫的京畿卫戍总司令鹿钟麟

国民　民国十三年（1924年）10月23日，冯玉祥发动北京政变，改所部为国民军，任总司令兼第一军军长。11月4日，民国政府国务会议讨论并通过冯玉祥关于驱逐溥仪出宫的议案。5日，正式下令将溥仪等驱逐出宫，废除帝号。溥仪等成为国民。

溥仪被逼出宫，事情来得突然。北京警备总司令鹿钟麟，限溥仪等要在2小时内全部搬离紫禁城。溥仪觉得太匆忙，来不及准备。他想找庄士敦、找醇亲王商量，但电话已被切断。这时隆裕太后已死，敬懿（同治妃）、荣惠（同治妃）两位太妃死活不肯走。载沣进宫，也没有主意。鹿钟麟极力催促，声言时限已到，如果逾时不搬，外面就要开炮。王公大臣要求宽限时间，以便入告，尽快决定。鹿钟麟对军警说："赶快去！告诉外边部队，暂勿开炮，再限二十分钟！"内务府大臣绍英入告溥仪，限20分钟，否则要开炮。溥仪在修正优待条件上签了字，决定出宫，去醇亲王府北府。溥仪交出"皇帝之宝"和"宣统之宝"两颗宝玺。当日下午4时10分，从故宫开出五辆汽车——北京警备总司令鹿钟麟乘第一辆，溥仪乘第二辆，婉容、文绣及其他亲属、随侍人员乘第三辆、第四辆，警察总监张璧乘第五辆，首尾相连地直奔溥仪当年的出生地——醇亲王府北府。这真是应了在宣统登极时说的那句话："我不挨这儿，我要回家！"现在溥仪回家了！

战犯　1925年溥仪移居天津，先后住在张园、静园。1931年到东北，1932年任伪满洲国"执政"，1934年3月改称"满洲帝国皇帝"。1945年日本投降后被苏军俘虏，在伯力（今俄罗斯哈巴罗夫斯克）收容所。1950年8月被移交中国政府，

溥仪"分身"着色照

后在抚顺战犯管理所。溥仪前后共度过15年的监狱生活。

公民　1959年，溥仪得到特赦。1964年，任全国政协委员。1967年10月17日，因患肾癌病故，终年61岁。溥仪死后，爱新觉罗家族商量，决定将溥仪的骨灰安放在北京八宝山公墓骨灰堂。尔后，将溥仪骨灰重新安放在八宝山革命公墓。在这里补充一下。溥仪3岁登极后，清室曾考虑为其选择“万年吉地”。此事有两说：一说溥仪登极后选的“吉壤”在清西陵崇陵旁旺隆村，并于宣统二年（1910年）破土动工；另一说1915年溥仪10岁时选定“吉壤”，也在旺隆村。溥仪生前是否建陵，毓嵣（溥仪之侄）先生与笔者函中说：“梁鼎芬为（崇）陵工大臣，岂能同时为溥仪建陵？”所以，溥仪在位时，并没有建陵。1994年，香港人张世义出资，在清西陵崇陵（光绪陵）西北辟建“华龙陵园”。张世义同溥仪遗孀李淑贤商量后，李淑贤于1995年1月26日，将溥仪骨灰迁葬于华龙陵园内。李淑贤生前遗嘱，据毓君固《末代皇帝的二十年——爱新觉罗·毓嵣回忆录》记载：“我的骨灰坚决不要和溥仪葬在一起，我要去八宝山人民公墓。”所以，李淑贤的骨灰没有在“华龙陵园”内同溥仪的骨灰合葬。

溥仪的家庭，他的父母、兄弟，前面已经叙述。溥仪先后共有5位妻子：

（1）“皇后”郭博勒氏（又作郭布罗氏），名婉容，达斡尔族。民国十一年（1922年），溥仪18岁时同婉容结婚。婉容结婚前住在北京东城鼓楼南帽儿胡同今35、37号院。溥仪在退位后结婚，但根据《优待条件》，其尊号仍不废。故其结婚仍称“大婚”，婉容仍称“皇后”。而实际上此时溥仪已经不是皇帝，郭布罗·婉容也就不成其为皇后。

（2）“淑妃”额尔德特·文绣，与婉容同日和溥仪结婚。后来文绣在天津与溥仪离婚。

（3）“祥贵人”他他拉氏，后改姓谭，名玉龄，与溥仪在长春结婚。谭于1942年死。

（4）“福贵人”李玉琴，1943年与溥仪在长春结婚，1957年离异。李于2001

婉容着色照

文绣着色照

年病逝。

(5) 夫人李淑贤，1924年生，于1962年“五一”同溥仪结婚，则属平民婚姻。李于1997年病逝。

溥仪对清朝历史，因为年幼而没有独立政治责任。对宣统皇帝的历史是非功过，用不着加以评论。溥仪只是作为清朝末帝的一个历史符号，存在于历史典册。至于溥仪出宫以后的历史，不属于“清十二帝”的叙述范围，则不必赘言。

清朝皇帝有两个巧合的历史现象：

第一，清朝太祖高皇帝兴起于今抚顺市所属新宾赫图阿拉，清朝末代皇帝溥仪又监押在抚顺战犯管理所。抚顺——既是清朝首位皇帝兴起的地方，又是清朝末位皇帝被囚禁的地方。这是历史的巧合。

第二，清朝兴起时的皇后是叶赫那拉氏，清朝覆亡时的太后也是叶赫那拉氏。蔡东藩《清史演义》第二回有一段话说：努尔哈赤建祭天之所堂子时，掘出一块石碑，上书六个大字："灭建州者叶赫"。后果然叶赫那拉氏慈禧太后、叶赫那拉氏隆裕太后时清亡。这是小说家言，属附会之词。可以肯定地说：所有满文、汉文、朝文史料，没有关于这块石碑的记载。

宣统冲龄登极，成为大清末帝。中国自公元前221年秦始皇称皇帝以来，到1912年宣统皇帝退位，历经2132年，有349位皇帝(据《中国历史纪年表》统计)。溥仪不仅是清朝最后一位皇帝，而且是中国历史上最后一位皇帝。溥仪退位，既是大清皇朝的终结，又是中华帝制的终结。辛亥革命与宣统退位，是中华历史上划时代的大事件。从此，共和代替帝制，民主代替君主。

相关阅读书目推荐

(1) 阎崇年：《清朝十二帝·宣统皇帝》，故宫出版社，2012年

(2) 溥仪：《我的前半生》，群众出版社，1964年

(3) 溥仪：《爱新觉罗·溥仪日记》，天津人民出版社，1996年

(4) 王庆祥：《溥仪的后半生》，东方出版社，1999年

(5) 孙喆甡：《爱新觉罗·溥仪传》，华文出版社，1990年

(6) 毓嵣：《末代皇帝的二十年》，中国社会科学出版社，2000年

(7) 陈捷先编著：《宣统事典》，紫禁城出版社，2010年

清朝十二帝总说

清朝历史的十大贡献

清朝处于一个特殊的历史时代：从纵向看，清朝是中国2000多年皇朝历史的最后一个皇朝，是中国社会由古代向近代发展的转型时期。从横向看，西方主要国家英国、法国、德国、美国，纷纷走上资本主义发展道路，实行议会制、总统制或内阁制，发展工业，开拓市场，对外进行殖民扩张；中国的近邻俄国废除农奴制，日本实行明治维新，也开始走向国家富强和对外扩张之路，加紧对清朝进行疯狂侵略。清朝面临从海上到陆上，从南到北，从东到西，四面八方的威胁。因此，应对清朝的历史地位，做出恰如其分的评价。

清朝的历史地位，学术界争论很大。比如，第一，兴起时期。一种意见认为，清军入关使中国历史倒退300年；另一种意见认为，清初结束逐鹿称雄局面，实现中国统一。第二，鼎盛时期。一种意见认为，“康雍乾”是中国历史上的黑暗专制时代；另一种意见认为，“康雍乾盛世”是中国历史上的黄金时代等。如何看待清朝的历史地位，近百年来，见仁见智。我认为，对清朝每一时期的历史，应当采取求真求是的态度。我略谈一下自己的看法。

清朝的历史，有过耻辱，也有过辉煌。清朝的辉煌，对中国历史发展，对世界文明进步，功绩斐然，贡献巨大。应当特别强调清朝对历史的贡献，不是某个人的贡献，也不是某个民族的贡献，而是中华民族各族人民的共同贡献。

第一，屹立世界东方：在中国55个少数民族中，营建大一统皇朝的只有蒙古和满洲，但元帝国仅享祚89年，清帝国则绵祚268年，从清太祖天命元年（1616年）算起，则有296年。大清皇朝占据中国历史舞台长达296年，在自秦始皇以降整个中国2132年、349位皇帝的皇朝历史长河中，清朝的历史约占其总数的七分之一。在中国秦以降2000多年的皇朝历史上，开创过200年以上大一统皇朝的，只有西汉、唐、明和清。东汉不够200年，是195年。南宋和北宋始终是半壁河山，没有统一。元朝统一了不到100年。在上述四朝开创大一统皇朝的皇帝中，汉高祖刘邦、唐高祖李渊和明太祖朱元璋都是汉族人，只有努尔哈赤是满族人。从世界历史看，顺治皇帝定都北京时，英、法、德、意、俄尚未强大，美利坚尚未独立建国，日本更处在衰弱状态。可以说，努尔哈赤、皇太极奠定的大清帝国，是当时世界上最强大的帝国，屹立于世界的东方。

第二，奠定中华版图：盛清时疆界，超过秦皇、汉武、唐宗、宋祖，也超过盛明时的版图。清朝在管辖的版图内，建立政区、派遣官员、驻扎军队、定期巡防、征收赋税、按时纳贡，实行有效的统治。“康雍乾盛世”时的中华版图，东临鄂霍次克海，南极曾母暗沙，西南界喜马拉雅山，西达葱岭，西北至巴尔喀什湖，正北到大漠，东北跨外兴安岭、直至库页岛，疆土面积1300多万平方公里。比今天我国960万平方公里国土多三分之一。清朝在“康雍乾盛世”时的世界舆图上，被法国启蒙学者伏尔泰誉为“举世最优美、最古老、最广大、人口最多而治理最好的国家”。在“康雍乾盛世”的世界舆图上，清朝是一个疆域最为辽阔、国力最为强盛、人口最为众多、物产最为富庶、经济最为发达、文化最为繁荣的大帝国。这是一个伟大的历史贡献。

第三，多民族的统一：清代民族关系是中国皇朝史上最好的时期。在东北，清朝解决了自辽河到黑龙江流域各民族的问题，前代所谓的“边徼之野”，清朝则成为“龙兴之地”。在北方，中国自秦、汉以来，匈奴一直是中央皇朝北部的边患。为此，秦始皇连接六国长城而为万里长城。明代的蒙古问题，始终未获彻底解决。己巳与庚戌，蒙古军队两次攻打京师，明英宗甚至于成为蒙古瓦剌部也先的俘虏。清朝兴起后对蒙古采取了既完全不同于中原汉族皇帝的做法，也不同于金代女真皇帝的做法。清朝先后绥服了漠南蒙古、漠西厄鲁特蒙古、漠北喀尔喀蒙古。清朝对蒙古的绥服，“抚驭宾贡，夐（xiòng）越汉唐”。可以说，中国2000年古代社会史上的匈奴、蒙古难题，到清朝才算得解。后来康熙帝说：“昔秦兴土石之工，修筑长城。我朝施恩于喀尔喀，使之防备朔方，较长城更为坚固。”昔日长城防御蒙古，清朝蒙古成为抵御沙俄侵略的长城。在西北，对南北疆维族等统一。在西南，乾隆《钦定西藏章程》设驻藏大臣、在西藏驻军、册封达赖和班禅、设立金奔巴瓶制度，云、贵、川的改土归流等，加强了对这些地区民族的管理。东南高山等族随着台湾统一而归属清朝管辖。从东北、北部、西北、西南，一直到东南，清朝真正实现了中国皇朝史上多民族国家的统一。

第四，创制满洲文字：到明朝中叶，金代创制的女真文也已经失传。万历二十七年(1599年)，创制满文，这就是无圈点满文（老满文）。后对老满文加以改进，而成为加圈点满文（新满文）。满语文成为后金—清朝的官方语言和文字。其时，东北亚满—通古斯语族的诸民族，除满洲外都没有文字。满文记录下东北亚地区文化人类学的珍贵资料。满文通行后成为满汉、中西文化交流的重要桥梁。中国的“四书”等先后翻译成满文，而后再从满文翻译成西文，在西方广泛传播。创制满文是满族发展史上的一块里程碑，是中华文化史上、东北亚文明史上的一件大事，也是人类文明史上一件大事。现存满文图书1100余种，满文档案200余万件，是中国、也是人类重要的文化财富。

第五，兴建皇家园林：满族过去是渔猎民族，清朝有狩猎的传统，长于骑射。又曾经长期生活在较寒冷的东北地区，不习惯关内的气候。这个特殊的历史条件，再加上当时国家一统、财力充裕，决定了清朝大修皇家园林。诸如皇宫的宁寿宫暨乾隆花园、建福宫花园、御花园等，西郊的“三山五园”——万寿山清漪园（颐和园）、香山静宜园、玉泉山静明园和畅春园、圆明园，京城以外的承德避暑山庄暨外八庙、热河木兰围场，天坛祈年殿（乾隆时换成蓝色琉璃瓦），西苑（今中南海和北海）。特别是圆明园三园即圆明园48个景区、长春园30个景区、万春园（绮春园）30个景区，共108个景区，集南北园林之优、中西园林之长，融于一园，达到中华古典园林史上的顶峰。康熙兴建畅春园、避暑山庄、木兰围场，雍正兴修圆明园，乾隆在北京及京畿保护、维修、兴建的皇家宫殿园林，如皇宫的宁寿宫暨乾隆花园、清漪园（颐和园）、静宜园(香山)、静明园(玉泉山)、避暑山庄等。这些皇家园林，无不体现着清代园林文化的辉煌，是园林艺术史上的明珠。

其中故宫、天坛、颐和园、避暑山庄暨外八庙、沈阳故宫、清永陵、福陵、昭陵及清东陵、清西陵等，已经被列入世界文化遗产名录。这是清朝历史的一大贡献。

第六，传承中华文化：清朝满族没有向各族强制推行自己的语言、文字、宗教（对汉族曾强令剃发、易服），而是对汉、蒙、藏、伊斯兰等的文化，如同《礼记》所说："合内外之道"，汇合各民族文化的精华，加以继承和发展。编修《全唐诗》、《全唐文》、《康熙字典》、《古今图书集成》、《四库全书》、《大清实录》、《满文大藏经》、《律历渊源》、《无圈点老档》（又称《旧满洲档》、《满文老档》）、《皇舆全览图》、《乾隆京城全图》、《八旗通志》、《满洲源流考》、《御制五体清文鉴》等，是多民族文化的硕果。其中《四库全书》抄录7部，即皇宫文渊阁、圆明园文源阁、盛京文溯阁、承德文津阁，以上为北四阁，共4部；扬州文汇阁、杭州文澜阁、镇江文宗阁，以上为南三阁，各贮存1部，供士子阅览。《御制五体清文鉴》在世界语言学史上占有重要地位。世界的四大文明古国，古埃及、古印度、古巴比伦的文明都中断了，唯独中华文明没有中断，而是得以传承和发扬。清朝为中华传统的传承与发展做出了历史性贡献。

第七，英杰人物辈出：在中华历史人物星汉中，清代是56个民族里贡献政治家、军事家、文学家、艺术家、医药学家、语言学家和科学家最多的一个历史时期。政治家如清太祖努尔哈赤、清太宗皇太极、摄政睿亲王多尔衮、康熙帝玄烨、雍正帝胤禛、乾隆帝弘历；军事家如代善、兆惠、阿桂；民族英雄如郑成功、萨布素、林则徐；思想家如王夫之、黄宗羲、顾炎武、戴震；文学家如纳兰性德、曹雪芹、蒲松龄、吴敬梓；语言学家如额尔德尼、达海；天文数学家如明安图、梅文鼎、王锡阐、李善兰、王贞仪；生物学家如吴其浚（《植物名实图考》）、陈淏子（《花镜》）、汪灏（《群芳谱》）；医药学家如王清任（《医林改错》）、桑结加措（《蓝琉璃》）、赵学敏（《本草纲目拾遗》）以及瘟病四大家的叶天士、薛生白、吴鞠通、王孟英；学者如万斯同、钱大昕、赵翼、顾祖禹、章学诚；水利学家如靳辅、陈潢等。

第八，中国人口激增：中国人口数字，缺乏精确统计。据专家估算，中国的人口，汉朝约5000万，明万历约9000万（有人说1亿）。清朝的人口，据《清实录》记载：顺治十八年（1661年）人丁户口为19087572，康熙六十年（1721年）人丁户口为25386209，雍正十二年（1734年）人丁户口为26417932，乾隆五十六年（1791年）男妇名口为304354110，道光二十一年（1841年）男妇名口为413457311。就是说乾隆时人口突破3亿，道光时人口突破4亿，成为世界第一人口大国，有人估计约占当时世界人口的三分之一。人口增多有正面与负面的双面影响。其正面影响是：说明这个历史时期社会比较安定，经济有所发展，粮食作物产量增加，所以人口增长较快，总体国力加强，使得后来西方列强不敢、也不能瓜分中国。其负面影响是：政府奖励垦荒，破坏生态平衡，人口增长过快，造成社会压力，定期引发社会震荡，造成重大社会危机。

第九，开发三北地区："三北"就是东北、正北、西北地区。东北，就是山海关以北，一直到黑龙江下游。这个地区特别是黑龙江下游，在明朝时还处于比较原始的状态。清军入关以前，它的势力已经到达黑龙江流域，那里许多原始部民归顺了清，加入了八旗。辽河流域，清太祖努尔哈赤将都城从赫图阿拉，一迁到辽阳，二迁到沈阳，使沈阳第一次成为都城，加快了沈阳及辽河地区开发的步伐，使经济与社会得到全面的开发与迅速的发展。似可以说，近代辽河流域、沈海地带的区域经济开发，清太祖努尔哈赤是其经始者。后来，清朝在东北设卡伦，派军队戍边，建立一些新的城市，如齐齐哈尔、吉林、呼玛、瑷珲等，一直到黑龙江北岸。东北是清朝肇兴之地，东北松花江、黑龙江地区得到广泛开发。正北蒙古地区，在整个明代战争动乱，一部分蒙古牧民做饭没有锅，穿没有衣服，吃没有食盐。清朝不同，清朝建立满蒙联盟，搞满蒙联姻，整个蒙古地区在清军入关后基本没有大的战争，社会稳定，经济发展，生活安定。西北地区，北疆主要是厄鲁特蒙古，南疆主要是回部，清朝在中国历史上第一次把新疆问题解决了。清朝把新疆统一在中央政权之下，实行军府制，在新疆派官员、驻兵、巡边、屯垦、贸易，大大促进了西北地区经济的开发和文化的发展。总之，“三北”地区在清朝时期经济和文化有大的发展。

第十，保护文化遗产：中国统一政权的都城，新政权都要抛弃旧皇朝的都城与宫殿：周武王灭纣未都朝歌而仍回镐京，秦始皇统一六国后仍都咸阳，西汉定都长安，东汉奠都洛阳，隋朝都大兴，唐朝都长安，宋京东迁汴梁，蒙古成吉思汗焚毁中都宫殿使之成为“可怜一片繁华地，空见春风长绿蒿”，元先在上都、后迁大都，明初定都金陵、永乐才迁都北京。纵观中国历史上大一统王朝——商、周、秦、汉、隋、唐、宋、元、明，清朝之前，所有大一统王朝兴国之君，宸居前朝宫殿，史册盖无一例。然而，清摄政睿亲王多尔衮一反历代大一统王朝对前朝宫殿焚、毁、拆、弃的做法，对故明燕京紫禁宫殿下令加以保护、修缮、增益和利用。经过清代兴建、修葺的文物，保存至今的故宫、天坛、颐和园、避暑山庄暨外八庙、沈阳故宫、清朝五陵（永陵、福陵、昭陵、清东陵、清西陵）等都被列为了世界文化遗产。

由上，就中国历史和世界历史的横向比较来说，清朝有着十大贡献，这是中华各民族共同创造的。清朝“康雍乾”时期出现过辉煌，也存在盛世下的危机。在清朝所处的17至19世纪，世界历史发展的江河，向着国际化、工业化、民主化奔流。我们在肯定清朝历史贡献的同时，还要考察清朝在工业化、民主化大潮中，所采取的“率祖旧章”、“持盈保泰”的保守态度——清朝皇帝先后八次失去革故鼎新的历史机遇。清帝拒绝维新，终遭灭顶之灾。

清朝鼎新的八次机遇

顺治元年（1644年），清迁都北京，入主中原，中国历史开始了一个新的皇朝时代。几乎同时，1649年（顺治六年），英格兰发生资产阶级革命，世界历史开始了资本主义工业化、资产阶级民主化的新时代。清朝面对世界国际化、工业化、民主化的大潮，虽有“康雍乾盛世”，出现过一段辉煌，却仍恪守祖制，未能革故鼎新，错过了八次图强维新的历史机遇。

第一次，在顺治朝，清朝入关之初，皇太后和顺治帝礼遇外国传教士汤若望，为清帝了解西方开启了一扇窗户；但随着顺治帝病故，汤若望被讦告，下狱而死，从而使这扇中西文化交流的窗户刚打开便被关上。

在顺治朝，底定中原，稳固政权，是朝廷当务之急。然皇太后和顺治帝礼遇汤若望，为清帝了解西方开启了一扇窗户。汤若望是德国人，耶稣会士，明末被征参与天文推算，设馆于今北京宣武门内南堂。顺治初，汤若望掌管钦天监事，受命修成《时宪历》并颁行。他因此获得太常寺少卿衔，后成为清朝命官。皇太后尊汤若望为义父，顺治尊称其为“玛法”（满语“爷爷”的意思）。顺治帝向汤若望学习天文、历法、宗教等知识，以及治国之策。顺治帝曾24次亲到汤若望馆舍，或召汤若望入宫，君臣畅谈，竟至深夜；汤若望向顺治帝先后呈递300多件奏帖，陈述建言。皇太后懿意立皇三子玄烨，征询汤若望的意见。他以玄烨出过天花，支持皇太后的旨意。顺治帝便“一言而定”玄烨继承皇位。史书说汤若望“直陈万世之大计”。陈垣说：“吾尝谓汤若望之于清世祖，犹魏徵之于唐太宗。”顺治帝24岁病故，不久汤若望遭杨光先讦告而被下狱，后死于羁所。这扇中西文化交流的窗户刚打开便被关上。是为第一次。

第二次，在康熙朝，西方耶稣会士将西方科学技术最新成果送到皇宫，使得康熙帝对欧洲国家的社会、地理、人文、科技等都有所了解，由此组建了被西方誉为清朝皇家科学院的“蒙学馆”。但康熙死后，人亡政息，没有使之成为国家

政策和政府行为。

在康熙朝，西方耶稣会士不断地来到中国，将西方科学技术最新成果，带到清朝的宫廷。其时康熙学习西方数学、天文、物理、化学、医药、地理、生物、农艺、解剖学等科学技术是热忱而认真的。康熙对欧洲国家的社会、历史、地理、人文、科技等有所了解。那个时候测绘的《皇舆全览图》，可以作为一例明证。畅春园的"蒙学馆"，被西方学人誉为清朝的皇家科学院。康熙帝在吸纳西学方面所作的努力与所取得的成果，是令人敬佩的。我在本书康熙皇帝一章里已经作了介绍，这里不再重复。然而，康熙皇帝之吸纳西学，仅作为个人的兴趣、需要，而没有像俄国彼得大帝一样再往前迈一步，使之成为国家政策、政府行为。可惜，康熙帝死后，人亡而政息。是为第二次。

第三次，在雍正朝，天主教与儒家传统发生冲突。雍正帝驱赶天主教徒、封禁天主教堂，在维护中华传统文化的同时，也把通往西方科技文化的窗户关上了。

在雍正朝，全国天主教堂约300座，受洗教徒约30万人。天主教与儒家传统发生冲突。雍正初年，驱赶内地耶稣会士到澳门、封禁天主教堂改其为"天后宫"。浙江巡抚李卫在雍正帝支持下，撰写《天主教改为天后宫碑记》说：我皇上"去荒诞狂悖之教，而移以奉有功德于苍生之明神，不劳力而功成，不烦费而事集，此余今日改天主堂为天后宫之举也"。如果说将天主堂改为学宫，尚有普及教育的正面作用；而将天主堂改为天后宫，两者都在供奉"明神"，并没有本质的不同。显然，雍正帝最关心的是"天主"与"人主"的矛盾，是"一国之中宁有二主耶"？他还是为着帝王的皇权专制。雍正帝驱赶天主教徒、封禁天主教堂，在维护中华传统文化的同时，顺手把通往西方科技文化的窗户关上了。是为第三次。

第四次，在乾隆朝，英国使臣乔治·马戛尔尼率使团访华，但乾隆皇帝高傲自大，固步自封，造成了马戛尔尼使团访华失败。乾隆帝看不到世界发展的潮流和工业科技的进步，拒绝了英国的要求，堵塞了交流的渠道。

在乾隆朝，乾隆五十八年（1793年），英国使臣乔治·马戛尔尼等一行92人来到中国。英国使团的使命是“交使通商”，乾隆帝却以为是来向他进贡祝寿的，旨称英使为“贡使”、礼品为“贡品”，并在其车船上插着“英国特使进贡”的旗子。马戛尔尼等来到北京并在圆明园稍事休息后，前往承德避暑山庄，参加乾隆帝83岁寿辰庆典。途经万里长城，马戛尔尼等对之颇为震惊和钦佩。乾隆有两次机会见到马戛尔尼，一次是在八月初六日万树园欢迎宴会上，英国使节行英国礼节；另一次是八月十三日在澹泊敬诚殿正式举行乾隆万寿典礼时。双方最大的分歧，是英使会见乾隆的礼仪问题。在避暑山庄澹泊敬诚殿的万寿庆典上，英使会见乾隆帝的礼仪成为争论的焦点。清朝要求马戛尔尼行三跪九叩礼——“一到殿廷齐膝地，天威能使万心降”。下跪表示英国的“归降”；马戛尔尼只同意行单膝跪礼。

马戛尔尼在向乾隆祝寿时，递交英王表文两份：一份是英文，另一份是法文（今存中国第一历史档案馆）。表文要求英国派代表常驻北京，乾隆为此大为恼火。乾隆认为：此与天朝体制不合，断不可行。马戛尔尼回到北京，多次见和珅，递交信件，要求：允许英国商船在珠山（今舟山）、宁波、天津等处经商，允许英国商人在北京设一个洋行买卖货物，并在珠山、广州附近划一个小岛为英国商人存放货物，还请求对英商货物实行免税或减税，允许英国人在华传教等八项。对此乾隆帝敕谕说：“天朝物产丰盈，无所不有，原不藉外夷货物以通有无。……今尔国使臣于定例之外，多所陈乞，大乖仰体天朝加惠远人、抚育四夷之道。且天朝统驭万国，一视同仁，即在广东贸易者，亦不仅尔英吉利一国，若俱纷纷效尤，以难行之事，妄行干渎，岂能曲徇所请！”（《清高宗实录》卷1435，乾隆五十八年八月己卯）乾隆向英王发出敕谕，对英国的八项要求，逐条驳复，断然拒绝，交马戛尔尼带回。这标志着马戛尔尼使团访华失败。清政府催令英国使团迅速回国，并传令沿途官员严加防范。乾隆五十八年九月初三日（1793年10月7日），乾隆任命侍郎松筠为钦差大臣，专门护送英国使团一行起程离京。使团沿运河南下，到达广州，于当年十二月初七日（1794年1月8日），由广州启航回国。

乾隆高傲自大，固步自封，陶醉于天朝上国的迷梦之中。他看不到世界发展的潮流和工业科技的进步，完全拒绝了英国的要求，堵塞了交流的渠道，失去了一次对西方借鉴、学习和吸纳的机会。是为第四次。

第五次，在嘉庆朝，英王第二次派遣以罗尔·阿美士德为正使的访华使团，再次向中国提出通商的要求，再遭拒绝，从而使清朝堵塞了中西交流的渠道，失去了向西方借鉴、学习的机会。

在嘉庆朝，嘉庆二十一年（1816年），英王第二次派遣以罗尔·阿美士德为正使的访华使团，再次向中国提出通商的要求。嘉庆帝以"蕞尔小国"，前来"输诚"，而"勉从其请"。这次还是因为英使拒绝向嘉庆皇帝行三跪九叩礼，而被降旨："该贡使等即日返回，该国王表文亦不必呈览，其贡物一一发还。"嘉庆皇帝的谕旨下达，英国使臣被驱逐出境。清朝堵塞了中西交流的渠道，失去了向西方借鉴、学习和吸纳的机会。是为第五次。

第六次，在道光朝，清政府在鸦片战争中吃了败仗，但不从失败中总结教训，卧薪尝胆，奋发图强，进行改革，却继续封闭，狂妄自大。

在道光朝，清政府在鸦片战争中吃了败仗，签订了丧权辱国的《南京条约》。道光帝面临前代所没有遇到的历史课题："遭阳九之运，躬明夷之会。"然而，失败并不可怕，可怕的是不从失败中汲取教训，继续封闭，狂妄自大。本来应当在鸦片战争后，总结教训，卧薪尝胆，奋发图强，弃旧维新，进行改革，消除隐患；道光皇帝却以穿带补丁的裤子显示节俭，捡芝麻而丢西瓜，拒不汲取教训，拒绝改革图新。是为第六次。

第七次，在同治朝，恭亲王奕訢主持总理各国事务衙门，实行同治新政，派出留学生，但不久却遭节制，致使同治新政夭折，清朝再次梗塞了中西交流的渠道。

在同治朝，恭亲王奕訢主持总理各国事务衙门，实行同治新政，派出留学生，引进新机器，创办新工厂，开始有了一股维新图强的新鲜空气，同治三年（1864年），清军“江宁克复”，第二年就对奕䜣“罢议政王及一切职任”。后命奕䜣“仍在内廷行走”，只让做事，不给职权。七年（1868年），捻军威逼京畿，又命奕䜣节制各路大军。同治亲政，奕䜣“降郡王”。奕䜣的军机大臣三任三罢，同治新政夭折。后来以剪辫子等理由调回留美学生。日本恰在同年实行“明治维新”，走上富国强兵之路。清朝再次梗塞了中西交流的渠道。是为第七次。

第八次，在光绪朝，光绪帝实行戊戌变法，但由于统治集团内部矛盾，以慈禧为首的顽固派却将这场维新变法葬送。

在光绪朝，光绪帝实行戊戌变法。这是历史给清朝最后一次图强维新的机会。然而，慈禧集团以权力与恩怨为重，以社稷与民意为轻。以慈禧皇太后为首的顽固派发动戊戌政变，将这场维新变法葬送。是为第八次。

在分析清朝历史上的图强维新八次机遇的过程中，我们也必须看到：清朝同中国历史上其他皇朝所处时代不同。其时，英、美、法、德等西方列强，已经资本主义工业化、资产阶级民主化；日本、俄国也经过变革而逐渐强大。清朝面临生死存亡的问题。当然，清朝也做过一些改革，但对其基本制度——皇位继承制度、八旗制度等没有做实质性的改革，却是以不变应万变。《清史稿》论曰：大清帝国“因循废堕，可谓极矣”！清朝皇室，自残自戕，堵塞鼎新道路，错过维新机会。宣统初，清政府虽曾想做一点改良，但为时已晚。革命派已经对清朝的改革失去信心和耐心，辛亥革命将冥顽不化的清帝赶下历史舞台。历史做出抉择：给予八次历史机会而不肯进行改革鼎新的清朝，终被历史淘汰出局。

清朝鼎新的八次机遇之历史给人们以启示——历史应当受到敬畏：为什么要“敬”？因为吸取前人经验会得到宝贵的智慧；为什么要“畏”？因为重蹈前人错误要受到历史的惩罚。所以，对待清朝的历史，应取敬畏的态度，正视以往的辉煌，总结历史的教训，既不要忘却历史的耻辱，更不要抹去历史的辉煌。

皇位继承的历史轨迹

皇帝的选择，皇位的继承，于皇朝的盛衰，关系至为重要。在中国帝制时代，皇帝是国家、民族的最高象征，掌握国家最高的立法、行政、军事、祭祀、财政和司法大权。皇帝个人的素质、才能、品德、喜好等，于国家、民族至关重要。因此，选拔最优秀、最杰出的皇帝继位者，对于一个国家、一个民族，都是大事。君主应该是当朝整个国家、各个民族中最杰出、最优秀的代表。当然，限于皇位世袭制度，只能选择其范围内的最优秀的人才。

清朝的郭嵩焘（1818~1891年），道光进士，曾署广东巡抚、兵部侍郎，首任出使英国大臣兼驻法国大臣，主张学习西方科学技术和议会制度。他在《使西纪程》中说："西洋所以享国长久，君民兼主国政故也。"郭嵩焘不仅看到西方的"船坚炮利"，而且看到西方的议会制度。但这位中国当时的先知先觉者，因此受到上自庙堂、下至士子的"丛骂"，甚至于要烧毁他的住宅，死后还要掘坟焚尸。

一个国家、一个民族的领袖，其产生过程可以分为"君主—君民兼主—民主"三种主要模式。从清朝入关后的200多年间，综观世界大势，总的发展趋向，就是：民主化。当然，不同国家、不同民族，有其不同情况，也有其各自特点。我们可以从清朝皇位继承制度的演变轨迹，看清朝皇位继承是按着"君主—君民兼主—民主"的轨道前进，还是相反。

从清朝皇位继承演变的轨迹，来做个简要的历史回顾。

第一，贵族公推制。清朝皇帝的选择，太祖努尔哈赤、太宗皇太极时，是由贵族会议推选。大清帝国的奠基者太祖努尔哈赤、太宗皇太极，是当时天下之精英，是各路英雄之俊杰。努尔哈赤以"十三副遗甲"起兵，开始称雄。但是，各部首领不服。努尔哈赤将建州五部——苏克素浒河部、哲陈部、董鄂部、完颜部、浑河部逐部征服，又将长白山三部——鸭绿江部、朱舍里部、纳殷部征服。

再将东海女真、黑龙江女真逐个征服。还将海西女真扈伦四部——哈达、辉发、乌拉、叶赫逐个臣服。同时，要东对朝鲜、西对蒙古、南对明朝。最后，努尔哈赤是历史的胜利者。所以，努尔哈赤黄衣称朕，是经过长期激烈较量并取得胜利的结果。蒙古、满洲王公贵族共推努尔哈赤为昆都仑汗。皇太极、顺治的登极，都是经过诸王贝勒大臣认真讨论、反复酝酿、彼此协调、政治平衡的结果。虽然顺治6岁登极，但真正掌握实权的是睿亲王多尔衮。多尔衮在当时清朝、南明、农民军、蒙古四种政治力量中，是最杰出的英杰。

第二，皇帝遗命制。顺治皇位继承开始改为遗命制。清朝皇位继承的贵族公推制，仅在太祖、太宗两朝实行过。皇太极死得突然，没有来得及预定后事。所以，顺治帝身后的皇位继承没有定下制度。顺治帝病危，其皇位如何继承？当时皇太后还健在，且历事天命、天聪、崇德、顺治四朝，威望高，权势重。顺治帝临终前，皇太后、顺治帝商量由8岁的玄烨继承皇位，此事还同耶稣会士汤若望商量。后来康熙帝立太子，还请大学士、尚书等朝臣各陈自己的意见。可见这时的皇位继承还有一定的透明度、有一点民主意味。孝庄太后和顺治皇帝开创了清朝皇位继承遗命制。这种皇位继承遗命制，其好处是避免皇位的争夺与残杀，保证皇位继承者的顺利过渡；缺憾是较贵族公推制减弱贵族参与决策的机会。清朝皇位继承遗命制只实行了两代——顺治、康熙。雍正帝继位后，改为秘密立储制。

第三，秘密立储制。雍正朝实行秘密立储制，就是皇帝生前确定皇位继承人，而不公开宣布。这样做的好处是：(1) 如果公开宣布指定皇太子，被指定的皇太子可能放松对自己的严格要求以及道德、学业的修养；(2) 避免皇子试图或争斗、或厮杀，以夺取皇太子的地位；(3) 皇子都认为自己可能是皇太子，更加严以律己。这项制度只有乾隆、嘉庆、道光、咸丰四朝，实际上是只有乾隆、道光、咸丰三朝实行过。但是，秘密立储最大的缺陷是：皇位继承人的选择，完全由皇帝一个人暗箱操作。如明神宗欲立郑贵妃之子福王为太子，遭到群臣反对而作罢，先后演出“梃击案”、“红丸案”、“移宫案”等宫廷悲剧。这说明当时还有一点不同的声音。清朝道光个人秘密立咸丰为太子，选人不当，是个错误，就是秘密立储制度缺陷的一个鲜活的例子。

第四，懿旨定储制。同治身后，光绪帝载湉、大阿哥溥儁、宣统帝溥仪，都是由皇太后懿旨决定的。不仅朝廷大臣不予议论，就是王公贵族、御前大臣、内务府大臣、军机大臣、领侍卫内大臣、大学士等都没有参与的权力。慈禧改变皇位继承程序的祖制。同治只兄弟一人，顺利继承皇位。但是，载湉继承皇位，既不是满洲贵族会议推举，也不是用遗诏形式公布，更不是秘密立储，而是由皇太后“一言而定”。载湉、溥儁、溥仪都在爱新觉罗氏与叶赫那拉氏两个家族关系的交叉点上寻找并决定，这在清朝是没有先例的。

以上可以看出，储君的决定，就贵族而言，贵族参与程度愈来愈少，直至一人独断。当时世界潮流，西方国家封建帝制一个一个地崩溃，议会制与总统制或内阁制一步一步地实现，清朝却在立6岁的同治、4岁的光绪、3岁的宣统，这同世界发展的潮流是完全相悖的。

再以辅政大臣演变的轨迹来看：

幼帝继承皇位，必有大臣辅政。顺治6岁继位，由郑亲王济尔哈朗、睿亲王多尔衮先为辅政王、后为摄政王。他们是当时满洲最优秀的人才。康熙8岁继位，由索尼、苏克萨哈、遏必隆和鳌拜四大臣辅政。他们都是身经百战、功劳显著、阅历丰富、威望很高的老臣。此后，雍正、乾隆、嘉庆、道光、咸丰六帝，都是成年登极，亲理政事，所以没有设摄政王或辅政大臣。同治6岁继位，定载垣、端华、肃顺、景寿、穆荫、匡源、杜翰和焦祐瀛八大臣赞襄政务。这八大臣只是“赞襄政务”，尚不是“辅政大臣”。先由赞襄政务八大臣、后由议政王奕䜣辅政。尔后，载湉4岁继位，没有辅政王、摄政王、辅政大臣、赞襄政务大臣、议政王辅政，只有皇太后垂帘听政。慈禧将皇权紧紧地抓在个人手中，达到了清朝集权体制的顶峰。到光绪十年（1884年），奕䜣被解除军机大臣职务。奕䜣与慈禧，有联合，也有冲突。慈禧同奕䜣的精彩对话提供了例证——慈禧说："汝事事抗我，汝为谁乎？"奕䜣说："臣是宣宗第六子！"慈禧说："我革了你！"奕䜣说："革了臣的王爵，革不了臣的皇子。"这说明：慈禧太后对任何人的意见也听不进去。经过"辛酉政变"，否定"赞襄政务"大臣，而由慈安皇太后与慈禧皇太后垂帘听政，这是重大的改制。尔后，慈禧一人独断朝政。慈禧逐步将满洲贵族中异姓贵族、军功贵族、宗室贵族和帝胤贵族都排斥在外，实行个人独裁，即所谓："一人治天下，天下奉一人。"慈禧皇太后垂帘听政，名为听政，实则主政，逐渐形成集权的局面。这种慈禧皇太后专权的局面，持续近50年。然而，在世界政治日趋民主化的大潮中，大清帝国的皇权却日益高度集中。这是同治、光绪、宣统三朝中国历史悲剧的一个重要原因。

清朝入关后10位皇帝，其中5位是幼帝继位——顺治6岁、康熙8岁、同治6岁、光绪4岁、宣统3岁。年龄愈来愈小。一个6岁、4岁、3岁的娃娃，做大清帝国的元首，岂不是天大笑话！且执掌朝纲的是慈禧太后。我们不站在女权主义立场上，而是站在中华民族利益的立场上，来考察这个现象。慈禧作为一个女人来说，无疑是杰出的，是优秀的，她很聪明，更懂权术。我们用政治家的标尺来衡量慈禧，发现她——没有政治家的远见卓识、宽阔胸怀、治国谋略、创新精神。慈禧没有文化，朱批错字连篇，书法拙劣。长年在紫禁城或颐和园，不懂农、不懂工、不懂学、不懂商、也不懂军，更不了解国外实情，仅靠玩弄权术，掌控泱泱中华大国，面对新兴世界列强，怎能不败？这是家天下、君主制的必然结果。清朝的家天下、君主制，皇帝只能在爱新觉罗氏宗室中选择，而不能在民众中选出最优秀、最杰出的元首。在激烈的国际竞争面前，优胜劣汰，落后挨打，败下阵来，清祚断绝。

当时的世界，6岁的同治、4岁的光绪、3岁的宣统，面对的对手是谁？

美国：林肯（1809～1865年），美国第16任总统（1861～1865年），恰与同治同时，以反对蓄奴的政治纲领赢得总统大选。在任期间平定南方叛乱，进一步扫荡了奴隶制度，捍卫了国家统一。林肯与慈禧、同治大体同时，慈禧和同治怎么可以同林肯相较量呢？

英国：维多利亚女王（1819～1901年），英国女王（1837～1901年），与慈禧（1835～1908年）大体同时，自1876年起兼任印度女皇。时英国实行首相制、国会制，但维多利亚女王在任期间严格遵守宪法原则，决不逾越法定权限。

法国：拿破仑一世（1768～1821年），法兰西第一帝国皇帝（1804～1815年），与嘉庆大体同时，1799年通过“雾月政变”夺取政权，1804年加冕为皇帝。在任期间建立欧洲霸权，数次打败反法同盟。后兵败被囚于圣赫勒拿岛死。

德国：俾斯麦（1815～1898年），普鲁士和德意志第二帝国首相（1862～1890年），与同治、光绪同时。他通过3次王朝战争，统一德国；对内推行高压政策，被称为“铁血宰相”。

日本：伊藤博文（1838～1909年），日本首相（1885～1888年，1892～1896年，1898年，1900～1901年），大体与光绪同时。曾在英国学习海军。在任期间，起草明治宪法，在废除日本封建制度、建立现代国家中起过重大作用；在甲午战争中取得胜利，迫使清政府签订《马关条约》。

俄国：亚历山大二世（1814～1881年），俄国皇帝（1855～1881年），大体与同治、光绪同时。于克里米亚战争期间即位，之后废除农奴制度，并进行财政、文化、司法、军事等方面的一系列改革，虽然其改革并未达到现代化，且工业革命在其任内也未真正展开；但其任期被誉为“大改革时代”。

慈禧太后及其傀儡皇帝同治、光绪，恰与美国的林肯、德国的俾斯麦、日本的伊藤博文、俄国的亚历山大二世等同时代，以孤儿寡母为清朝最高决策与最高权力者，怎么可以同他们相匹敌呢？固然，慈禧几乎同英国女王维多利亚同时，但这时英国已经确立国会制度并实行首相制。而慈禧对奕䜣这样的议政王，却可以任意革掉，不受任何约束。

慈禧太后，不受监督。

其一是，不受法律监督。阿奎那在《阿奎那政治著作选》中论述道："君主的地位是超过法律的。这是因为谁也不能为其自身所拘束。并且法律的拘束力只能起源于君主的权力。所以，据说君主的地位就超过法律，因为如果他违犯法律，谁也无法对他宣告有罪的判决。"因此，只有圣上英明，没有君王犯罪，更没有人能够审判君王的犯罪行为。

其二是，不受行政监督。清朝设有都察院、通政使司，有大学士、军机大臣等，都有对皇帝谏议的权力（已无封驳权）。但是，谁不听皇帝的话，皇帝就罢谁的官。他们由皇帝任命，怎么能监督皇帝！

其三是，不受舆论监督。清朝舆论的清议者主要是知识分子，康熙、雍正，尤其是乾隆，大兴文字狱，歌颂者升官，批评者贬黜，不同声音，噤若寒蝉。清朝皇帝失去法律的、行政的、舆论的监督，便形成皇帝专制独裁的集权专制局面——"一人治天下，天下奉一人"！

司马迁有句名言："究天人之际，通古今之变。"天，天时也；人，人意也；古，鉴戒也；今，通变也。其时，西方许多国家已经工业化、民主制，清朝还是家天下、君主制。清末同、光、宣三朝，慈禧太后通过"听政—训政—亲政"实行专政，长达半个世纪之久，逆天时，拂民意，不鉴古，拒通变。因此，清朝的覆亡，民国的兴起，既是历史的必然逻辑，也是民意的自然选择。

努尔哈赤、皇太极、多尔衮都是当时天下最优秀的人才。后来康熙、雍正、乾隆三帝，是踏着前三帝功业的基础，利用西方尚未东渐的时势，并具有个人素质与才能的优势，而成为中国历史上杰出的英君、仁君、勤君、能君、名君。嘉、道以后，清朝不自觉地或被迫地参与了世界范围近代社会的竞争。然而，皇帝却一代不如一代——嘉庆帝为庸君、道光帝为愚君、咸丰帝为懦君、同治帝为顽君、光绪帝为哀君、宣统帝则为幼君，最后同、光、宣三个皇帝连儿女都没有，遑论其他。

清朝选官的科举制度

清朝做官，途径很多，主要为“正途”如科举，和“异途”如捐官，就是买官，还有其他。本文说清朝选官的“正途”——科举制度。

清朝科举，承袭明制。早在关外，不搞科举。努尔哈赤采取杀戮儒生的错误政策。皇太极继位之后，调整政策，开科取士。这里讲一个故事。

天命十年（1625年），努尔哈赤对辽东生员中所谓暗通明朝者，一旦查出，尽行处死。约有300人虽因隐匿而幸免于死，但都沦为八旗下的包衣奴仆。天聪三年（1629年），皇太极下令对这些奴仆生员进行考试。他说：“诸贝勒府以下，及满、汉、蒙古家，所有生员，俱令考试。各家主毋得阻挠。有中者，仍以别丁偿之。”这是清科举考试的前奏。这次考试，共有200人考中。他们尽被“拔出”，免除了奴仆身份，得到缎布奖赏，优免二丁差徭。天聪八年（1634年），又举行汉人生员考试，取中228人。一个月后，皇太极命礼部从中录取通晓满洲、蒙古、汉书文义者16人为举人。

顺治入关后，大学士范文程奏言：“治天下在得民心。士为秀民，士心得，则民心得矣。”建议实行科举制度。清朝顺治二年（1645年），正式开科取士。

清朝科举，如同明朝。先要做童生，就是要取得秀才资格。童生不一定都是孩童，有的十几岁，有的甚至六七十岁，他们考取之前都算是童生。报名要填写籍贯、三代履历、同考5人联保，还要请1位廪生作保。童生考试要经过三考：县考，由知县主持；府考，由知府主持；院考，由学政（相当于省教育厅长）主持。以上三考都合格了，成为秀才，就是优秀的人才，才算有了资格成为县学或府学的生员。这实际上是一种入学考试，只是科举考试的前奏和准备，或者说是取得科举考试的资格。

正式的科举考试，分为乡试、会试和殿试（廷试）三级。

（1）乡试：每三年一次，秋天举行，也称“秋闱”，在省城考，由主考官主持，考试三场，每场三天。考中为举人，名额不等，百人上下，第一名称解（jiè）元。解元之名由来有自，唐朝举进士都由地方官解送入试，所以相沿称乡试第一名为解元。

(2) 会试：每三年一次，乡试的第二年春天举行，也称“春闱”，在北京贡院，由礼部主办，皇帝特派高官主考，外省来京应试者给路费、驿马，打着“礼部会试”的旗子，风光进京。考场叫贡院，内有几千间号舍，一排一排的，每个人一间。每间号舍长四尺、宽三尺、高约六尺。东西墙有高低两道砖托，上面平放两块木板，白天上板为桌、下板为凳，晚上两板合一为床。墙上有一个龛，里面放蜡烛和食品。考生入号，关门上锁。考试三场，每场三天。今北京火车站北有贡院胡同，就是当年贡院的旧址。考中者为贡士，第一名称会元。乾隆朝台湾士子来京会试，每十人取中一名。

(3) 殿试：会试放榜后不久，乾隆定在四月二十一日，在北京皇宫太和殿前（或在保和殿前等）举行，所以称殿试，由皇帝主持。这是朝廷的考试，所以又称作廷试。殿试考试一天，考场先在天安门前，后在太和殿前，有时在保和殿前，地点经常变化。康熙时考生曾露天站立书写，考中为进士，分为一甲、二甲、三甲三等，一甲第一名为状元、第二名为榜眼（取眼有二目意）、第三名为探花。“探花”的来源，唐时进士在杏园举行“探花宴”，以少年俊秀者为探花使采折名花，南宋以后专指进士第三名。平常所说的“连中三元”，就是指连续考中省城乡试的第一名解元、礼部会试的第一名会元和朝廷殿试的一甲第一名状元。进士一般每三年考一次，取中人数不等，少者乾隆五十八年（1793年）81人、多者顺治十二年（1655年）399人，平均每年约100人上下。考中者，姓名书写在黄纸上，称为金榜。金榜分为小金榜和大金榜，小金榜向皇帝进呈，大金榜贴在北京东长安门外（今北京劳动人民文化宫东）。

状元也有故事：

孙承恩，顺治要点他为状元，但怀疑其弟孙旸被遣戍，让大学士王熙前往询问。王熙骑马赶到孙寓所，说明来的原因后，郑重地说：“今升天沉渊决于一言！”孙如实回答“是”。顺治帝秉烛等待王熙的回音。王熙如实回奏，顺治帝嘉赞孙承恩诚实，点其为状元。

李蟠，殿试时不能按时交卷，护军催促，他哭求说：“毕生事业，在此一朝。”护军宽限时间。到四更才完卷，怀里揣的36个面饼也吃完了。康熙皇帝知道此事，赞赏他的苦心和意志，特录取他为状元。

王杰，殿试呈送第一名为赵翼（江苏人）、第三名为王杰（陕西人）。乾隆帝说：西北状元太少，就取王杰为状元，而赵翼为第三名。这里我附带说明一下：那次我讲到王杰对王鼎说我们是同乡、同族，表示愿意关照。一位陕西韩城市教育局的观众来信说：王杰是韩城人，王鼎是蒲城人，怎么会是同乡？当时蒲城和韩城都属于同州府，从韩城看他们不是同乡，但从北京看他们是同乡！

王寿彭，因慈禧60大寿，其名中有“寿”字而被点为状元。

骆成骧，卷文有“主忧臣辱，主辱臣死”句，时值甲午战败，光绪帝点他为状元。

刘春霖，光绪三十年（1904年）清朝末科状元，因那年大旱，渴盼“春霖”而被点为状元。

清朝共举行会试112科，进士26846人。北京孔庙进士题名碑上刻录他们的名字。参加会试者年龄最小16岁，最大103岁。考中进士者年龄最小十六七岁，最大六七十岁。宋元强《清朝的状元》统计：中状元者年龄，最小24岁，最大59岁，平均35岁。光绪九年（1883年）参加会试考生16000多人，仅取进士308人。可见当年考进士比现在高考难多了！

清代科举，有积极的一面，也有消极的一面。

清朝科举的积极方面：第一，有利于满洲、蒙古文化的提升（满洲人、蒙古人参加科试）；第二，有利于满、汉文化的交流；第三，有利于吸纳部分汉族知识分子参政；第四，有利于民族地区（云南、贵州、台湾等）文化发展；第五，有利于清初的社会稳定，士人产生拥护朝廷的向心力；第六，有利于用满文翻译经书而促进中西文化交流；第七，清朝科举考试制度，一部分被西方吸收，有利于他们的文官制度，对西方也产生了影响；第八，清朝科举制度虽然在光绪三十一年（1905年）正式废除，但它的一些合理因素被继承下来，一直影响到现在。

清朝科举的消极方面：考试内容主要是"四书""五经"，没有自然科学内容，考试形式用八股文，扼杀人们的科学精神和创造精神。明清时期中国落后于西方，科举制度的考试内容和八股取士未能与时俱进，是诸多原因中的一个重要原因。

【附】清朝著名的科场案

(1) 顺治十四年（1657年）丁酉科场案。江南乡试主考方犹、钱开宗舞弊，发榜后群情激奋，士子哭文庙，殴帘官。两主考官撤闱归里，有人随船唾骂，甚至投掷砖瓦。有人编剧《万金记传奇》，以方去点为万，钱字去右旁为金，讥讽方犹和钱开宗。事情闹大。第二年正月，顺治命在北京太和门前复试。隆冬季节，露天僵立，每人由大兵监视。有的人又冻又怕，浑身哆嗦，自然答不好。江南吴江才子吴兆骞没有行贿舞弊，但没能完卷。他被"锒铛枷锁，血肉狼藉"流放宁古塔20余年，后被纳兰性德求宰相父亲明珠营救得以赎回。吴著边塞诗《秋笳集》。方、钱及18位同考官处斩。

(2) 康熙五十年（1711年）辛卯科场案。十月，江南乡试，受贿舞弊。发榜后苏州数百人大闹府学，将财神像抬到府学。有人作对联："左丘明双目无珠，赵子龙一身是胆。"借以讥讽主考官左必蕃、副主考赵晋。报闻北京，康熙皇帝十分重视。案件愈审愈复杂，以至引发巡抚张伯行参总督噶礼得银50万两，包庇行贿得中的举人吴泌等，导致总督与巡抚解职。后查出：赵晋受银8000两，另黄金100两、银200两归牵线人，用"其实有"三个字的条子，放在首场破题文章内。结果真的被取中了。最后，康熙下令将赵晋等五人斩首（一说赵晋从狱中脱走，借尸冒称自缢）。左必蕃没有参与其事，以失察罪革职。案子到康熙五十二年（1713年）正月才算了结。

（3）咸丰八年（1858年）戊午科场案。事情的导火索是平龄（票友登台）中举人，舆论大哗。进而引出递条子从中交通关节的事情。后发现主考官、大学士柏葰听受嘱托，于是先后牵连91人，其中斩决5人，大学士柏葰被处斩。柏葰，蒙古正蓝旗人，道光进士，后历官兵部尚书、内大臣、翰林院掌院学士。咸丰朝官军机大臣、文渊阁大学士、典顺天乡试。史称："柏葰素持正，自登枢府，与载垣、端华、肃顺不协。"在顺天乡试案中，命载垣等审理，得"柏葰听信家人靳祥言，取中罗鸿绎情事，靳祥毙于狱"。肃顺等力持严惩。结果，咸丰垂泪斩柏葰。这是清代科场案中、也是中国科举史上被处死官位最高的一人。肃顺等死后，有人提出给柏葰昭雪，两宫太后仅赐其子以四品顶戴衔。柏葰之死，其背后是一场残酷的政治斗争。

八旗制度的历史弊端

八旗制度是清朝根本性的社会制度，前世未有，后世也无。八旗制度兴，则清朝兴；八旗制度衰，则清朝亡。可以说：清兴在八旗，亡也在八旗。八旗制度为大清帝国命运之所系。

八旗制度的起源，是早年女真人狩猎时，10个人为一队，各取一箭，其中一人为大箭，满语叫“牛录”，大箭者为主，满语叫“额真”，合起来叫“牛录额真”，就是“大箭主”的意思，也就是十人长。后来牛录组织由临时性演变成长期性，由狩猎组织演变成军事组织，由10个人一牛录额真演变成每300人一牛录额真。明万历二十九年（1601年），努尔哈赤将牛录整编为四旗，每旗按三级编制：每300人为一牛录，设立牛录额真(佐领)；每五个牛录组成一甲喇，设立甲喇额真(参领)；每五甲喇组成一固山，设立固山额真(都统)。后来汉语名称：牛录额真为佐领，甲喇额真为参领，固山额真为都统。开始规定：每牛录300人，每甲喇1500人，每旗7500人。这只是一个概数，实际上人数有的多、有的少，很不统一。到万历四十三年（1615年），随着战争的胜利、土地的拓展、人口的激增、军队的扩大，四旗扩编为八旗。旗的颜色开始不甚规范，这时加以规范。原有四旗分别为正黄旗、正白旗、正红旗、正蓝旗；新增加的四旗分别为镶黄旗、镶白旗、镶红旗、镶蓝旗。镶黄旗、镶白旗、镶红旗是分别将整黄、整白、整蓝色的旗子镶上红边，镶红旗则是整红色的旗子镶白边。正黄旗、正白旗、正红旗、正蓝旗的“正”字怎样读音？是读“正”还是读“整”？都可以。“正”可以理解为“整幅”，即“整幅黄旗”、“整幅红旗”、“整幅白旗”、“整幅蓝旗”；也可以理解为对“镶”字而言，则是“正黄旗”、“正红旗”、“正白旗”、“正蓝旗”。后来又编蒙古八旗、汉军八旗，加上满洲八旗，实际上共24旗。当时规范的叫法是：八旗满洲、八旗蒙古、八旗汉军，通常叫满洲八旗、蒙古八旗、汉军八旗也可以。其中满洲的镶黄、正黄、正白三旗为“上三旗”，其他的为“下五旗”。

有人说：佐领管300人，相当于现在的营长，参领管1500人，相当于现在的团长，都统管7500人，相当于现在的师长。我想，不可以这样比。当时军队少，重骑射，清朝“以弓马得天下”，武人的官阶很高。都统为一品官，和尚书（部长）的官阶差不多。我打个不太确切的比方，牛录额真即佐领相当于现在的团长，甲喇额真即参领相当于现在的师长，固山额真即都统相当于现在的军长或集团军首长。

八旗组织既是军事组织，又是行政、经济、司法、宗族组织，总之是一元化体制。

八旗制度是努尔哈赤一大创造。通过八旗组织，将原来分散的女真—满洲人，将征服或降顺的蒙古人、汉人、朝鲜人、锡伯人、达斡尔人等，用八旗统编起来，形成“出则为兵、入则为民”，亦耕亦战、寓兵于农、兵民一体、军政合一的组织。这在战争环境里，发挥了独特的巨大作用。八旗制度适应“打天下”战争形势的需要，对全民实行军事化管理，是努尔哈赤取得胜利的一大法宝。但是，清朝入主中原、夺取全国政权、打下江山后要坐江山，八旗制度逐渐暴露出同新的形势所存在的矛盾。清定鼎北京、统一中原，怎样安置八旗官兵及其眷属？概括来说，实行十定：定身份、定旗分、定佐领、定住地、定钱粮、定土地、定营业、定学校、定婚姻、定司法。

（1）**定身份**：清代人的身份主要分为两大类：一类是旗人，俗称“在旗的”；另一类是民人，俗称“不在旗的”。旗人包括八旗满洲、八旗蒙古、八旗汉军的官兵及其眷属；民人包括汉人及其他民族的民众。清代“旗人”不能叫“旗民”，因为“民”是“旗”外之人。清代旗人的身份是固定的、世袭的。当然有“出旗为民”的，但这是个别现象，是特例。

（2）**定旗分**：旗人既然在旗，其隶属的旗原则上是固定的、终身的，世代隶属于该旗。当然改换旗属的情况也是有的，但不是自己选择的，而是朝廷决定的。如将某个佐领、某些人从这个旗拨给另一个旗。但总起来说，旗人所在的旗分是固定的。

（3）**定佐领**：某人隶属于某旗、某参领、某佐领下，其隶属关系是固定的、不变的、世袭的。有人官升到大学士、尚书，其隶属的佐领依然不变。八旗佐领分为：勋旧佐领、世管佐领、公中佐领等。佐领官职世袭。如：

甲、勋旧佐领：满洲镶红旗步兵参领浑托霍，因年迈行动不便，申请辞官，呈报"浑托霍之子闲散富寿，现年十二岁，此外别无应袭之人"，引见；奉旨："著富寿袭补。"（《镶红旗档》黄字三十五号，雍正三年二月二十九日）

乙、世管佐领：佐领、大学士孙柱的先祖，在清太祖初编牛录时，由东海瓦尔喀来归，编为一个牛录，世袭相传，已经出缺13次。此次大学士孙柱出缺，奏报：佐领、大学士孙柱之第二子员外郎舒通阿（29岁，步射平、骑射劣）；护军参领英泰（原佐领哈达布之孙，61岁，步射平、骑射未习）。奉旨："著舒通阿、英泰两人掣签。"（《镶红旗档》张字四十七号，雍正十二年十二月十一日）

丙、公中佐领：原佐领银柱员缺，由另一份承袭，著由常耐（46岁，步射平、骑射平）补（《镶红旗档》宿字十四号，雍正十年闰五月初十日）。

丁、拖沙喇哈番（云骑尉、监守官）员缺，由其子呼寿承袭，呼寿7岁，无法带领引见，奉旨："著呼寿袭补。"

由上可以看出，佐领的任命不考虑德、才、艺、资，而变成一种待遇，12岁的富寿袭补佐领，这样的军队能打仗吗？

（4）**定住地**：旗人居住地是固定的，不能任意迁徙。如京师八旗，镶黄旗住安定门内、正黄旗住德胜门内，并在北方；正白旗住东直门内、镶白旗在朝阳门内，并在东方；正红旗住西直门内、镶红旗住阜成门内，并在西方；正蓝旗住崇文门内、镶蓝旗住宣武门内，并在南方。有人说是按八卦定的方位，那是后来文人的牵强附会。八旗分为左右翼：镶黄、正白、镶白、正蓝为左翼；正黄、正红、镶红、镶蓝为右翼。在本旗居住范围内，再按参领、佐领划分胡同居住。另如后建的外火器营等，也是按营房居住其官兵与家属。驻防八旗如杭州、成都、荆州、兰州、西安、广州等，都设立“满城”，旗人都住在“满城”里。起初的意思是：便于管理，防止汉化，也防范汉人反抗。但其负面作用却是将自己封闭起来，后果是清朝皇帝始料所不及的。

(5) **定钱粮**：八旗官兵在赫图阿拉时代，官兵没有俸饷。出征时，马匹、干粮、弓箭等都是自备。战利品——粮食、牲畜、衣物、人口、金银等，分成八堆或八份，按八旗进行分配。战争结束后，回家种地、放牧。清军到了北京后怎么办？做官的有俸禄，八旗官兵有钱粮。民间叫做“铁杆庄稼”——旱涝保收。《清史稿·食货志一》记载：“清于八旗，皆以国力豢养之。”后来旗人日益增加，成为国家财政的一大负担。

(6) **定土地**：满洲八旗官兵在建州、在赫图阿拉时代，有土地、有马牛。到了辽河流域，努尔哈赤实行“计丁授田”，按人丁分配土地。就是将辽东所谓“无主荒田”，分给八旗官兵等。这些八旗官兵及其眷属“从龙入关”后，一则占领民人的房屋，给八旗官兵及其眷属居住；二则，圈占京畿地区所谓“无主荒田”，分给八旗官兵。这就是我在顺治帝一章讲的清初六大弊政中的两大弊政——圈地、占房。旗人住在北京城里，地则在远郊，甚至在丰润、宝坻，于是出现庄头，就如《红楼梦》中庄头乌进孝一类的人物。

(7) **定营生**：旗人只有一种职业，就是当兵（少数人做官）。一家好几个儿子，只许出一个儿子当兵，其他儿子做什么？按规定旗人不许务农、不许做工、不许经商，那他们做什么？有人说：清朝之所以灭亡，就亡在八旗子弟游手好闲。这句话有一点道理，但没有深入思考。清朝一方面给他们按月发放钱粮，另一方面不许他们务农、做工、经商，他们为消磨时光，只好提笼架鸟、听戏打牌、游手好闲、酗酒生事，或在茶馆酒肆斗蛐蛐、玩鹌鹑、侃大山，炫耀“光荣家史”。其腐败，举三例：佐领觉罗常永、披甲阿尔京阿等人，于三匹马额上盖印，以顶官马之缺；披甲白寿所养之马，以银六两卖出，当检查官马时花银一两租马，在马额上盖假印；亲军乌泰将派养的马，拉在街市上出租给人骑用。

(8) **定学校**：旗人的学校，有宗学、觉罗学，归宗人府管；咸安宫官学、景山官学，归内务府管；八旗官学、八旗义学、八旗蒙古学，以及健锐营学、外火器营学、圆明园学、护军营学等，归八旗都统分管。八旗子弟分别上不同的学校。官府按月发给银米、笔墨纸砚。

(9) **定婚姻**：清初定制，满汉不通婚，"在京城的旗人之女，不准嫁与民人为妻"。由此，旗人在旗人圈内联姻，民人在民人圈内联姻。虽然后来有所松动，但是这项制度大体延续到清末。

(10) **定律例**：地方官不审理旗人案件。旗人单有一套司法程序。旗人犯罪，与民人同罪不同罚。《大清律例·名律例》规定：凡旗人犯罪，"军、流、徒，免发遣，分别枷号"。徒1年者，枷号20日；流2000里者，枷号50日。有规定："凡满洲、蒙古、汉军官员、军民人等，除十恶罪外，其先人有阵亡者或本身出征负伤者，准免死一次。"

以上十定，过于僵化，历时愈久，弊病愈多。旗人社会问题，北京最为突出。据《北京市志稿·民政志》宣统年间资料：京城24旗，黄旗30312户，白旗34924户，红旗24317户，蓝旗29230户，合计118783户，以每户6口之家计算，共712698口；内务府三旗，4571户，以每户6口之家计算，共27426口。以上京城八旗总计123354户，740124口。京营四郊如圆明园八旗、包衣三旗、健锐营三旗、火器营八旗等正户56536户，每户以6口之家计算，共计339216口（附户未计）。京城内外八旗共计179890户、1079340口，也就是说约20万户、100万口。当时北京民人139099户、783053口。旗人的户数与民人的户数、口数几乎相等。当时八旗军的数量，《清史稿·兵志》记载：清末八旗的职官6680员，兵丁120309名。八旗官兵及其眷属组成一个庞大、特殊的社会群体。这是一项巨大的财政支出；同时，《清史稿·食货志六》记载：赔款——《南京条约》2100万两，《北京条约》1600万两，《伊犁条约》600万两，《马关条约》并"赎辽费"23000万两，《辛丑条约》45000万两、连利息90000万两，以上共计：117300万两。从而加深了清政府的财政危机，加速了清朝的覆亡。

总之，旗人作为一个社会群体，有自己的旗分、佐领、居址、钱粮、土地、学校、婚姻、法制圈子，成为优越、封闭、独立、寄生的系统。旗人群体在清朝形成“社会中之社会”、群体中的特殊族群。到康熙末年，已经出现“旗人生计”问题。有人指出：八旗兵丁，已经不成其为士人、农人、工人、商人、军人，成为没有一技之长的“废人”！旗人群体已经被腐蚀，已经被异化。这个不工、不农、不商的群体，到清末已经占据历史舞台268年，可以说是一个腐朽没落的集团。这个旗人群体逐渐失去当年的勇武精神、奋发朝气、竞争意识、勤俭作风，而变成一个自我封闭、不事生产、意志消沉、懒散没落的社会群体。可以说，旗人的“额俸”，本为爱之，反而害之。八旗制度最后造成一个被腐蚀、被异化的社会群体，从而腐蚀了满洲民族创新、奋进、勇敢、顽强的灵魂。这是清朝灭亡的社会根因。

其时，西方在实现工业化，旗人却拒绝生产；西方在实行对外开放，旗人却把自己封闭在“满城”的围墙里；西方在实行资产阶级民主，旗人却在从皇帝到佐领，实行世袭制。可见，旗人群体走着一条同世界发展潮流完全相反的逆流。旗人群体是清朝统治的社会基础，基础已垮，赖之依存的帝国大厦便跟着倒塌了。

清朝君王抱定：“八旗满洲是大清朝之根本”，要千方百计地维护满洲八旗的根本利益。其所有改革以不触动八旗满洲根本利益为圭臬，自然不肯做旗人与民人的利益之根本性调整。旗人群体，八旗贵族，由清初的朝气蓬勃，到清末的颓废衰落；由清初的开拓进取，到清末的顽固保守；由清初吸纳一切优秀的文化而海纳百川，到清末拒绝西方优秀的文化而妄自尊大。它已经不能代表中华民族利益，既落后而又拒绝改革，最后只有被先进势力所替代。

《清史稿·兵志》论道：“以兵兴者，终以兵败。呜呼，岂非天哉！”这个论断，值得思考。大清帝国已经走过296年的历程，大厦之金顶——君主制锈蚀了，大厦之基础——八旗制瓦解了，清帝国大厦便随之而倒塌。清廷拒绝维新，终遭灭顶之灾。然其受害最烈者，是宗室、是贵胄、是满洲。

清朝兴盛的历史宝鉴

司马光的《资治通鉴·进书表》说："臣今骸骨癯（qú）瘁，目视昏近，齿牙无几，神识衰耗，目前所为，旋踵遗忘，臣之精力，尽于此书。伏望陛下宽其妄作之诛，察其愿忠之意，以清闲之宴，时赐省览，监前世之兴衰，考当今之得失，嘉善矜恶，取是舍非，足以懋稽古之盛德，跻无前之至治，俾四海苍生，咸蒙其福，则臣虽委骨九泉，志愿永毕矣！""监前世之兴衰，考当今之得失"，司马光这个结论总结出史鉴的意义，我们以清朝兴盛为例，探讨清朝兴盛的原因。

清史中有一个大问题，就是清朝兴起与强盛的原因。满族本来是东北边陲一个弱小的民族，它进关以后，定鼎北京，入主中原，统一华夏，国家强盛，其兴盛的原因是什么？明末清初的思想家，清末民初的革命家，新中国的学者专家，都思考过这个问题，也都从不同的侧面和角度，提出了自己的见解。清朝兴起与强盛的原因很多，可以写一部大书。本文从五个角度、五个侧面、五个切入点，来阐述对清朝兴盛之因的浅见。

清朝的兴盛，究其原因，可以概括为一个字，就是"合"字。它主要表现为五个方面，即诸王大臣协合、民族关系统合、经济多元整合、文化传承融合、社会编制聚合。"合"字的含义：既有合力、合作、合聚的意思，也有配合、会合、统合的意思。"配合"如《诗经·大雅》："天作之合"；"会合"如《论语·宪问》："桓公九合诸侯"；"统合"如《左传》："水火合也"。"合"字，汉朝许慎《说文解字·合》曰："㪀，亼口也，从亼口。"亼，音jí。清朝段玉裁注云："三口相同是为合。"《说文解字·亼》又曰："亼，三合也，从人一，象三合之形。"总之，"合"就是把不同事物、甚至对立两面合在一起。清朝以"合"为圭臬，为中国历史与人类文明做出三大贡献：奠定中华版图、多民族的统一和传承中华文化。

下面从诸王大臣协合、民族关系统合、经济多元整合、文化传承融合、社会编制聚合五个方面，对清朝兴盛之因，加以分析和探讨。

一、诸王大臣协合

诸王大臣协合是清朝兴起与强盛的一个重要的因素。

清朝的诸王大臣（领导班子），主要有大汗或皇帝和宗室诸王、异姓贵族。清初的“三祖三宗”——太祖努尔哈赤、世祖顺治帝、圣祖康熙帝和太宗皇太极、世宗雍正帝、高宗乾隆帝，他们是如何处理同宗室贵族与异姓贵族这两个群体的关系，并使之不断协和，从而形成一个坚强力量的？

第一，异姓贵族。努尔哈赤起兵时，只有“十三副遗甲”、四五十人。他的事业如滚雪球，越滚越大。其关键是有一个坚强稳固的领导群体。这个群体的核心，先是开国的五大臣——额亦都、费英东、何和礼、安费扬古、扈尔汉。当时努尔哈赤的子、侄年龄很小，他起兵时，长子褚英4岁，次子代善才两个月，其他诸子尚未出生。所以努尔哈赤主要依靠五大臣。五大臣中的4人同他的年龄相近，安费扬古和他同岁，何和礼比他小3岁，额亦都比他小4岁，费英东比他小6岁。额亦都作战勇敢：“攻巴尔达城，至浑河，秋水方至，不能涉，以绳约军士，鱼贯而渡，夜薄其城，率骁卒先登，城兵起拒，跨堞而战，飞矢贯股，著于堞，挥刀断矢，战益力，被五十余创，卒拔其城。”额亦都爱护士卒：“每克敌受赐，辄散给将士之有功者，不以自私。太祖厚遇之，给妻以族妹，后以和硕公主降焉。”他国而忘私：“额亦都次子达启，少材武，太祖育于宫中，长，使尚皇女。达启怙宠而骄，遇诸皇子无礼，额亦都患之。一日，集诸子宴别墅，酒行，忽起，命执达启，众皆愕。额亦都抽刀而言曰：‘天下安有父杀子者？顾此子傲慢，及今不治，他日必负国败门户，不从者，血此刃！’众乃惧。引达启入室，以被覆杀之。额亦都诣太祖谢。太祖惊惋久之，乃嗟叹。谓额亦都为国深虑，不可及也！”（《清史稿·额亦都传》）费英东，努尔哈赤说：“此真万人敌也！”“费英东事太祖，转战，每遇敌，身先士卒，战必胜，攻必克，摧锋陷阵，当者辄披靡，国事有阙失，辄强谏，毅然不稍挠，佐太祖，功最高。”（《清史稿·费英东传》）其他三位大臣，也大体相似。努尔哈赤把女儿嫁给何和礼、额亦都，把长子褚英的女儿嫁给费英东。安费扬古“少事太祖，终无贰志”。扈尔汉在努尔哈赤起兵6年时来归，才13岁，被收为养子。当年猛士如云，团结五大臣，实际上团结了全体将士。何和礼死后，努尔哈赤说：“朕所与并肩友好诸大臣，何不遗一人以送朕老矣！”他们同努尔哈赤同生死近40年，相处欢洽，始终如一。

第二，宗室贵族。诸王贝勒的协和，是通过斗争增强的，但没有酿成大的分裂。宗室贵族内部有几次大的斗争。

第一次是处理舒尔哈齐和褚英的问题。这不是“太祖秘史”所说的“为了一个女人”，而是一场政治斗争。舒尔哈齐被幽死、褚英被处死的结果，使诸王大臣领导群体更加强固。褚英死后第二年，努尔哈赤建立后金政权。

第二次是处理代善的问题。天命五年（1620年），小福晋德因泽告发代善与大妃的暧昧关系，硕讬告发代善对前妻之子不公平事，结果代善受到惩处。从此诸王大臣、四大贝勒关系更加密切。代善事件第二年，努尔哈赤夺占沈阳、辽阳，进入辽河平原。

第三次是“八王共治国政”。这就是在满洲宗室内部实行贵族共和。皇权顺利过渡，产生新汗皇太极、福临（多尔衮、济尔哈朗摄政）。

第四次是处理阿敏、莽古尔泰的问题。而后打败林丹汗，统一察哈尔；随之，改族名为满洲、改国号为大清，出现新的军政局面。

第五次是处理多尔衮问题。八旗内部的利益失衡，得到及时调整。出现中原底定、华夏统一的新局面。

第六次是处理鳌拜的问题。皇权与相权关系得到新的调整，赢得平定三藩的胜利，接着统一台湾，反击沙俄侵略，签订《尼布楚条约》，出现康熙盛世的局面。

第七次是康熙晚年的皇储问题。雍正登台，整顿改革，扭转康熙晚年官贪政弛的局面，雍正成为康熙与乾隆之间承前启后的关键人物。

第八次是制定秘密立储制度，出现乾隆前期的兴盛局面。

我们知道，太平天国失败的一个重要原因，是领导集团的大分裂、自相残杀。明朝“靖难之役”，也是领导集团内部的大分裂、自相残杀。但是，清朝没有这样的大分裂、大屠杀。这是清朝“三祖三宗”兴盛的重要原因。

二、民族关系统合

清朝以满族为主导民族。它无论在东北，或者在全国，当时都是一个少数民族。满洲要在东北地区、在华夏中原，占据统治地位，面临一个最大难题是民族问题。摆在清初决策者面前可供选择的对异民族政策有：或者屠杀，或者分治，或者统合。屠杀之错误民族政策，金代女真对蒙古屠杀政策失败是一个沉痛的教训。分治之错误民族政策，明朝对女真的“分而治之”政策失败又是一个沉痛的教训。所以，当时努尔哈赤选择民族统合政策，历史证明是正确的政策。

努尔哈赤起兵之时，建州女真分为本部五部——苏克素浒河部、浑河部、王甲部、董鄂部、哲陈部，长白山三部——纳殷部、朱舍里部、鸭绿江部，东海女真——渥集部、瓦尔喀部、库尔喀部，海西女真——叶赫部、乌拉部、哈达部、辉发部，黑龙江女真——萨哈连部、萨哈尔察部、呼尔哈部等。女真重要的部至少有18部。《尚书·梓材》曰：“合由以容。”意思是不要互相残伤、彼此虐杀，要用大道以容之。就是要多包容，要多和合。努尔哈赤经过10年的时间，“顺者以德服，逆者以兵临”，完成建州女真诸部合一。明辽东经略熊廷弼在《熊经略集》中说：“自建州之势合，而奴酋始强。”就是说，努尔哈赤之所以强，是从民族“合”开始的。清太祖努尔哈赤、清太宗皇太极所采取的基本策略是“合”——使建州女真合，使海西女真合，使东海女真合，使黑龙江女真合，逐渐使整个女真合一。并使漠南蒙古合，使降顺汉人合。合则土地广、人口众、兵力强、马匹壮、财力富、国势盛——“夫何敌于天下”！

在东北地区，满—通古斯语族有：满族、锡伯族、鄂伦春族、鄂温克族、赫哲族等，把他们合在一个政权下；蒙古语族——蒙古族、达斡尔族等，把他们合在一个政权下；汉语族——汉族，以及朝鲜族等，都合在清的政权下。

清入关后，汉族、满族、蒙古族、藏族、维吾尔族、高山族等，各民族都统合在大清政权之下。乾隆朝纂修的《五体清文鉴》——汉、满、蒙、藏、维五种文字合在一起，这既是文化、学术界的一件盛事，也是清朝民族统合政策的一个很好的例证。

明清之际，多元政权分立：南明——福王弘光、唐王绍武、桂王永历、唐王隆武、鲁王政权，以及台湾先是荷兰侵占，后是郑氏政权；农民军——李自成大顺政权、张献忠大西政权；北部蒙古察哈尔林丹汗；西北准噶尔汗国等。清朝中国统一，中华金瓯合一。《礼记·乐记》曰："天高地下，万物散殊，而制礼行矣。流而不息，合同而化。"多元统合，化而为一。清中央政权之下的各个民族，共同生活在大清的疆域里：东起鄂霍次克海，西至葱岭，南达曾母暗沙，北跨外兴安岭，西北至巴尔喀什湖，正北临贝加尔湖，东北到库页岛。中国金瓯一统，民族协合，国力强盛，屹立世界。

清朝兴起与强盛的历史说明：民族要合不要分，合则部众，众则力大，大则强盛，盛则坚固。这是清朝"三祖三宗"兴盛的重要原因。

三、经济多元整合

清朝光有政治合、民族合的政策，而没有经济合的政策，也是不可能兴盛的。《左传·闵公元年》记载："合而能固。"清朝在政治合、民族合的同时，也进行经济合，这样才能使社稷强固。

女真原是牧猎经济。建州女真迁到赫图阿拉后，逐渐实行农耕、狩猎、捕鱼、采集、畜牧等多元经济。进入辽河流域后，更重视手工业经济。

当年，蒙古实行游牧经济，到了中原以后，把大片的农田荒芜长草，游牧狩猎，对中原农耕经济造成很大的破坏。清朝不同，它自己为多元经济，对蒙古的游牧经济、赫哲的渔猎经济、汉族的农耕经济，都能接纳。满洲缺乏的手工业经济，他们也能善待、学习。《满文老档》记载努尔哈赤的话："有人以为东珠、金银是宝，那是什么宝呢？天寒时能穿吗？饥饿时能吃吗？收养国之贤人，理解国

人所不能理解的事情，制造出国人不能制造物品的工匠，才是真正之宝。”（《满文老档》天命六年六月初七日）

努尔哈赤进入辽河地域，对贤人、对工匠，不仅不排斥，而且把他们看作是国家之宝。他在辽东地区开矿、冶铁、制盐、造船，特别是皇太极在沈阳制造红衣大炮，向先进学习，向他们合。

由于清人关前是多元经济，所以入关后很快能同中原经济协合，而不是排斥。这同元朝初年不一样。成吉思汗的蒙古，喝马奶，衣羊皮，是游牧经济。蒙古贵族进入中原后，把大片农田变为牧场。北京南郊的南海子，当时叫下马飞放泊，就是今南苑。蒙古皇帝、王公贵族，在这里牧马打猎。

清军入关后，重视农业，兴修水利。康熙治河，功绩很大。雍正、乾隆，重视农桑，下令编绘《耕织图》，配以耕织诗，出书立碑。今北京颐和园的“耕织图”园，就是很好的例证。

总之，清在辽沈地区，在中原地区，没有排斥农耕经济，而是采取同中原经济合的政策。经济多元，整合发展。这是清朝“三祖三宗”兴盛的重要原因。

四、文化传承融合

中国是统一的多民族国家，中华民族是多元文化。中国多民族多元文化，是以汉文化为主体，中华文明五千年延续，没有中断。

世界四大文明古国的巴比伦、埃及、印度的文明都中断了。巴比伦在公元前6世纪被波斯所征服，公元前4世纪又被希腊马其顿的亚历山大所征服；2世纪巴比伦文字已经消失，由希腊文字取而代之。7世纪后则为阿拉伯人所占，巴格达成为阿拉伯帝国的首都。埃及在公元前300年被希腊人侵占，此后又变为罗马人统治，希腊语成为官方语言。到7世纪阿拉伯人占据埃及，此后阿拉伯文成为唯一通行的文字；伊斯兰文化涌入埃及后，埃及的宗教崇拜、法老制度等传统文化全部消失，古代语言文字完全消亡。印度公元前13世纪遭雅利安人入侵，7世纪中亚突厥穆斯林开始不断侵入印度，10世纪建立了穆斯林王朝，统治印度6个世纪之久，迫使印度人改变了宗教信仰，近代又成为英国的殖民地。四大文明古国只有中国几千年来始终维持了独立的民族生命，虽然历史上也有短暂分裂，或建立少数民族政权，但我们的文化从夏、商、周以来传承连续，中华民族几千年来文化传承延续不断。有位哲人说过："当世列强，有今而无古；希腊、罗马，有古而无今。惟我中国，有古有今。"

大家知道，中世纪罗马教皇的十字军东征，强迫推行天主教文化。清朝满族没有向各族强制推行自己的语言、文字、宗教、文化（至于其强令汉人剃发、易服另文讨论），而是对汉文化、蒙文化、藏文化、伊斯兰文化等民族文化的政策，如同《礼记》所说："合内外之道"。清朝对中华各民族的多元文化，总的态度、总的政策是：吸收、融合。

对蒙古文化。用蒙古文字母拼写满洲语言，创制满洲文字。对蒙古喇嘛教，加以尊崇，进行笼络。皇太极在盛京兴建实胜寺，乾隆改北京雍王府为雍和宫。这是两个尊重蒙古文化的实例。

对西藏文化。在皇宫兴建雨华阁，在承德避暑山庄仿照拉萨布达拉宫的法式，兴建普陀宗乘之庙。普陀宗乘就是藏语"布达拉"的汉译。普陀宗乘之庙占地22万平方米，有近40座庙宇，是承德外八庙中最大的一座寺庙群。庙宇建成正值乾隆60岁寿辰，内外蒙古、新疆维吾尔上层人物前来祝贺。后《热河志》记载乾隆的话："自乾隆八年以后，即诵习蒙古及西蕃字（藏文）经典，于今五十余年，几余虚心讨论，深知真诠。"这可以看出清朝皇帝虚心学习蒙古、西藏文化的态度。又在承德建须弥福寿之庙，即俗称班禅行宫。乾隆四十五年（1780年），六世班禅从西藏日喀则来到承德，庆祝乾隆70大寿。乾隆命按照班禅在日喀则的扎什伦布寺样式建造。后来六世班禅到北京，因病圆寂，乾隆为他在北京黄寺修建"清净化城塔"。

承德避暑山庄外八庙，融合了我国汉、满、蒙、藏、维等多民族的建筑文化艺术，是"合"在建筑文化艺术上的体现。普宁寺为纪念平定准噶尔叛乱而建，庙内碑亭有满、汉、蒙、藏四体文碑，碑文记载其事就是一个例证。

对伊斯兰文化。雍正八年（1730年）五月，署安徽按察使鲁国华条奏：回民戴白帽、设礼拜寺、妄立把斋名目，请严行禁止。雍正帝谕曰："回民之在中国，其来已久。伊既为国家编氓，即皆为国家赤子也。朕临御天下，一视同仁。……至回民之自立为一教，乃其先代相传之土俗，亦犹中国之大，五方风气不齐，习尚因之各异，其来久矣。历观前代，亦未通行禁约，强其画一也。"（《清世宗实录》雍正八年五月甲戌）命将鲁国华交部严加议处。

对汉族文化。在中国历史上，作为少数民族建立的政权，对汉族文化努力学习、积极吸收，满族做得是很突出的。

第一，学习汉族的制度。如考试制度，实行科举考试，满洲八旗、蒙古八旗都参加科举考试。如麻勒吉，满洲正黄旗，通满、汉文，中顺治九年（1652年）状元；崇绮，蒙古正蓝旗，同治三年（1864年）中状元。

第二，六部尚书、侍郎二元制。辽代的契丹官制，《辽史·百官志》记载："以国制治契丹，以汉制待汉人。"金朝的官制，《金史·百官志》记载：金承辽制，但有损益。清朝中央六部的尚书、侍郎实行"满汉双轨制"（或称"满汉二元制"）：尚书，满、汉各一人；侍郎，左、右满、汉各一人。这比辽朝、金朝、元朝的官制应当说是一个进步。

第三，翻译汉族典籍。大量翻译汉族的儒家经典以及优秀的文学作品，如用满文翻译《红楼梦》、《西厢记》、《聊斋志异》、《三国演义》、《水浒传》等。书法，满文篆字，文学——纳兰性德，其父为康熙朝大学士明珠。纳兰性德22岁中进士，一个说满语的叶赫青年，著有《纳兰词》，主编《通志堂经解》。他被誉为清代第一词人。其《长相思》云：

山一程，水一程，身向榆关那畔行，夜深千帐灯。

风一更，雪一更，聒碎乡心梦不成，故园无此声。

这首词上下片各18个字，自然、隽永、清逸、淡雅，被王国维誉为"千古壮观"。

第四，吸纳西方文化。对西方文化在一定时期、一定程度上，采取吸纳的态度。如国家图书馆收藏意大利音乐家德理格（内普里迪）的小提琴奏鸣曲的手稿。他是康熙五十年（1711年）来华的耶稣会士，曾担任康熙帝的音乐师。他还同葡萄牙人、耶稣会士徐日昇等参与《律吕正义》的编纂工作。2002年，李岚清同志（时国务院副总理）访问意大利时，将此手稿复制品赠送给意大利总统作为纪念。《李岚清音乐笔谈》记载了这件事。

第五，学习汉族文化。满族没有强迫停止使用汉族的语言文字，也没有排斥汉族的宗教信仰。中华传统文化在满族居于主导民族地位的清朝没有中断，而是继续发展。特别是清代，满洲的语言、文字、宗教、文化都同汉族不同，但是，满洲学习、吸纳、整理、总结汉族的传统文化，如编纂《全唐诗》、《全唐文》、《康熙字典》、《古今图书集成》、《皇舆全览图》、《京城全图》、《五体清文鉴》、《大藏经》（满文、蒙古文、藏文）、《四库全书》等。有人说：乾隆编修《四库全书》是"'四库'出而古书亡"。当然，乾隆修《四库全书》有它的负面作用，如抽毁、窜改、封禁、错漏；然而，因修《四库全书》使3500多种、79000多卷、230多万叶的珍贵古籍得以保存，传先哲精蕴，益后学披览。现存《四库全书》文渊阁本、文津阁本、文溯阁本3种完整的珍本，还有文澜阁本（残本）。这是迄今世界史上规模最大的一套图书集成。另如《大藏经》，雍正、乾隆时雕印，是木版印刷史上最大的一部书，7600多万字，印制100部，724函，它共用梨木雕刻经版79036块，重480多吨，两面雕版，保存完好。

清朝的文化，汇合各民族文化的精华，加以继承和发展，以使各个民族如《礼记·礼器》所言："合于人心"，就是文化合、人心合。这是清朝"三祖三宗"兴盛的重要原因。

五、社会编制聚合

满洲兴起，对待部民，怎样组织？降服部民，怎样组织？完全用明朝的办法不行，完全用蒙古的办法也不行，因为文化背景、经济条件、民族习俗、社会传统不同。那么怎么办？

努尔哈赤想起了女真人的狩猎组织，创立了八旗制度。八旗制度的具体内容及作用，我在“八旗制度的历史弊端”一节已讲，不再重复。

清朝国策“合”的三项最大成果是：奠定中华版图、多民族的统一、传承中华文化。“合”的反义词是“分”。合则成，分则败；合则强，分则弱；合则盛，分则衰；合则荣，分则辱；合则存，分则亡。这是明清易鼎的历史经验，也是清朝强盛的历史宝鉴。

清朝重“和”与“安”——清改明皇极殿为太和殿、中极殿为中和殿、建极殿为保和殿；清改明承天门为天安门、厚载门为地安门；再加上皇城的长安左门、长安右门、东安门、西安门——突出“和”与“安”。国家与民族的“和”与“安”，成为清朝治国的国策。

清朝后来为什么衰落、败亡了呢？如果说清朝兴盛的根本原因在于一个“合”字，那么清朝衰落的根本原因也可以用一个字来概括，这就是“僵”字。具体来说，诸王大臣协合，强调君主而忽视民主；民族关系统合，强调民族联合，而忽视民族平等；经济多元整合，强调“以农为本”，而忽视近代工业；文化传承融合，强调继承传统文化，而忽视科学技术；社会编制聚合，强调八旗严密组织，而忽视民人根本利益。总之，以上五个问题，“敬天法祖”、“率祖旧章”，没有跟上世界发展大趋势，没有顺应历史潮流，不断维新，与时俱进，最后落伍，淘汰出局。

总之，清朝强盛必然有一重大的内因寓于其中。这个内因是什么？就是中华文化精髓和中华民族精神——“合”的价值观。这是清朝强盛的内在因素，也是中华民族伟大生命力和凝聚力的内在因素。清朝兴盛的基本经验“合”——诸王大臣协合、民族关系统合、经济多元整合、文化传承融合、社会编制聚合，就是领导合、民族合、经济合、文化合、社会合。这是清朝兴盛的主要原因，也是清朝兴盛留给后人的历史宝鉴。

后　记

《正说清朝十二帝》自2004年出版，至今整十周年。其间，先后在海内外出版了多种版本：

（1）《正说清朝十二帝》（图文本），中华书局，2004年，北京。

（2）《正说清朝十二帝》（增订图文本），中华书局，2006年，北京。

（3）《正说清朝十二帝》（繁体字本），联经出版公司，2005年，台北。

（4）《正说清朝十二帝》（大清盛世丛书本），联经出版公司，2005年，台北。

（5）《正说清朝十二帝》（繁体字本），中华书局（香港）有限公司，2006年，香港。

（6）《正说清朝十二帝》（增订彩图珍藏版），中华书局，2006年，北京。

（7）《正说清朝十二帝》（漫画版），现代出版社，2006年，北京。

（8）《正说清朝十二帝》（韩文本），Sansuya Publishing Co.,首尔，2007年。

（9）《正说清朝十二帝》（漫画版），成阳出版公司，2008年，台北。

（10）《正说清朝十二帝》（彩图珍藏精装本），中华书局，2009年，北京。

(11)《正说清朝十二帝》(图文历史书系本),中华书局,2010年,北京。

《正说清朝十二帝》作为畅销书和常销书,中华书局各版印了48刷,台湾联经版印了15刷;其正版书,十年以来,各种不同版本,发行约百万册。

《正说清朝十二帝》出版以来,受到各方各地的喜爱、关心和支持,荣获诸多奖项:如2004年中国书业年度出版物奖,北京市新华书店"2004年度颇具人缘图书"奖,新浪2005年度图书读者奖,中国出版集团第二届优秀畅销书奖,其彩图珍藏版荣获中国出版集团第三届图书优秀设计奖等。

在《正说清朝十二帝》出版十周年之际,应广大读者的要求,中华书局徐俊总经理、宋志军副总经理、包岩分社长、李洪超责编、毛淳美编等共同尽心协力,推出《正说清朝十二帝》的特别纪念版。

在此,对《正说清朝十二帝》的广大热心读者,编辑、出版、印制、营销、传媒、书评等各界朋友和专家学者,谨表诚挚的敬谢!

阎崇年鞠躬

2014年8月8日